Andreas Bachmeier

Wirtschaftspopulismus

Andreas Bachmeier

Wirtschaftspopulismus

Die Instrumentalisierung
von Arbeitslosigkeit
in Wahlkämpfen

VS VERLAG FÜR SOZIALWISSENSCHAFTEN

Bibliografische Information Der Deutschen Nationalbibliothek
Die Deutsche Nationalbibliothek verzeichnet diese Publikation in der
Deutschen Nationalbibliografie; detaillierte bibliografische Daten sind im Internet über
<http://dnb.d-nb.de> abrufbar.

1. Auflage August 2006

Alle Rechte vorbehalten
© VS Verlag für Sozialwissenschaften | GWV Fachverlage GmbH, Wiesbaden 2006

Lektorat: Monika Mülhausen / Bettina Endres

Der VS Verlag für Sozialwissenschaften ist ein Unternehmen von Springer Science+Business Media.
www.vs-verlag.de

Umschlaggestaltung: KünkelLopka Medienentwicklung, Heidelberg
Druck und buchbinderische Verarbeitung: Krips b.v., Meppel
Gedruckt auf säurefreiem und chlorfrei gebleichtem Papier

ISBN 978-3-531-15160-1

Inhaltsverzeichnis

1 Einleitung

1.1 Arbeitslosigkeit in Wahlkämpfen – Gegenstand der Untersuchung

„It's the economy, stupid."
(Dick Morris, US-Wahlkampfberater)[1]

Das ist der wohl bekannteste Satz, den es über Wirtschaftsthemen in Wahlkämpfen gibt. US-Wahlkampfberater Morris hatte den späteren US-Präsidenten Clinton 1992 erfolgreich unterstützt. Mit seiner Hilfe konnte sich Clinton in einem Wirtschaftswahlkampf gegen den Golfkrieg-Sieger Bush senior durchsetzen. In der Bundesrepublik Deutschland hat nach Ansicht vieler Experten das Thema Arbeitslosigkeit einen vergleichbar hohen Stellenwert.[2] „Es gibt kein größeres Thema als: Wie kriege ich die Arbeitslosen von der Straße?"[3] Wirtschaftsthemen und damit, verkürzt ausgedrückt, Fragen, die die finanzielle Situation der Menschen betreffen, sind im Normalfall wahlentscheidend. In Deutschland hat sich ein gesellschaftliches Selbstverständnis entwickelt, das einen Arbeitsplatz für jeden vorsieht. Das Wirtschaftswunder der frühen Bundesrepublik und der verlorene Krieg erzeugten Leitvorstellungen, die sich stark auf materielle Grundlagen beziehen. Eine Untersuchung belegt den im internationalen Vergleich hohen Stellenwert eines Arbeitsplatzes im Bewusstsein der Deutschen. 81 Prozent der Deutschen empfinden laut einer Studie Arbeitslosigkeit als das drängendste Problem, während dies in Polen nur 63 Prozent und in Großbritannien sogar nur vier Prozent so empfinden.[4] Dabei liegt die Arbeitslosenquote in Polen mit 18,8 Prozent deutlich über den 9,5 Prozent in Deutschland.[5]

Die Besonderheit dieses Themas begründet sich in den geschilderten Zusammenhängen, die auch eine starke emotionale Komponente hervorgebracht haben. Der Arbeitsplatz gilt in Deutschland als einer der wichtigsten Bestandteile des Daseins. „Die Basis der Bundesrepublik Deutschland ist, im Unterbewusstsein zumindest, ein Geschäft: Du gehst zur Wahl und machst mit und dafür bekommst du eine wirtschaftliche Gegenleistung, das ist ein kaufmännisches Prinzip."[6] Neben dieser persönlichen Dimension existiert darüber hinaus eine gesellschaftliche, die Vollbeschäftigung als zentrale Zielvorstellung formuliert und so

---

[1] Der Ausspruch geht zurück auf Dick Morris, der ihn US-Präsident Clinton in den Mund legte.
[2] Vgl. Machnig, Mathias und Michael Spreng: Gespräche mit dem Autor am 20.02.2003 bzw. am 19.04.2004.
[3] Tiedje, Hans-Hermann: Gespräch mit dem Autor am 11.04.2003.
[4] Vgl. Die große deutsche Angst. Süddeutsche Zeitung Nr. 171 vom 27.07.2005. S. 1.
[5] Durchschnitt des Jahres 2004.
[6] Feldmayer, Karl: Gespräch mit dem Autor am 03.06.2004.

auch eine Erwartungshaltung an die Politik beinhaltet. Die Arbeitslosigkeit „ist ein ganz wichtiger Gradmesser für den Zustand des Erwerbslebens und damit für den Zustand der Gesellschaft"[7].

Bis in die 1970er Jahre entsprachen diese Vorstellungen auch der Realität. Ab dann begann sich eine strukturelle Arbeitslosigkeit zu entwickeln, die dieses Thema mehr und mehr zu einem Arbeitsfeld der Politik werden ließ. In den 80er Jahren war die wirtschaftliche Entwicklung positiver und Arbeitslosigkeit trat als Thema etwas in den Hintergrund. Nach der Wiedervereinigung wurde Arbeitslosigkeit zu dem zentralen Thema, wie nie zuvor in der Bundesrepublik. Seither wird die Bekämpfung der Arbeitslosigkeit in allen Umfragen vor Bundestagswahlen immer als das vordringlichste Problem in der Bundesrepublik bewertet.[8]

In den zurückliegenden drei Bundestagswahlkämpfen 1994, 1998 und 2002, auf die sich diese Arbeit bezieht, hatte die Arbeitslosigkeit einen zentralen Stellenwert und wurde von allen Parteien in ihren Wahlkampfstrategien mit hoher Priorität berücksichtigt. Die Vielschichtigkeit der Thematik und ihre starke öffentliche Wahrnehmung machte dies notwendig und bot den Parteien gleichzeitig ein weites Feld, um sich zu positionieren. Die emotionalen Komponenten auf der persönlichen Ebene, wie die Angst vor sozialem Abstieg, aber auch die rein ökonomische Seite des Broterwerbs bringen ein großes Potenzial für die Kommunikation der Parteien mit sich. Dazu kommt die beschriebene gesellschaftliche Dimension. Beides zusammen führt bei den Bürgern zu einer Unzufriedenheit mit Wirtschaft und Politik, die für die Problematik verantwortlich gemacht werden. So handelt es sich sowohl um ein wirtschafts- als auch um ein gesellschaftspolitisches Problem, das aufgrund seiner Tragweite und des extrem hohen Stellenwerts, der ihm beigemessen wird, zum wichtigsten Thema in Wahlkämpfen geworden ist.

Wegen dieser Zusammenhänge birgt die Problematik große Chancen für die Profilierung von Parteien und ihrer Kandidaten im Wahlkampf und die beabsichtigte Erhöhung der Wahlchancen. In der Theorie erscheint der Zusammenhang schlüssig: Die Parteien erarbeiten Lösungsvorschläge zur Arbeitslosenproblematik und bieten sie im Wahlkampf den Bürgern zur Abstimmung an. Die vom Wähler beauftragte Partei setzt innerhalb der folgenden Legislaturperiode ihre Vorschläge um und wird am Ende erneut vom Wähler beurteilt. Die Arbeitslosigkeit ist jedoch ein hochkomplexes Problem, an dessen Lösung verschiedene Akteure beteiligt sind und bei dem der Staat nur einer von ihnen ist. Er setzt in

---

[7] Kister, Kurt: Gespräch mit dem Autor am 29.04.2004.
[8] Vgl. Hilmer, Richard: Bundestagswahl 2002: eine zweite Chance für Rot-Grün. In: Zeitschrift für Parlamentsfragen. Heft 1/2003. S. 187-219. S. 211.

erster Linie Rahmenbedingungen. Dabei sind die nationalen Regierungen wiederum an die innerhalb der EU gültigen wirtschaftspolitischen Regeln gebunden. Zudem hängt die Entwicklung auf dem Arbeitsmarkt von vielen externen Einflüssen, wie der weltwirtschaftlichen Konjunkturentwicklung, oder allgemeinen Begleiterscheinungen der Globalisierung, insbesondere des internationalen Wettbewerbs, ab.

Die Komplexität der Problematik und die partielle Ohnmacht des Staates sorgen für eine Vielzahl von möglichen Maßnahmen und Steuerungsmöglichkeiten. Diese Punkte schließen einen allgemein gültigen Königsweg aus. Eine Politik, die auf die Senkung der Arbeitslosenzahlen abzielt, kann in den verschiedensten Bereichen ansetzen. Der populärste ist der Bereich der klassischen Arbeitsmarktpolitik. Wenn es aber um mehr Beschäftigung geht, kommen genauso fiskal- und geldpolitische Maßnahmen in Frage, um die Konjunktur zu stimulieren. Vorschläge zur Reduzierung der Arbeitslosigkeit sind im Kontext des volkswirtschaftlichen Magischen Vierecks zu sehen. In der Praxis hat es sich als außerordentlich schwierig erwiesen, allen wirtschaftspolitischen Zielen wie Preisstabilität, außenwirtschaftlichem Gleichgewicht und angemessenem Wirtschaftswachstum bei gleichzeitiger Vollbeschäftigung näher zukommen. Einzelne Autoren nehmen auch das Ziel der Verteilungsgerechtigkeit in das dann Magisches Vieleck genannte Modell mit auf.[9] Die Parteien sehen sich vor der Schwierigkeit, dem als populär geltenden Thema der Arbeitslosigkeit mit erklärbaren Vorschlägen im Wahlkampf gerecht zu werden und bevorzugen relativ kurzfristige Maßnahmen mit sichtbaren Ergebnissen, möglichst bis zum nächsten Wahltermin. Auf der anderen Seite dürfen auch die übrigen wirtschaftspolitischen Ziele nicht aus dem Auge verloren werden, ungeachtet der Bewertung durch den Wähler. Die Parteien setzen bei dem populärsten Thema Arbeitslosigkeit an und versuchen, durch gezielten und strategisch geplanten Einsatz des Sachthemas ihre Zustimmung zu maximieren.

Studien zu Bundestagswahlkämpfen in der Bundesrepublik beschäftigen sich mit dem Wählerverhalten und den zugrunde liegenden Motiven, Medienwirkungen im Wahlkampf, der politische Kommunikation der Parteien mit ihren verschiedenen Ausprägungen in den heißen Phasen von Wahlkämpfen. Auch grundsätzliche Veränderungen der Wahlkämpfe unter dem Stichwort der Amerikanisierung sind Beispiele für die wissenschaftliche Auseinandersetzung mit

---

[9] Vgl. Andersen, Uwe: Magisches Vieleck. In: Nohlen, Dieter und Rainer-Olaf Schultze (Hrsg.): Lexikon der Politikwissenschaft. München 2002. (Band 1). S. 506.

dem Thema.[10] Der Schwerpunkt liegt auf generellen Betrachtungen, wie des Stellenwerts von Sachthemen in Wahlkämpfen oder der Rolle bestimmter Mediengattungen oder Organen. Es liegt bisher keine größere Untersuchung vor, die den Stellenwert des Themas Arbeitslosigkeit in Bundestagswahlkämpfen analysiert. Auch zum allgemeineren Thema Wirtschaftspolitik in Wahlkämpfen gibt es keine Studie.

In der vorliegenden Untersuchung stehen die Parteien und ihr Verhalten in den Wahlkämpfen im Mittelpunkt. Sie geht der Frage nach, wie die Parteien das Thema Arbeitslosigkeit in ihren Strategien umsetzen und zur Zustimmungsmaximierung nutzen. Dabei spielt sowohl die Darstellung der Faktenlage eine Rolle wie auch die Art und Weise der Vermittlung von Lösungsvorschlägen. Da dabei den Medien ein wesentlicher Teil der Aufgabe zufällt, sind sie essentieller Bestandteil der Betrachtung, wenn auch stets im Zusammenhang mit den wahlkämpfenden Parteien.

Es ist nicht Gegenstand der Arbeit, den volkswirtschaftliche Sinn und die tatsächliche Wirksamkeit von arbeitsmarktpolitischen Maßnahmen und Vorschlägen der Parteien zu beurteilen. Dies will und kann eine sozialwissenschaftliche Arbeit wie diese nicht leisten. Vielmehr geht es um die beschriebenen kommunikativen Zusammenhänge. In der US-amerikanischen Forschung werden vergleichbare Wahlkampfthemen als Issues bezeichnet, der Begriff wird stärker als Beschreibung für Konflikt oder Problem verstanden. Dies gilt auch für die Verwendung des Begriffs Thema in dieser Arbeit.

1.2   Wirtschaftspopulismus – These und Fragestellung

Die Dringlichkeit des Problems und die damit verbundene Popularität des Themas Arbeitslosigkeit haben es zu einem festen Bestandteil der Bundestagswahlkämpfe gemacht. Die starke Präsenz des Themas in der Öffentlichkeit bietet ein weites Feld für die Profilierung der Parteien und Angriffe auf den Gegner. Die Vorschläge zur Reduzierung der Arbeitslosigkeit müssen neben inhaltlicher Sinnhaftigkeit auch das Kriterium der Vermittelbarkeit erfüllen. Nur dann kön-

---

[10] Vgl. Gabriel, Oscar/Oskar Niedermayer/Richard Stöss (Hrsg.): Parteiendemokratie in Deutschland. Bonn 2001.; Holtz-Bacha, Christina: Wahlkampf in den Medien – Wahlkampf mit den Medien. Ein Reader zum Wahljahr 1998. Opladen 1998.; Holtz-Bacha, Christina/Lynda Lee Kaid (Hrsg.): Wahlen und Wahlkampf in den Medien – Untersuchungen aus dem Wahljahr 1994. Opladen 1996.; Noelle-Neumann, Elisabeth/Hans Kepplinger/Wolfgang Donsbach: Kampa: Meinungsklima und Medienwirkungen im Bundestagswahlkampf 1998. Freiburg, München 1999.; Sarcinelli, Ulrich (Hrsg.): Politikvermittlung und Demokratie in der Mediengesellschaft. Wiesbaden 1998.

nen sie den Parteien beim Versuch der Zustimmungsmaximierung dienlich sein. Die Popularität des Themas verleitet die Parteien oft dazu, ihre Vorschläge und häufig damit verbundene Versprechen an den erzielbaren Zustimmungseffekten auszurichten. Das Problem: Stillstand und Reformen sind zwei der unpopulärsten Begriffe in Deutschland. Die Parteien machen also meist Vorschläge, die die Arbeitslosigkeit senken sollen aber zugleich möglichst niemanden belasten.

Die These der vorliegenden Untersuchung stützt sich auf folgende Überlegungen: In die Vorschläge der Parteien wird insbesondere die mediale Vermittelbarkeit mit einbezogen, da sie letztlich auf eine Beeinflussung des Wahlverhaltens abzielen und aus diesem Grund die Parteien die vermuteten Entscheidungskriterien des Wählers antizipieren. Regierungsparteien können zudem während der laufenden Legislaturperiode versuchen, die Faktenlage zu beeinflussen. Sie steuern die Entwicklung der Arbeitslosenzahl so, dass sie zum Zeitpunkt der Wahl möglichst niedrig liegt. Bei der innerparteilichen Diskussion zur Wahlkampfstrategie tritt letztlich das Kriterium der Popularität der Vorschläge vor die Argumente von Experten. These:

> Die deutschen Volksparteien agieren in Bundestagswahlkämpfen wirtschaftspopulistisch. Dies lässt sich am Beispiel des Themas Arbeitslosigkeit belegen.

Um den Nachweis der These führen zu können, ist zunächst eine genaue Definition des Begriffs Wirtschaftspopulismus notwendig. Wirtschaftspopulismus gilt in der Literatur als „Bezeichnung einer wirtschaftspolitischen Richtung, die Wirtschaftswachstum und Einkommensverteilung betont, jedoch die hiermit verbundenen Risiken vernachlässigt, wie Inflation, Defizitfinanzierung, außenwirtschaftliche Abhängigkeit und den Primärzielen abträgliche Gegenreaktionen der Wirtschaftssubjekte gegen nichtmarktkonforme Politik."[11] In einer Definition von Populismus im Allgemeinen finden sich weitere Bausteine für eine im vorliegenden Fall sinnvolle Fassung: „Heute Bezeichnung für die Selbstaktivierung bzw. gezielte Mobilisierung gängiger Ängste, Vorurteile, Emotionen, die in (vorgeblich) einfache Problemlösungen umgesetzt und gerade deshalb populär werden."[12]

Diese Definitionen werden dem von bundesdeutschen Parteien getragenen Wirtschaftspopulismus nicht gerecht. Sie müssen um einige Punkte erweitert werden.

---

[11] Vgl. Schmidt, Manfred: Wörterbuch zur Politik. Stuttgart 1995. S. 764f.
[12] Holtmann, Everhard: Politik-Lexikon. Oldenburg 1994. S. 522.

Bezeichnung einer wirtschaftspolitischen Richtung und Argumentationsweise, die Wirtschaftswachstum und Einkommensverteilung betont, jedoch die damit verbundenen Risiken vernachlässigt. Diese Politik wird umgesetzt durch Dramatisierung der Lage, Übertreiben und Überhöhen von Inhalten sowie ein gezieltes Ansprechen von Emotionen und Ängsten, die in vorgeblich einfachen Problemlösungen umgesetzt werden, um die Zustimmung der breiten Masse zu gewinnen. Dabei orientieren sich die Parteien an der Logik der Medien und versuchen diese zu instrumentalisieren. Die Politik ist darauf ausgerichtet, klar kommunizierbare Daten auf den Wahlkampf hin zu optimieren, unabhängig von Sinn und Nachhaltigkeit dieser Maßnahmen. Um die Zustimmung der Wähler zu gewinnen oder zu behalten, suggerieren die Vertreter einer wirtschaftspopulistischen Politik Handlungsmöglichkeiten, die über ihren realen politischen Einfluss hinausgehen, beziehungsweise streiten diese ab. Sie orientieren die Themen und Inhalte ihrer Vorschläge und Forderungen weitgehend an der Bevölkerungsagenda, die sie aus Meinungsumfragen kennen. Dabei missachten sie sachliche Notwendigkeiten einer nachhaltigen Wirtschaftspolitik. Kennzeichen von Wirtschaftspopulismus ist es, arbeitsmarktrelevante Einzelfälle und Randthemen als Symbole für eine erfolgreiche Wirtschaftspolitik herauszustellen und zu suggerieren, dass diese das Problem der Arbeitslosigkeit lösen können.

Die Betonung der Ziele Wachstum und Einkommensverteilung ist Kennzeichen einer populistischen Politik. Die Steigerung des Bruttoinlandsprodukts, von den Parteien als Wachstum bezeichnet und später auch in den Begriff Aufschwung übersetzt, ist an sich legitimes Ziel jeder Wirtschaftspolitik. Eine Umverteilung des Einkommens innerhalb der Volkswirtschaft hat sich als Politikziel eines Sozialstaats etabliert. Entscheidendes Kriterium ist in diesem Zusammenhang die übermäßige Betonung dieser Ziele bei gleichzeitigem Vernachlässigen der einhergehenden Risiken, das heißt im Wahlkampf dem Nichtbeachten von negativen Auswirkungen und Begleiterscheinungen. Dieser Vorgang kann sowohl in der realen Politik einer Regierungspartei beobachtet werden, als auch in den Vorankündigungen der Parteien während eines Wahlkampfs. Als erste Hypothese der erkenntnisleitenden Hauptthese kann formuliert werden:

Die Parteien betonen im Wahlkampf die Ziele Wachstum und Einkommensverteilung unter gleichzeitigem Nichtbeachten von negativen Auswirkungen und Begleiterscheinungen. Die Parteien versuchen, klar kommunizierbare Daten wie die absolute Arbeitslosenzahl auf den Wahlkampf hin zu optimieren, unabhängig von Sinn und Nachhaltigkeit dieser Maßnahmen. Um die Wähler zu gewinnen oder zu halten, suggerieren die Parteien Handlungsmöglichkeiten, die über ihren realen Einfluss hinausgehen oder streiten sie in Fällen ab, in denen sie Einflussmöglichkeiten hätten.

Dieser inhaltliche Teil des Erkenntnisinteresses wird ergänzt durch eine Analyse charakteristischer Kommunikationsweisen wirtschaftspopulistischer Inhalte. Analog zur Definition sind das Dramatisieren der Lage, die Mobilisierung und das Anknüpfen an Vorurteile, Emotionen und Ängste sowie das Propagieren einfacher Problemlösungen Bestandteile wirtschaftspopulistischen Agierens. Diese Verhaltensweisen sind auf Zustimmung einer breiten Masse ausgelegt. Bei der Betrachtung der Kommunikationsweisen von Wirtschaftspopulismus spielen die Medien eine entscheidende Rolle. Sie sind der Transmissionsriemen, den die Politik nutzt, um ihre Vorschläge den Wählern zu übermitteln. Als zweite Hypothese kann formuliert werden:

> Die Parteien dramatisieren in Bezug auf Arbeitslosigkeit im Wahlkampf die Lage, Übertreiben und Überhöhen einzelne Inhalte. Sie mobilisieren Vorurteile, Emotionen und Ängste, beziehungsweise knüpfen an sie an, und propagieren einfache Problemlösungen. Diese Verhaltensweisen sind auf Zustimmung der breiten Masse ausgelegt. Dabei orientieren sie sich an der Logik der Medien und versuchen, diese für sich zu instrumentalisieren. Sie richten Themen und Inhalte ihrer Vorschläge und Forderungen weitgehend an der Bevölkerungsagenda aus, die sie aus Meinungsumfragen schließen und missachten dabei sachliche Notwendigkeiten.

Die beiden Hypothesen entsprechen den hauptsächlichen Teilbereichen des Erkenntnisinteresses – der inhaltlichen Ausprägung von Wirtschaftspopulismus wie auch seiner charakteristischen Kommunikationsweisen. Um die Hypothesen verifizieren zu können, werden aus ihnen einzelne Kategorien entwickelt, die es erlauben, die konkreten Untersuchungsergebnisse in Hinblick auf die These auszuwerten. Notwendig ist also eine, auf das Sachthema Arbeitslosigkeit bezogene, Übersetzung der Definition in konkrete Inhalte und Kommunikationsweisen.

Die Betonung der Ziele Wachstum und Einkommensverteilung bedeutet im Fall des Wahlkampfthemas Arbeitslosigkeit zunächst das Ziel der Gewährleistung eines ausreichenden Einkommens für alle Bürger. Das heißt, möglichst viele Bürger in existenzsichernde Beschäftigung zu bringen oder ihnen im Falle der Arbeitslosigkeit eine ausreichende finanzielle Absicherung zu bieten, damit sie ihren sozialen Status halten können. Einkommen für alle zu erreichen, ist übergeordnetes, langfristiges Ziel der Bekämpfung der Arbeitslosigkeit. Ein Mittel kann das, über Rahmenbedingungen mögliche, Fördern von wirtschaftlichem Wachstum sein. Mit so einer Forderung verbunden ist in der Regel die Aussage, mehr Wachstum führe zu mehr Arbeitsplätzen. Wachstum ist demnach als mögliches Mittel und Wohlstand für alle als übergeordnetes Ziel einer an Bekämpfung der Arbeitslosigkeit ausgerichteten Politik zu verstehen.

Die Zusammenhänge des Magischen Vierecks bringen auch negative Folgen einer an Wachstum und Einkommensverteilung orientierten Politik mit sich. So werden in als wirtschaftspopulistisch zu wertenden Aussagen in der Regel die negativen Auswirkungen dieser Politik verschwiegen oder verharmlost. Mögliche Folgen sind Preissteigerungen sowie eine Erhöhung der Staatsverschuldung in Folge von arbeitsmarktpolitischen Maßnahmen und der Vermeidung von Einschnitten bei der sozialen Absicherung. Als mögliche abträgliche Gegenreaktionen in Folge von arbeitsmarktpolitischen Maßnahmen gelten ein gehemmtes Wachstum wegen zu hoher Sozialstandards oder zu hoher Steuerbelastung. Eine gebremste Nachfrage wegen zu hoher Abgaben, Angst vor Arbeitslosigkeit oder der Verlagerung von Arbeitsplätzen ins Ausland wirkt ebenso wachstumshemmend. Subventionen erhalten zwar einerseits Arbeitsplätze, allerdings in nicht marktfähigen Bereichen, und sie mindern zugleich über die Steuerlast das Nettoeinkommen des Steuerzahlers und damit die Binnennachfrage.

Neben den inhaltlichen Kennzeichen wirtschaftspopulistischer Politik werden in der vorliegenden Arbeit auch charakteristische Kommunikationsweisen analysiert. Sie beziehen sich auf die Kommunikationsweise der Parteien im Wahlkampf. Die in der Definition genannte Dramatisierung der Lage ist beim Thema Arbeitslosigkeit durch die Oppositionsparteien zu erwarten. Während die Regierungsparteien ihre Wirtschaftspolitik verteidigen und die Erfolge herausstellen werden, kann die Opposition die Lage auf dem Arbeitsmarkt dramatisieren, um die Leistungen der Regierung zu schmälern.

Als weiteres Kennzeichen ist die Nutzung der emotionalen Komponente des Themas zu untersuchen. Angst vor dem Verlust des Arbeitsplatzes oder dem langfristigen Verbleiben in der Arbeitslosigkeit kann alle Bürger betreffen. Diese Ängste können bei allen Arbeitnehmern und damit bei einem Großteil der Wähler geschürt und genutzt werden. Hinzu kommen ein zu befürchtender Verlust des gesellschaftlichen Ansehens, die psychische Belastung im Allgemeinen und vor allem auch die finanziellen Folgen der Arbeitslosigkeit. Aus diesem Grund ist auch die Höhe der Sozialleistungen ein emotionales Thema im Wahlkampf. Eine Absenkung der Bezüge von Arbeitslosengeld- und Arbeitslosenhilfeempfängern ist unpopulär, wenngleich es dem Ziel eines gesteigerten Wirtschaftswachstums partiell dienlich sein kann. Hier handelt es sich neben der emotionalen Komponente auch um eine wirtschaftspolitisch abträgliche Gegenreaktion, wenn die Bezüge, obwohl es ökonomisch notwendig wäre, nicht gesenkt werden. Der emotionale Anteil am Thema Arbeitslosigkeit erstreckt sich auch auf Bereiche, die nur unmittelbar mit der direkten Angst vor Arbeitslosigkeit zu tun haben. So können Parteien versuchen, im Wahlkampf Mitleid mit Betroffenen zu erregen, um ihre politischen Forderungen zu unterstreichen. Darüber hinaus können Vorurteile gegenüber den Arbeitgebern geschürt werden, die zu wenig Arbeitplätze bereitstellten, beziehungsweise zu viele ins Ausland verlagerten. Wesentliches Kennzeichen populistischen Agierens ist das Propagieren von einfachen Lösungsvorschlägen. Parteien versuchen mittels eingängiger Formeln und allgemein verständlicher Ansätze, dem Wähler einfache Lösungsmöglichkeiten des Problems zu suggerieren. Hier gilt im Wahlkampf das Primärziel der Vermittelbarkeit von Vorschlägen. Voraussetzung dafür ist eine geringe Komplexität der kommunizierten Lösungen, damit sie von möglichst vielen Bürger verstanden und für plausibel erachtet werden können. Dem entgegen stehen die hohe Komplexität und die vielen Teilaspekte der Arbeitslosenthematik. Häufig werden auch Einzelaspekte herausgegriffen, oft Randthemen der Arbeitslosigkeitsproblematik. Auf sie bezogene Vorschläge sollen eine umfassende Lösung des Problems suggerieren. Eine Vereinfachung der Problematik und ihrer Lösung ist die Voraussetzung für Popularität. Die Vorschläge werden dem Bürger vermittelt, ohne dabei auf ihre Komplexität und mögliche Nebenwirkungen einzugehen.

Eine besondere Berücksichtigung erfordert die Rolle der Medien bei der Vermittlung des Themas an die Wähler. Die Anpassung der Parteien an die Logik der Medien bestimmt die wirtschaftpopulistischen Ausprägungen eines Wahlkampfs mit: Arbeitsmarktpolitische Vorschläge werden in Form und Inhalt mediengerecht aufbereitet. Ziel populistischer Inhalte und Kommunikationsweisen ist es, die Zustimmung einer breiten Masse zu gewinnen. Im vorliegenden Fall versuchen die Parteien, die Zustimmung bei der nächsten Wahl zu maximieren. Das Ziel ist kurzfristig angelegt und kann auch unter Ausblenden langfristiger wirtschaftspolitischer Effekte verfolgt werden. Teil des Wirtschaftspopulismus ist also nicht nur eine Vereinfachung der Lösungsvorschläge, sondern auch die Kurzfristigkeit der Ansätze, die dem Problem ebenso wenig gerecht werden.

Die Medien haben innerhalb populistischer Kommunikation einen entscheidenden Stellenwert.[13] Sie werden von den Parteien gezielt in die Wahlkampfstrategie eingebunden. Kommunizierte Inhalte, wie Vorschläge zur Reduzierung der Arbeitslosigkeit, werden auf die Bedürfnisse der Medien ausgerichtet sowie zeitlich, inhaltlich und formal mediengerecht aufbereitet oder inszeniert. Die Parteien nutzen hier die öffentliche Präsenz des Themas Arbeitslosigkeit in den Medien und bedienen sie mit allgemein vermittelbaren, häufig plakativen Vorschlägen und Forderungen. So gehen Politik und Medien eine Symbiose ein, die

---

[13] Vgl. u.a. Sarcinelli, Ulrich: Mediale Politikdarstellung und politisches Handeln. In: Jarren, Otfried (Hrsg.): Politische Kommunikation in Hörfunk und Fernsehen. Opladen 1994. S. 35-50. S. 36.

Parteien bedienen die Bedürfnisse der Medien und die Medien kommunizieren im Gegenzug die Vorschläge der Parteien. Medien können Teil des von Parteien getragenen Wirtschaftspopulismus sein. Dabei sorgen mangelndes Fachwissen und der Druck von Quote oder Auflage mit seinen vielfältigen Auswirkungen vor allem auf Tiefe, Länge und Tendenz der Berichterstattung für eine häufig kritik- und analysefreie Weitergabe parteipolitischer Vorschläge an den Rezipienten. Andere versuchen allerdings auch, sich über Analyse und Demaskierung der Parteivorschläge zu positionieren.

1.3 Gliederungsprinzipien

Der Begriff Wirtschaftspopulismus bildet den Ausgangspunkt der Untersuchung. Ziel der Arbeit ist es, die beschriebene These in deutschen Bundestagswahlkämpfen am Themenbeispiel der Arbeitslosigkeit nachzuweisen. Die erkenntnisleitenden Forschungsfragen zielen darauf ab, Wirtschaftspopulismus analog der Definition zu belegen und seine Folgen für das politische System aufzuzeigen. Die Definition umfasst die Kriterien, anhand derer das Material der Untersuchung ausgewertet wird.

Zunächst werden Forschungsansätze und Befunde aus Politik- und Kommunikationswissenschaft sowie der Volkswirtschaftslehre skizziert, die einen Beitrag zum Nachweis der These leisten und zugleich die vorhandene Forschungslücke markieren. Alle Befunde werden in Hinblick auf ihre Relevanz für die These dargestellt. Neben inhaltlichen Beiträgen zur Überprüfung der These werden auch Befunde wiedergegeben, die als Denkmodelle wertvolle Ansätze für die vorliegende Untersuchung bieten. Die Darstellung der vorhandenen Forschungsarbeiten belegt, dass bisher keine wissenschaftliche Auseinandersetzung mit Wirtschaftspopulismus in Deutschland vorliegt. Auch zum allgemeiner formulierten Thema der Wirtschaftspolitik in Bundestagswahlkämpfen existiert keine umfassende Untersuchung. Nach der Herleitung der erkenntnisleitenden Fragen und der Analyse des Forschungsstands bildet die Beschreibung der gewählten Methodik das Bindeglied zur Ergebnisdarstellung. Die Methodik der Arbeit orientiert sich an der markierten Forschungslücke. Gegenstand der Untersuchung sind die dokumentierten Äußerungen der Parteien in Form von Pressemitteilungen und Wahlprogrammen ebenso wie die Berichterstattung der Medien. Dazu kommen ergänzend Interviews mit den jeweiligen Protagonisten von Berichterstattung und Parteienkommunikation, den Wahlkampfmanagern und beteiligten Politikern oder verantwortlichen Redakteuren.

Der Ergebnisteil der Arbeit besteht insbesondere aus einer inhaltlichen Rekonstruktion der betrachteten Bundestagswahlkämpfe, um Wirtschaftspopulismus an einzelnen Beispielen nachweisen zu können. Die Kommunikationsprozesse innerhalb eines Wahlkampfs werden in den relevanten Bereichen nachgezeichnet. Jedes Wahljahr wird mit einem Kapitel zu Vorphase und Wahlkampfauftakt eingeleitet, in dem vor allem die wirtschaftliche Ausgangslage und die Argumentationsentwicklung der Parteien nachgezeichnet werden. Darüber hinaus soll jedoch auch ein Bild vom Klima der öffentlichen Diskussion entstehen. Am Ende dieser Abschnitte wird die Weichenstellung für den weiteren Umgang mit dem Thema Arbeitslosigkeit im jeweiligen Wahlkampf erkennbar sein. Die Kapitel zur heißen Phase beleuchten die Medienarbeit der Parteien und Stimmungen in der Medienberichterstattung in den Wochen vor der Wahl. Analysen des Wahlergebnisses schließen die Kapitel ab. Hier steht der Erfolg des Agierens der Parteien beim Thema Arbeitslosigkeit und sein tatsächlicher Stellenwert bei der Wahlentscheidung im Mittelpunkt. In einer zusammenfassenden Betrachtung des jeweiligen Wahlkampfs werden die Ergebnisse fixiert, die das einzelne Wahljahr zur Überprüfung der These beiträgt.

Diese Ergebnisse münden in das zentrale Kapitel, in dem die erkenntnisleitenden Fragen beantwortet und die These anhand der aus der Definition abgeleiteten Kriterien belegt werden soll. Dabei teilt sich die Ergebnisdarstellung in inhaltliche Aspekte von Wirtschaftspopulismus und die ihn charakterisierenden Kommunikationsweisen. Hier werden in erster Linie die Interviews mit den verschiedenen Beteiligten verwertet. Sie sollen als Interpretationshilfen dienen, da sie rückblickend und einordnend geführt worden sind und sich die Aussagen meist nicht auf einzelne Wahlkämpfe beziehen. Am Ende steht eine Kritik der Arbeit, die ihre Grenzen umreißen und zugleich Anstöße für weitere Untersuchungen geben wird.

2 Forschungsstandanalyse

Seit Jahrzehnten nimmt das Problem der Arbeitslosigkeit einen zentralen Stellenwert in deutschen Bundestagswahlkämpfen ein. Die Parteien positionieren sich in diesem Arbeitsfeld und versuchen, durch wirtschaftspopulistische Lösungsvorschläge oder gezielte Veränderung der faktischen Arbeitsmarktlage und deren Kommunikation Zustimmung zu generieren.

Zunächst werden alle relevanten Ergebnisse zum Thema Wirtschaftspopulismus beziehungsweise Arbeitslosigkeit in deutschen Wahlkämpfen aus den Disziplinen Politikwissenschaft, Kommunikationswissenschaft und Volkswirtschaftslehre dargestellt. Dabei werden auch Modelle berücksichtigt, die zwar keine inhaltlichen, jedoch methodische Beiträge zur Beantwortung der Forschungsfrage leisten. Die Analyse des Forschungsstands systematisiert die relevanten Ergebnisse und soll belegen, dass in den Disziplinen bisher weder eine Untersuchung zum Thema Wirtschaftspopulismus in Deutschland noch zu Wirtschaftsthemen in Bundestagswahlkämpfen im Allgemeinen vorliegen.

In der Politikwissenschaft wurden schwerpunktmäßig Untersuchungen durchgeführt, die die Parteienstrategien eines bestimmten Wahlkampfs oder aber die Entwicklung einzelner Aspekte, wie beispielsweise Wahlprogramme oder Kandidaten über einen längeren Zeitraum analysieren.[14] Die Rolle des in jüngster Zeit vordringlichsten gesellschaftlichen und volkswirtschaftlichen Problems Arbeitslosigkeit in Bundestagswahlkämpfen ist bisher nicht erörtert worden. Auch zu Teilaspekten, wie etwa arbeitsmarktpolitischen Themen in Wahlprogrammen, liegen keine separaten Studien vor. Kommunikationswissenschaft und Volkswirtschaftslehre konzentrieren sich auf Gegenstände wie die Rolle von Medien in Wahlkämpfen beziehungsweise ökonomische Aspekte von Parteienpopularität und Wahlentscheidung. Dabei ist das Thema insbesondere für die Parteienforschung von hoher Relevanz. Arbeitslosigkeit wird von den Parteien intensiv genutzt, um Zustimmung einzuwerben. Der hohe Stellenwert, den die Bevölkerung diesem Thema beimisst, bietet Erfolgschancen für eine populistische Vorgehensweise. Dies ist ein weiterer Grund für eine wissenschaftliche Untersuchung. Die vorliegende Literatur gibt relevante Hinweise auf die Bewertung der Thematik durch die Parteien, auf die Rolle der Medien sowie auf die Rezeption des Agierens der Parteien durch die Wähler. Sie beschäftigt sich mit Einzelaspekten und soll auch Komplexität und Reichweite des Themas belegen. Der Überblick über den Forschungsstand markiert zugleich die Forschungsdefizite in diesem Bereich.

---

[14] Vgl. Kapitel 2.1.

2.1 Wirtschaftspolitik im Wahlkampf: Beitrag der Politikwissenschaft

2.1.1 Arbeitslosigkeit in der Wahlkampfführung der Parteien

Die vorhandenen Befunde belegen die große Bedeutung, die Wirtschaftspolitik in Bundestagswahlkämpfen hat. Vor dem Hintergrund des öffentlichen Drucks schätzen die Parteien dieses Themenfeld als wichtig ein und nutzen es aktiv in Wahlkämpfen.

Donsbach untersucht anhand des Bundestagswahlkampfs 1998 die Rolle des Themas Arbeitslosigkeit insgesamt und den Stellenwert, den die einzelnen Parteien ihm beimessen.[15] Die Union als Regierungspartei gab mehr Pressemitteilungen zum Thema Arbeitslosigkeit heraus als die SPD, diese hielt sich tendenziell bei wirtschaftlichen Themen in der Kommunikation zurück. Wenn sich die SPD zum Thema Arbeitsmarkt äußerte, waren die Äußerungen zur momentanen Situation stets negativ, die zur Zukunft aber stets positiv. Diese Tendenz übernahmen auch die Medien in ihrer Berichterstattung weitgehend. Insgesamt habe die SPD glaubhaft vermitteln können, „man könne an ‚Runden Tischen' Arbeitsplätze schaffen und die Gesellschaft dabei gleichzeitig auch noch innovativer und gerechter machen"[16]. Dies hätten die Bürger geglaubt, weil für sie Arbeitsmarkt und Lohnhöhe die einzigen Gradmesser für eine erfolgreiche Wirtschaftspolitik seien.[17] Ziel einer populären Wirtschaftspolitik in der Bundesrepublik muss es der Untersuchung zu Folge also sein, niedrige Arbeitslosenzahlen und ein möglichst hohes Einkommen für breite Bevölkerungsschichten zu propagieren. Die Studie von Donsbach ist die einzige für den Untersuchungszeitraum vorliegende, die sich dezidiert mit Fragen der Wahlkampfkommunikation anhand des Themas Arbeitslosigkeit beschäftigt. Das Ergebnis zeigt, dass inhaltliche Komponenten von Wirtschaftspopulismus wie beispielsweise das Propagieren von Einkommensverteilung und das Zuspitzen auf die absolute Zahl der Arbeitslosen in der Kommunikation der Parteien innerhalb von Bundestagswahlkämpfen nachweisbar sind. Es ist ein Hinweis darauf, dass die bundesdeutschen Parteien bei ihrem Agieren in Wahlkämpfen, auch beim Thema Arbeitslosigkeit, das Ziel der Zustimmungsmaximierung in den Mittelpunkt stellen.

Bei der Analyse von Wahlkampfstrategien misst die Politikwissenschaft der Auswertung von Wahlprogrammen, wohl auch wegen ihrer einfachen Analysierbarkeit, eine wichtige Bedeutung zu. Sie sind das „zentrale Dokument, in dem

---

[15] Donsbach, Wolfgang: Sieg der Illusion – Wirtschaft und Arbeitsmarkt in der Wirklichkeit und in den Medien. In: Noelle-Neumann u.a.: Kampa. 1999. S. 40-77.
[16] Donsbach: Sieg der Illusion – Wirtschaft und Arbeitsmarkt in der Wirklichkeit und in den Medien. 1999. S. 75.
[17] Ebd. S. 76.

Parteien ihr Politikangebot den Wählern unterbreiten"[18]. Aus diesem Grund sind die Dokumente für die Frage nach wirtschaftspopulistischem Agieren von Belang. Die Programme erlauben Rückschlüsse auf den Stellenwert des Themas innerhalb der Wahlkampfstrategie einer Partei. Im Sinne der Funktion von Parteien in repräsentativen Demokratien manifestieren sich in Wahlprogrammen die aus der Sammlung von Interessen erarbeiteten Lösungsvorschläge, die in das Regierungssystem eingebracht werden sollen. Sie umfassen alle Bereiche der Politik und beschreiben in ihrem zeitlichen Horizont die folgende Legislaturperiode. „Wahlprogramme dienen in den seltensten Fällen den Bürgern als Lektüre, wohl aber den Journalisten als Vorlage."[19] Diese Arbeit berücksichtigt sie für die Analyse der grundsätzlichen Argumentationslinien und zur Identifikation von Einzelthemen innerhalb des Themenbereichs Arbeitslosigkeit.

Eine Untersuchung der Inhalte von Wahlprogrammen in der Bundesrepublik belegt, dass der Bereich der Wirtschaftspolitik für die Parteien bei der Wahlkampfführung einen großen Stellenwert hat.[20] Wirtschaft- und Gesellschaftspolitik wird „mit durchschnittlich 30 Prozent etwa doppelt so häufig wie die Staats- und Außenpolitik"[21] behandelt. Das gilt für die fünf erfassten Parteien SPD, CDU/CSU, FDP, Grüne und PDS im Zeitraum 1949 bis 1998. Im Bereich der Wirtschaftspolitik unterscheiden sich SPD und CDU/CSU in der Häufigkeit der Erwähnung, für die Union hat sie mit 37 Prozent einen größeren Stellenwert als für die SPD mit 32 Prozent.[22] Im Detail betrachtet, betont die Union eher die Rolle der Sozialen Marktwirtschaft, während die SPD mehr für einen Ausbau des Wohlfahrtsstaates eintritt (13 Prozent zu acht Prozent).[23] Die Untersuchung kommt zu dem Schluss, dass die Parteien bei diesen Fragen in etwa vergleichbare Positionen einnehmen, den Bereichen aber einen unterschiedlich großen Stellenwert beimessen.[24] Arbeitsmarktpolitische Themen in Wahlprogrammen sind bisher noch nicht umfassend untersucht worden. Die Aussagen bezüglich des Stellenwerts des übergeordneten Bereichs der Wirtschafts- und Gesellschaftspolitik sind jedoch Hinweis darauf, dass die Parteien beim Problem der Arbeitslosigkeit Potenzial für das Generieren von Zustimmung sehen.

---

[18] Römmele, Andrea: Direkte Kommunikation zwischen Parteien und Wählern. Professionelle Wahlkampftechnologien in den USA und in der BRD. Wiesbaden 2002. S. 51.
[19] Ebd. S. 52.
[20] Vgl. Klingemann, Hans-Dieter/Andrea Volkens: Struktur und Entwicklung von Wahlprogrammen in der Bundesrepublik Deutschland 1949-1998. In: Gabriel u.a.: Parteiendemokratie in Deutschland. 2001. S. 507-527. S. 516.
[21] Ebd. S. 515.
[22] Vgl. ebd. S. 517.
[23] Vgl. ebd.
[24] Vgl. ebd. S. 527.

2.1.2 Die Sachfrage als Gegenstand von Populismus

Bei populären Sachfragen neigen Parteien häufig dazu, „dem Volke nach dem Munde"[25] zu reden und „einfache Lösungen"[26] zu propagieren. Sie geben den Parteien Gelegenheit, für ihre Kompetenz zu werben und Führungsfähigkeit zu zeigen. Sachliche Probleme sind der Bezugsgegenstand einer populistischen Politik. Insofern begünstigt die Tatsache, dass Sachthemen in beiden Teilen der Bundesrepublik allgemein an Bedeutung gewinnen, wirtschaftspopulistische Tendenzen in Bundestagswahlkämpfen. Sachthemen bieten Potenzial für Versprechungen und einfache Lösungsvorschläge. Eine generell hohe Bedeutsamkeit von Sachfragen ist ohnehin Voraussetzung einer wirtschaftspopulistischen Politik.

„Die langfristigen Entwicklungen in Westdeutschland und die Erweiterung um das ostdeutsche Elektorat haben einerseits dazu geführt, dass heute in den Wahlmotiven Sachargumenten höhere Priorität als früher eingeräumt wird. Andererseits gewinnen aber auch tagespolitische Ereignisse größeren Einfluss auf die Wahlentscheidungen und machen Wahlen für die Parteien zunehmend unberechenbarer."[27] Der Wähler trifft seine Entscheidung aktiver und bewusster, als in Zeiten mit sehr präsenten tradierten und milieubedingten Parteienpräferenzen. Eine genauere Betrachtung der Sachthemen, die er für seine Entscheidung heranzieht, ist dringend angezeigt.

International gültige Modelle der Analyse von relevanten Faktoren im Parteienwettbewerb berücksichtigen Sachthemen oder Sachfragen als einen der wichtigen Punkte innerhalb des Kriterienkatalogs der Wahlentscheidung. Das „Michigan-Modell"[28] führt die Wahlentscheidung des Einzelnen auf ein „Zusammenspiel von Parteiidentifikation, Kandidaten- und Themenorientierungen"[29] zurück. Campbell und andere sehen den Wähler als „Person in einer politischen Welt, in der er oder sie Persönlichkeiten, Themen und Parteien wahrnimmt"[30]. Aus dieser Feststellung folgern die Autoren, dass es bei der Erklärung des Wahl-

---

[25] Nohlen, Dieter: Populismus. In: Nohlen und Schultze (Hrsg.): Lexikon der Politikwissenschaft. 2002. (Band 2). S. 749f.

[26] Ebd.

[27] Gluchowski, Peter/Jutta Graf/Ulrich von Wilamowitz-Moellendorf: Sozialstruktur und Wahlverhalten in der Bundesrepublik Deutschland. In: Gabriel u.a.: Parteiendemokratie in Deutschland. 2001. S. 181-203. S. 203.

[28] Entwickelt von Angus Campbell. Vgl. Campbell, Angus/Philip Converse/Warren Miller/Donald Stokes: The American Voter. New York 1960.

[29] Gabriel, Oscar: Parteiidentifikation, Kandidaten und politische Sachfragen als Bestimmungsfaktoren des Parteienwettbewerbs. In: Gabriel u.a.: Parteiendemokratie in Deutschland. 2001. S. 228-249. S. 229.

[30] Ebd.

verhaltens zunächst darum geht, die „Wahrnehmungen und Bewertungen der genannten Objekte"[31] zu messen. Voraussetzung der Entscheidungsfindung bei Sachfragen ist, dass die Wähler eine inhaltliche Streitfrage erkennen, sie als wichtig bewerten und am Ende mit der Position einer Partei in Verbindung bringen.[32] Nach Stokes handelt es sich bei der vorliegenden Frage nach arbeitsmarktpolitischen Themen um ein Valenzissue.[33] Die Wählerschaft stimmt in der Frage des Zieles der Vollbeschäftigung überein, „Auffassungsunterschiede bestehen allenfalls über die relative Wertigkeit dieser Ziele und über die zu ihrer Erreichung angemessenen Mittel"[34]. Problematisch ist es allerdings, tatsächliche Issuepräferenzen beim Wähler zu messen und sie in Zusammenhang mit einer konkreten Wahlentscheidung zu bringen. Grundsätzlich wird in der Literatur davon ausgegangen, dass es schwierig ist, Kandidaten-, Parteibindungs- und Themeneffekte unabhängig voneinander zu messen. Zudem spielen bei der Bildung von Parteipräferenzen aufgrund von Sachfragen verschiedene Themenbereiche eine Rolle, die Positionen von Parteien und Wählern können sich in den verschiedenen Politikfeldern unterscheiden. Auch „Wahrnehmungs- und Bewertungsmuster der Wählerschaft"[35] unterliegen einem steten Wandel, ebenso wie die programmatische Ausrichtung der Parteien und die faktischen Grundlagen, im vorliegenden Fall die Arbeitsmarktlage.

Diese Unwägbarkeiten sind bei allen Sachthemen vorhanden, fallen jedoch im speziellen Fall der Arbeitslosigkeit schwächer aus als bei anderen Themen. Die Frage ist dauerhaft präsent und wird von der großen Mehrheit der Wähler als wichtigstes Thema eingestuft. In Umfragen rangiert das Thema Arbeitslosigkeit seit Beginn der 90er Jahre ganz oben auf der Agenda. „Vor der Bundestagswahl 2002 sahen 84 Prozent der Bürger die Bekämpfung der Arbeitslosigkeit als die vordringlichste Aufgabe der Politik an."[36] Bereits in den Jahren vor der Wahl 1994 wurde das Thema als sehr wichtig eingestuft, in Ostdeutschland sahen es konstant über 60 Prozent der Wähler als wichtigstes Thema an, im Westen steht Arbeitslosigkeit seit Herbst 1993 an der Spitze der Bewertungen[37]. Ab Anfang 1997 nannten bundesweit über 80 Prozent der Befragten die Arbeitslosigkeit als

---

[31] Gabriel: Parteiidentifikation, Kandidaten und politische Sachfragen. 2001. S. 229.
[32] Theorie von Downs. Vgl. Downs, Anthony: An Economic Theory of Democracy. New York 1957. Deutsche Übersetzung: Ökonomische Theorie der Demokratie. Tübingen 1968.
[33] Vgl. Stokes, Donald: Some Dynamic Elements of Contest for the Presidency. In: American Science Review. Heft 1/1966. S. 19-28.
[34] Gabriel: Parteiidentifikation, Kandidaten und politische Sachfragen. 2001. S. 232.
[35] Ebd. S. 233.
[36] Hilmer, Richard: Bundestagswahl 2002. 2003. S. 211.
[37] Vgl. Roth, Dieter: Was bewegt die Wähler? In: Aus Politik und Zeitgeschichte. Heft 11/1994. S. 3-13. S. 6f.

wichtigstes Problem der Bundesrepublik, obwohl rund drei Viertel der Befragten den Eindruck hatten, selbst über einen sicheren Arbeitsplatz zu verfügen und nur eine Minderheit von Arbeitslosigkeit betroffen war.[38]

Da das Thema von der Bevölkerung als wichtig eingeschätzt wird, ist es umso notwendiger, die Positionen und Wahlkampfaktivitäten der Parteien zu diesem Thema zu analysieren. Denn die Bedeutung der Frage bringt Potenzial für populistische Zustimmungssuche mit sich. Das Agieren der Parteien ist anders als die Rahmenbedingung einer hohen Arbeitslosigkeit einem steten Wandel unterworfen. Dasselbe gilt für die Wahrnehmung von Problematik und Lösungsansätzen durch die Wähler. Sie wird im wesentlichen durch die Medien bestimmt, die damit zu einem elementaren Teil der Betrachtung der gesamten Fragestellung werden. Aus Sicht der Parteien kommt es bei Sachfragen darauf an, dass die Wähler ein bestimmtes Thema nicht nur als wichtig einschätzen, sondern der jeweiligen Partei auch die Lösungskompetenz dieser Problematik zutrauen. Dies bringt die Schwierigkeit mit sich, dass aufgrund der schlechten rationalen Prognostizierbarkeit der Entscheidungsfindung des Wählers und dem Ziel der Kompetenzzuschreibung die Neigung der Parteien entsteht, sich in ihren programmatischen Aussagen einander anzunähern, um möglichst viele Wähler zu erreichen.[39] Das bedeutet, die Lösungsvorschläge treffen sich da, wo die größte Zustimmungsrate vermutet wird. Untersuchungen für die Bundesrepublik stellen hier fest, dass insbesondere bei Wählern, die sich nicht mit einer Partei identifizieren, die „Zuordnung von Problemlösungskompetenz generell mit einem deutlichen Anstieg des Wählerpotenzials"[40] zusammentrifft. Inwiefern das Werben um die Zuordnung von Lösungskompetenzen populistische Züge aufweist und die Bedeutung der Zuordnungsfrage populistische Tendenzen begünstigt, ist offen und Gegenstand dieser Arbeit.

Die in der Bundesrepublik in Wahlkämpfen erörterten und bei der Wahlentscheidung relevanten Sachthemen lassen sich in verschiedene Kategorien einordnen. Steinseifer-Pabst und Wolf nennen ideologische, machtstrukturelle und sachpolitische Kategorien.[41] Dabei kommt es aus Sicht der Parteien in der Sachpolitik darauf an, „ein in der Öffentlichkeit stark diskutiertes Sachthema zum Leit- oder gar Hauptthema des Wahlkampfs"[42] zu machen. Das Hauptthema hat eine große Bedeutung für viele Wähler, die Auffassungsunterschiede zwischen den Parteien müssen vom Wähler verstanden werden und der jeweiligen Partei

---

[38] Vgl. Jung, Matthias/Dieter Roth: Wer zu spät geht, den bestraft der Wähler. In: Aus Politik und Zeitgeschichte. Heft 52/1998. S. 3-18. S. 8.
[39] Vgl. Downs, Anthony: An Economic Theory of Democracy. 1957.
[40] Gabriel: Parteiidentifikation, Kandidaten und politische Sachfragen. 2001. S. 242.
[41] Steinseifer-Pabst, Anita/Werner Wolf: Wahlen und Wahlkampf in der Bundesrepublik Deutschland. Heidelberg 1994. S. 68.
[42] Ebd.

muss die Lösungskompetenz in diesem Bereich zugeschrieben werden. Wichtig in bundesdeutschen Wahlkämpfen sind meist Themen der sozialen Sicherung, der wirtschaftlichen Entwicklung oder der Außenpolitik. Beim Thema Arbeitslosigkeit treffen zwei dieser wichtigsten Themenbereiche zusammen.[43]

Sachfragen generell nehmen aus Sicht der Forschung einen großen und in der Tendenz wachsenden Stellenwert bei der Entscheidungsfindung des Wählers ein. Das Thema Arbeitslosigkeit hat für den Wähler einen bedeutenden Stellenwert, das heißt er nimmt es intensiv im Wahlkampf wahr und wird dadurch empfänglich für Aussagen und Lösungsvorschläge von Parteien. Die Sachfrage Arbeitslosigkeit kann zudem als Thema mit starker menschlich-emotionaler Komponente bezeichnet werden. Dies begünstigt einen hohen Stellenwert der Frage im Wahlkampf.

Um Lösungsvorschläge zu einzelnen Sachfragen überzeugend vermitteln zu können, sind populäre und glaubwürdige Vertreter dieser Inhalte nötig. Die Kandidatenfrage gilt bereits den Autoren der Michigan-School neben Parteibindung und Sachfragen als eine der drei wahlentscheidenden Variablen.[44] Kandidaten werden vom Wähler nach bestimmten Merkmalen bewertet. Gabriel unterscheidet leistungsbezogene wie Kompetenz oder Führungsstärke und persönlichkeitsbezogene wie Sympathie oder Vertrauenswürdigkeit.[45] Themen und Kommunikation müssen danach auf die Eigenschaften des Spitzenkandidaten zugeschnitten sein, um bei möglichst vielen Bewertungsmerkmalen Kompetenz zugeschrieben zu bekommen. „Weder Programme, Beschlüsse noch Wahlkampfveranstaltungen können soviel Aufmerksamkeit erreichen wie der Kandidat."[46] Zusätzliche Positionierung in einzelnen Feldern kann über die Benennung eines Schattenministers seitens der Opposition oder die Erhöhung des Stellenwerts eines Ministers seitens der Regierungspartei erfolgen.

Erfolgreiche Parteienkommunikation beim Thema Arbeitslosigkeit steht in engem Zusammenhang mit den Protagonisten des Wahlkampfs. Eine Politik die auf Zustimmung ausgerichtet ist, braucht populäre Vermittler, wie die angeführten Aussagen untermauern. Zu Glaubwürdigkeit und Mobilisierungskraft einzelner Kandidaten der relevanten Wahlkämpfe liegen verschiedene Umfragedaten vor. Sie sind relevantes Moment einer populistischen Politik und aus diesem Grund Gegenstand der Untersuchung. Das Michigan-Modell ist ein wichtiges Instrument bei der Analyse der verschiedenen Komponenten des Wahlerfolgs. Es

---

[43] Steinseifer-Pabst und Wolf: Wahlen und Wahlkampf in der Bundesrepublik Deutschland. 1994. S. 68f.

[44] Vgl. Campbell u.a.: The American Voter. 1960.

[45] Vgl. Gabriel: Parteiidentifikation, Kandidaten und politische Sachfragen. 2001. S. 234.

[46] Steinseifer-Pabst und Wolf: Wahlen und Wahlkampf in der Bundesrepublik Deutschland. 1994. S. 53.

illustriert, dass mit dem Zurücktreten von tradierten Parteibindungen, die anderen Komponenten wie Sachfragen und Kandidaten eine wichtigere Rolle spielen, es also eine Verschiebung innerhalb der drei Pole des Modells gibt. Damit steigt die Relevanz von Wirtschaftspopulismus, also Populismus bezogen auf eine Sachfrage und mitgetragen von den Kandidaten der Parteien.

2.1.3 Arbeitslosigkeit und Wahlverhalten

„Die öffentliche Meinung ist alles. Mit ihr gibt es keine Niederlage, ohne sie keinen Sieg."[47] Das Ziel, die Zustimmung des Wählers zu erreichen, ist existentieller Bestandteil parteipolitischen Handelns. Adressat dieses Handelns ist der Wähler. Die bisherige Wählerforschung ist in Hinblick auf relevante Inhalte und Kommunikationsweisen zu betrachten, nach denen der Wähler seine Entscheidung ausrichtet. Für die vorliegende Arbeit ist es hilfreich, die Prädispositionen in der Bevölkerung zu erfassen, die Wirtschaftspopulismus zu bedienen sucht. Dies erlaubt Rückschlüsse auf antizipierte Verhaltensweisen der Parteien. Die Sozialstruktur des Elektorats kann Rückschlüsse zulassen, welche Themen für einzelne Gruppen der Bevölkerung interessant sind, das heißt, auf welchen Gebieten Potenzial für Populismus besteht. Ziel ist es, Entscheidungskriterien des Wählers festzustellen, auch vor dem Hintergrund seiner wirtschaftlichen Situation. Auf diese Weise ergeben sich Hinweise auf inhaltliche Kriterien von Wirtschaftspopulismus.

Aus den Ergebnissen lassen sich unter anderem grundsätzliche politische Konfliktlinien zwischen Arbeit und Kapital oder der Frage nach Freiheit oder Gleichheit in der Gestaltung der gesellschaftlichen Situation ableiten. Diese Konfliktlinien zeigen Bereiche auf, in denen die Parteien mit wirtschaftspopulistischen Vorschlägen ihre jeweilige Klientel zu bedienen suchen. Die Analyse der Literatur zum Wahlverhalten bringt Ergebnisse zur potenziellen Empfänglichkeit für Wirtschaftspopulismus, obgleich eine folgerichtig umfassende Untersuchung des Phänomens bisher in der Forschung fehlt.

Die Betrachtung der Sozialstruktur der bundesdeutschen Wählerschaft ist Teil der Analyse des Wahlverhaltens. Die Frage nach den Kriterien von Wirtschaftspopulismus kann nur beantwortet werden, wenn geklärt ist, wie sich dieses Thema in der Realität der Wähler manifestiert. Das heißt, inwiefern sie von Arbeitslosigkeit betroffen oder bedroht sind oder dies als generelles Problem empfinden und es damit als Kriterium bei der Bewertung von Parteien heranziehen. Auch wenn die Problematik als gesamtgesellschaftliche Fragestellung alle

---

[47] Lincoln, Abraham: 16. Präsident der USA (1861-65).

sozialen Milieus beschäftigt[48], ist doch die verstärkte und persönliche Betroffenheit bestimmter Teile der Gesellschaft zu berücksichtigen. Dies gilt vor allem in Hinblick auf die Klientelpolitik der deutschen Parteien. In den Wahlkämpfen seit der deutschen Einheit spielen diese Aspekte eine wichtigere Rolle als zuvor, da es im Zuge der Vereinigung zu Veränderungen in der Sozialstruktur der Bundesrepublik gekommen ist.

Das Thema Sozialstruktur und ihr Einfluss auf Wahlentscheidungen ist in der internationalen Wahlforschung seit Jahrzehnten präsent.[49] Die Einteilung des Elektorats in soziale Gruppen ist Teil nahezu jeder Wahlanalyse. Entscheidend bei der Frage nach der Empfänglichkeit für wirtschaftspolitischen Populismus sind der wirtschaftliche Hintergrund und die Situation des Wählers auf dem Arbeitsmarkt. Relevanz für die Wahlkämpfe 1994, 1998 und 2002 besitzen vor allem zwei Befunde: Die Abnahme der „Prägekraft der Sozialstruktur für das Wahlverhalten"[50] sowie die im Zusammenhang mit der deutschen Einheit stehenden Veränderungen im Wahlverhalten aufgrund der „unterschiedlichen soziostrukturellen Bedingungen der ostdeutschen Bundesländer"[51].

Nach den klassischen Erklärungsansätzen[52] wird der Zusammenhang von Sozialstruktur und Wahlverhalten vor allem vor dem Hintergrund dauerhafter Interessensgegensätze in der Gesellschaft gesehen. Danach sind politische Grundorientierungen durch soziale Strukturzusammenhänge vorgeprägt. Lepsius spricht von „sozialen Einheiten"[53], die durch verschiedene Strukturdimensionen gebildet werden. Eine dieser Dimensionen ist die wirtschaftliche Lage des Wählers. Die sozialen Lebensbedingungen des Einzelnen beeinflussen die Bindungen an bestimmte Parteien. Diese Verbindungen stehen unter stetem Aktualisierungs- und Begründungsdruck. Das heißt, die Wähler hinterfragen die Problemlösungskompetenz einer bestimmten Partei beim Thema Arbeitslosigkeit. In der Bundesrepublik prägte über Jahrzehnte Arbeit und Kapital als eine der beiden Hauptspannungslinien alle politischen Konflikte. Die SPD fand tendenziell in der Arbeitnehmerschaft ihre Klientel, während die Union bei Mittelstand und Selbstständigen als populär galt.

---

[48] Arbeitslosigkeit gilt in Umfragen als wichtigstes Problem. Vgl. Hilmer: Bundestagswahl 2002. 2003. S. 211.
[49] Vgl. frühe amerikanische Wahlstudien (Columbia und Michigan Schule), Campbell u.a.: The American Voter. 1960.; Berelson, Bernard: Voting. Chicago 1954.
[50] Gluchowski u.a.: Sozialstruktur und Wahlverhalten. 2001. S. 181.
[51] Ebd.
[52] Theorie der Sozialmilieus nach Lepsius. Vgl. Lepsius, Rainer: Parteiensystem und Sozialstruktur. Zum Problem der Demokratisierung der deutschen Gesellschaft. In: Ritter, Gerhard (Hrsg.): Die deutschen Parteien vor 1918. Köln 1973. S. 56-80.; Cleavage-Theorie nach Lipset und Rokkan. Vgl. Lipset, Seymour/Stein Rokkan: Party Systems and Voter Alignments: Crossnational perspectives. London 1967.
[53] Lepsius: Parteiensystem und Sozialstruktur. 1973. S. 68.

Die sozialstrukturell bedingten Parteibindungen lösen sich seit den 80er Jahren zusehends auf. Aufgrund verschiedener Entwicklungen, wie der Pluralisierung der Lebensläufe, verstärkter Verantwortungsübernahme durch den Sozialstaat oder das stark gestiegene Bildungsniveau, nimmt die Bindung an bestimmte Parteien immer mehr ab. Ein Grund dafür ist, dass Milieus an sich abgeschmolzen werden. Zusätzlich gilt, dass die durch sie generierte Parteibindung schwächer wird. Diese Lockerung wird mit dem Dealignment-Ansatz erklärt.[54] Er unterstellt, dass sich Wähler weniger an ihrer Bezugsgruppe orientieren sondern vielmehr selbst in der Lage sind, eine Wahlentscheidung zu treffen. Dies bedeutet gleichzeitig, dass anderen Kriterien bei der Entscheidungsfindung eine wichtigere Bedeutung zukommt. Die Wähler ziehen verstärkt neue Kriterien bei der Wahlentscheidung heran. In die Lücke, die das Dealignment hinterlässt, stößt die stärkere Bedeutung der Sachfrage mit ihrem Potenzial für Populismus.

Dass die traditionelle Bindung an Parteien abnimmt, aber nach wie vor vorhanden und verhaltensprägend ist, gilt in erster Linie für Westdeutschland. In Ostdeutschland gibt es historisch bedingt kaum traditionelle Bindungen. Eine Verbindung zwischen SPD und Arbeiterschaft kam beispielsweise hier bisher nie zustande. Obwohl Arbeiter und Angestellte im Osten in der Mehrzahl sind, hat die SPD daraus kein Kapital ziehen können. Das ostdeutsche Wahlverhalten ist insgesamt losgelöster von soziostrukturellen Faktoren als in Westdeutschland, die sozialen Konfliktdimensionen sind nicht eindeutig mit Parteien verbunden.[55]

Um die Kriterien von Wirtschaftspopulismus letztendlich bewerten zu können, müssen auch grundsätzliche Wertorientierungen in die Analyse mit einbezogen werden. So wird es möglich, die Frage nach dem Ziel der Einkommensverteilung zielgenauer einzuordnen. Außerdem bestimmt im Zusammenhang mit dem Thema Arbeitslosigkeit die ökonomische Konfliktlinie mit ihren abweichenden Wertvorstellungen die Parteienpräferenz mit. Hier handelt es sich letztlich um Wertkonzeptionen, die die Frage nach dem Verhältnis von Freiheit und Gleichheit zu beantworten suchen.[56] Während sozialdemokratische Ansätze verstärkt in Richtung staatlicher Hilfe für sozial Schwächere argumentieren und den gesellschaftlichen Wandel „in Richtung auf mehr Gleichheit"[57] fordern, stellen wirtschaftlich liberale Positionen, Freiheit und Eigeninitiative in den Vordergrund und soziale Unterschiede als leistungsbedingt und damit letztlich gerecht dar. Der Anreizcharakter sozialer Rangunterschiede spielt bei letzterer

---

[54] Vgl. Dalton, Russell/Scott Flanagan/Paul Beck (Hrsg.): Electoral Change in Advanced Industrial Democracies: Realignment or Dealignment? Princeton 1984.

[55] Vgl. Gluchowski u.a.: Sozialstruktur und Wahlverhalten. S. 199.

[56] Vgl. Bauer, Petra: Ideologie und politische Beteiligung in der Bundesrepublik Deutschland. Opladen 1993. S. 56-88.

[57] Jagodzinski, Wolfgang und Steffen Kühnel: Werte und Ideologien im Parteienwettbewerb. In: Gabriel u.a.: Parteiendemokratie in Deutschland. 2001. S. 204-227. S. 207.

eine entscheidende Rolle. Hier handelt es sich jedoch um eine Konfliktlinie, die als in verschiedenen Abstufungen und Intensitäten vorhanden betrachtet werden muss. Sie bestimmt die Art der populistischen Botschaft mit, mit der sich die Parteien an ihre jeweilige Klientel richten. Inwiefern eine Partei beispielsweise das Ziel einer stärkeren Umverteilung, also letztendlich einer Abschmelzung der sozialen Unterschiede, in den Vordergrund stellt.

Diese Themen lassen sich auch durch Umfragen evaluieren. Im Rahmen der Studie ALLBUS 94 wurden verschiedene Elemente einer Gesellschaftskonzeption abgefragt.[58] Hier traf insbesondere der Indikator auf große Zustimmung, „der die Verpflichtung des Staates zur Unterstützung bei Krankheit, Not, Arbeitslosigkeit und im Alter thematisiert."[59] Der Aussage, wonach Ungleichheit leistungsmotivierend sei, stimmten im Westen 67,5 Prozent der Anhänger von Union und 59,1 Prozent der Anhänger der SPD zu. Im Osten sind die Zustimmungsraten über die Parteigrenzen hinweg nahezu gleich. Die Präferenz einer Partei korreliert also kaum mit der Bewertung des getesteten Konfliktes. Die Unterschiede zwischen Ost und West sind jedoch signifikant. Bei der Frage, ob zur Sicherung von Vollbeschäftigung auch die Unternehmerfreiheiten eingeschränkt werden dürfen, ist die Zustimmung im Osten bei weitem höher (zwischen 75 und 90 Prozent im Vergleich zu 56 bis 75 Prozent im Westen). Dies könnte die SPD in einer wirtschaftspopulistischen Klientelpolitik nutzen. „Die höhere Zustimmung im Osten legt die Vermutung nahe, dass die Leitbilder einer sozialistischen Vergangenheit dort noch weiterhin wirksam sind."[60] Auch die Fürsorgepflicht des Staates wird im Osten etwas stärker betont. Bei der Betrachtung des Wahlverhaltens wird deutlich, dass die SPD von der Fürsorge- und Wohlfahrtskomponente am meisten profitiert[61]. Im Vergleich zu anderen Werten, stellt die Untersuchung abschließend fest, dass in Ost und West „ökonomische Wertorientierungen das Wahlverhalten beeinflussen"[62] und damit Bedeutung für den Wettbewerb der Parteien haben.

Aus den vorgestellten Befunden folgen in Bezug auf die Fragestellung die folgenden Feststellungen: Auf der Ebene der konkreten soziostrukturell bedingten Wahlentscheidung sind tradierte Bindungen an Parteien in Hinblick auf die Vertretung der Wählerinteressen zwar noch vorhanden, nehmen aber ab. Kompetenzzuschreibungen in Bezug auf die Lösung des Arbeitslosenproblems wirkten zunächst eher zugunsten der SPD, verschieben sich jedoch im Untersuchungszeitraum mehr hin zur Union. Das größere Vertrauen zur SPD beruht einerseits

---

[58] Vgl. Jagodzinski und Kühnel: Werte und Ideologien im Parteienwettbewerb. 2001. S. 208f.
[59] Ebd.
[60] Ebd. S. 209f.
[61] Vgl. ebd. S. 221.
[62] Ebd. S. 225.

auf traditionellen Bindungen, andererseits auf den Erfahrungen mit der unionsgeführten Bundesregierung vor 1998. Generell treten Kriterien, die außerhalb der
tradierten Milieubindungen liegen, wie beispielsweise Sachfragen, aufgrund der
Lockerung der Parteibindungen immer mehr in den Vordergrund. Die Sachfrage
ist also, unabhängig davon, ob es sich um sozial bedingte oder unabhängig ge-
bildete Kompetenzzuschreibungen an Parteien handelt, für die Wahlentscheidung
relevant. Die Befunde zu den Wertorientierungen belegen, welche wichtige Rolle
die Bundesbürger der Politik bei der Lösung des Arbeitslosigkeitsproblems zuschreiben.

Sie weisen vor allem auch nach, welche Inhalte bei der Bevölkerung populär sind. Die Bevölkerung misst dem Thema Arbeitslosigkeit einen hohen Stellenwert bei und war für Vorschläge zur Lösung des Problems in den Wahlkämpfen des Untersuchungszeitraums empfänglich. Dem Ziel Vollbeschäftigung ordnet der Wähler andere Ziele weitgehend unter. In Ostdeutschland sind diese
Präferenzen besonders ausgeprägt. Die Ostdeutschen sind von der Arbeitslosigkeit am stärksten betroffen und weisen dazu noch eine besonders instabile Par-
teienidentifikation auf. Sie machen ihre Wahlentscheidung also „zwangsläufig
stärker von Themen- und Kandidateneffekten"[63] abhängig. Auf populistische
Weise generierte Zustimmung bei der Thematik Arbeitslosigkeit kann also von
hoher Relevanz für den Wahlausgang sein.

Das Zurücktreten der überkommenen Koppelung an eine Partei aufgrund
traditioneller Bindungen oder der Zugehörigkeit zu einer bestimmten sozialen
Schicht bringt die beschriebenen Veränderungen bei den Entscheidungskriterien
mit sich. Das heißt, es findet eine Verschiebung innerhalb der von der Michigan-
School aufgestellten Kriterien statt. Die Wähler werden aus einer tradierten Parteibindung freigesetzt und legen andere Kriterien bei der Wahlentscheidung an.
Diese Tendenzen erfordern eine Neubewertung der Wahlmotive und eine umfassende Untersuchung der Wahlkampfführung der Parteien in Hinblick auf eben-
diese Entwicklung. Die These vom Wirtschaftspopulismus ist aufgrund verschiedener vorhandener Untersuchungen eine naheliegende und muss vor ihrem
Hintergrund untersucht werden. Dass die Arbeitslosigkeit das beherrschende
Thema der vergangenen Jahrzehnte war, verdeutlicht neben dem nachgewiese-
nen Bedeutungsgewinn von Sachthemen[64], die Relevanz und Dringlichkeit dieser
Untersuchung. Kurzfristige populistische Überzeugungsversuche sind bei diesem
prominenten Thema erfolgversprechender als je zuvor.

---

[63] Gabriel: Parteiidentifikation, Kandidaten und politische Sachfragen. 2001. S. 229.
[64] Vgl. Kapitel 2.1.2.

2.2 Wirtschaftspolitik im Wahlkampf: Beitrag der Kommunikationswissenschaft

Politisches Handeln ist auf Zustimmung angewiesen, die Voraussetzung dafür ist erfolgreiche Kommunikation. Die Medien gewährleisten einen „stetigen kommunikativen Austauschprozess zwischen dem Volk und der politischen Führung".[65] Das gilt für beide Richtungen, insbesondere fällt ihnen jedoch ein wesentlicher Stellenwert bei der Vermittlung von Politik zu. Sie vermitteln dem Wähler sowohl Informationen über die Wirtschaftslage, Vorschläge und Ankündigungen der Parteien wie auch realisierte Maßnahmen einer gewählten Regierung. Sie sind wesentliche Grundlage der Meinungsbildung bezüglich Themen und Lösungsvorschlägen.

Wollen Parteien, wie der Ausgangspunkt dieser Arbeit behauptet, mittels populistischer Wahlkampfführung Zustimmung maximieren, müssen sie wesentlich die Medien in ihre Maßnahmen einbeziehen. Stellt man also die Frage nach Populismus in Wahlkämpfen, so sind die Medien, und damit die vorliegende Medienforschung, wichtiger Ausgangspunkt. Die Medien sind nicht nur Kommunikationskanal der Parteien, sondern prägen wesentlich die Prädispositionen der Bevölkerung für die Rezeption bestimmter Inhalte und Kommunikationsweisen. Die Medien sind ebenso wie die Parteien auf Erfolg bei der Bevölkerung angewiesen; sie schaffen einen Zugang und damit verbunden Mechanismen, die die Parteien nutzen können. Sie bestellen das Feld, auf dem Populismus gedeihen kann.

Die Rolle der Medien in Wahlkämpfen gilt als gut erschlossenes Gebiet der kommunikationswissenschaftlichen Forschung. Sowohl in der Tradition der deutschen Forschung[66] als auch in vielen Studien aus den USA[67] wird die Rolle von Journalisten und Medien im Zusammenhang mit Wahlen dargestellt. Mittels verschiedener Ansätze wie der Agenda-Setting-Theorie[68] oder dem Dynamisch-Transaktionalen Modell[69] versucht die Kommunikationswissenschaft, die Wirkung von Medien zu beschreiben. Dabei handelt es sich um für die Fragestellung relevante Phänomene, wie die Einflussnahme auf die Bedeutung, die die Öffentlichkeit bestimmten Themen beimisst, ebenso wie der Umgang des Rezipienten

---

[65] Sarcinelli: Mediale Politikdarstellung und politisches Handeln. 1994. S. 36.
[66] Insbesondere Untersuchungen von Donsbach, Holtz-Bacha, Kepplinger und Noelle-Neumann.
[67] Insbesondere Untersuchungen von Kaid, Lazarsfeld, Semetko und Shapiro.
[68] Ursprüngliche Form von McCombs, Maxwell/Donald Shaw: The Agenda-Setting Function of Mass Media. In: Public Opinion Quarterly. Heft 36/1972. S. 176-187.
[69] Früh, Werner/Klaus Schönbach: Der dynamisch-transaktionale Ansatz. Ein neues Paradigma der Medienwirkungen. In: Publizistik. Heft 27/1982. S. 74-88.

mit Informationen und möglicherweise damit verbundenen Einstellungsänderungen zu beispielsweise politischen Fragen. Auf der Grundlage dieser und weiterer Forschungen bauen Überlegungen auf, die die Rolle der Medien in Wahlkämpfen beleuchten. Die vorliegenden theoretischen Befunde und Modelle zeigen, dass die hier beleuchteten Kommunikationsabläufe und Mechanismen bereits untersucht sind und sich die Ansätze auf die vorliegende Frage übertragen lassen. Dieser konkrete und zentrale Vorwurf an die Parteien, Wirtschaftspopulismus mit Hilfe der Medien zu betreiben, ist von der Kommunikationsforschung nicht umfassend untersucht.

Die Medien sind Kommunikationskanal für die Parteien, sind aber auch zu einem wesentlichen Teil für die Bewertung der Arbeitsmarktlage durch den Wähler verantwortlich. Sie prägen das Bild, das der Wähler von der faktischen Arbeitsmarktlage und den diskutierten Lösungsansätzen hat. Die Medien bestimmen mit, welche Themen der Wähler überhaupt bei seiner Entscheidung heranzieht und wie er sie bewertet. Sie nehmen Vorschläge der Parteien als Input auf, verarbeiten und vermitteln sie. Umgekehrt richten die Parteien ihre Bestrebungen in Form und Inhalt an den Medien aus.

2.2.1 Agendabildung durch Medien und Parteien

Für die Parteien ist es entscheidend, Lösungskompetenz beim zentralen Thema Arbeitslosigkeit zugeschrieben zu bekommen. Die Maximierung dieser Zuschreibung ist abhängig von der Fähigkeit der Parteien, ihre Vorschläge den Bürgern erfolgreich zu vermitteln.[70] Diese Arbeit legt das Hauptaugenmerk bei der Vermittlung von Lösungsvorschlägen zur Arbeitslosigkeit auf die redaktionelle Berichterstattung der Medien unter Berücksichtigung der Pressearbeit der Parteien. Der Wettbewerb zwischen Medien und Parteien um die politische A-genda sowie die Themensetzungsstrategien der Parteien in Hinblick auf das Thema Arbeitslosigkeit ist Gegenstand vorliegender Befunde.

Das Verhältnis von Politik und Medien und ihrem Einfluss auf die Agenda wurde in zwei Modellen nach Kleinnijenhuis und Rietberg bereits beschrieben.[71] Diese Modelle stellen die Zusammenhänge des Prozesses, der zum Entstehen von Wirtschaftspopulismus führt, schlüssig dar. So geht das Top-Down-Modell davon aus, dass die politischen Akteure wesentlich die politische Agenda formen und die Medien als Vermittler nutzen, die von ihnen mit den gewünschten In-

---

[70] Vgl. Pfetsch, Barbara: Themenkarrieren und politische Kommunikation. In: Aus Politik und Zeitgeschichte. Heft 39/1994. S. 11-20. S. 16.
[71] Vgl. Kleinnijenhuis, Jan/Ewald Rietberg: Parties, media, the public and the economy: Pattern of societal agenda-setting. In: European Journal of Political Research. Heft 28/1995. S. 95-118.

formationen gefüttert werden. Das Mediokratie-Modell unterstellt, dass die Massenmedien die politische Agenda über die Bildung von öffentlicher Meinung wesentlich beeinflussen. Sie nehmen die Auswirkungen politischer Entscheidungen auf die reale Welt auf und geben sie sowohl in Richtung Politik wie auch in Richtung Wähler wieder. Dabei besteht unter Journalisten weitgehende Übereinstimmung darüber, welche Merkmale ein Thema aufweisen muss, um in den Medien berücksichtigt zu werden.[72] Das würde bedeuten, dass die politische Kommunikation diese Regeln natürlich antizipieren und bewusst in Popularisierungsstrategien umsetzen kann, andererseits aber auch, dass populistisches Agieren die Antizipation journalistischer Nachrichtenauswahl mit einschließt.

Das Top-Down-Modell sieht einen entscheidenden Vorteil bei den Parteien. Sie setzen die Themen, bei denen sie Akzeptanz erreichen wollen. Die Opposition befindet sich dabei aus verschiedenen Gründen im Nachteil, sie hat geringere Kommunikationsressourcen und kann zudem keine Fakten setzen, sondern nur „verbale Alternativen formulieren"[73]. Für die Parteien kommt es darauf an, Themen erfolgreich zu besetzen und ihre Bewertung des Themas durchzusetzen. In diesem Modell sind die Medien optimale Populismusinstrumente. Das Mediokratie-Modell sieht die Medien als Vierte Gewalt im Staat, die „möglicherweise sogar eine Art Übergewalt gewonnen haben"[74]. Dafür spricht die enorme Expansion des Mediensystems und die intensive Nutzung durch die Bürger. Die Medien übernehmen die Kommunikation mit dem Wähler, und sie übernehmen auch die innerparteiliche Kommunikation. Der hohe Stellenwert der Medien begünstigt Populismus und unterstreicht die Relevanz der vorliegenden Untersuchung.

Andere Autoren sehen das Verhältnis von Parteien und Medien im Wettbewerb um die Agenda eindeutiger: „Wahlkampfbotschaften der Parteien lassen sich auf einen bestimmten Themenkanon zurückführen, der als Parteienagenda (...) bezeichnet wird. Auswahl, Gewichtung und journalistische Bewertung dieses Themenkanons prägen die Berichterstattung von Print- und elektronischen Medien."[75] Das heißt, Grundlage der Berichterstattung ist die Kommunikation der Parteien. Beide Denkrichtungen haben ihre Berechtigung, doch was letztlich auf die Agenda der Medien gelangt, ist wohl ein Prozess der „Agendaaushandlung zwischen Politikern und Journalisten"[76]. Dabei nutzen die Parteien ein

---

[72] Vgl. Schulz, Winfried: Die Konstruktion von Realität in den Nachrichtenmedien. Freiburg, München 1976.; Staab, Joachim-Friedrich: Nachrichtenwert-Theorie. Freiburg, München 1989.
[73] Alemann, Ulrich von: Parteien und Medien. In: Gabriel u.a.: Parteiendemokratie in Deutschland. 2001. S. 467-483. S. 471.
[74] Ebd. S. 474.
[75] Reiser, Stefan: Politik und Massenmedien im Wahlkampf. In: Media Perspektiven. Heft 7/1994. S. 341-348. S. 341.
[76] Ebd. S. 342.

„ausgefeiltes Instrumentarium an Wahlkampf- und Public-Relations-Strategien, von dem sie sich ein größtmögliches Einflußpotential erhoffen"[77]. Befunde zum Erfolg von Thematisierungsstrategien belegen, dass Regierungsparteien hier große Vorteile haben.[78] Das liegt an der großen Präsenz der realen, durch die Regierung verantworteten Politik und umfangreicheren Stäben für Öffentlichkeitsarbeit.

Für den Wahlkampf 2002 stellt Brettschneider in seiner Untersuchung fest, das Thema der Arbeitslosigkeit sei zwar von den Wählern als wichtigstes Thema gesehen worden, die Medien hätten jedoch nicht in großen Umfang über die entsprechenden Standpunkte der Parteien berichtet.[79] Zudem hätte die SPD mit den Vorschlägen der Hartz-Kommission ein erfolgreiches „Agenda-Cutting"[80] betrieben, sie drängte das für sie nachteilige Thema Bildungspolitik in den Hintergrund. In der Folge gelang es der Union aber wiederum das Thema Arbeitslosigkeit in den Mittelpunkt zu rücken. Später konnte die SPD mit Aussagen zu einer Nichtbeteiligung deutscher Soldaten an einem möglichen Irak-Krieg punkten. „Dies war Agenda-Setting und Agenda-Cutting zugleich."[81] Es gelang der SPD die ungünstigen Themen Wirtschaft und Arbeitsmarkt in den Hintergrund zu drängen und das Thema Frieden in den Mittelpunkt zu stellen.

Eine Studie zur Landtagswahl in Nordrhein-Westfalen 2002 kommt zu vergleichbaren Schlüssen, was das Verhältnis von Bevölkerungs- und Medienagenda angeht. So hätten 50 Prozent der Befragten erklärt, die Arbeitslosigkeit sei das dringendste Problem, lediglich 10 Prozent der Nennungen in der Berichterstattung der Medien seien jedoch darauf entfallen.[82] Thematisierungsstrategien konnten also die Interessen der Bevölkerung nicht wesentlich beeinflussen. Die Parteien haben im Einklang mit den Medien das Thema Arbeitslosigkeit in ihrer Kommunikation zurückhaltend behandelt. „Da es sich hier um ein strukturelles und nicht nur um ein konjunkturelles Problem handelt, ist ihre Problemlösungskapazität (...) einfach zu gering, um hier sinnvollerweise vollmundige Versprechungen abzugeben."[83] In diesem Fall konnten oder wollten die Parteien das Thema nicht popularisieren. Diese Studie belegt, dass Wirtschaftspopulismus nur

---

[77] Reiser: Politik und Massenmedien im Wahlkampf. 1994. S. 343.

[78] Vgl. Untersuchung zur Europawahl 1989. Ebd. S. 347.

[79] Vgl. Brettschneider, Frank: Die Medienwahl 2002: Themenmanagement und Berichterstattung. In: Aus Politik und Zeitgeschichte. Heft 49-50/2002. S. 36-47. S. 42.

[80] Ebd. S. 37.

[81] Brettschneider: Die Medienwahl 2002. S. 42.

[82] Vgl. Sarcinelli, Ulrich/Heribert Schatz: Mediendemokratie im Medienland Nordrhein-Westfalen? In: Sarcinelli, Ulrich/Heribert Schatz (Hrsg.): Mediendemokratie im Medienland? Inszenierungen und Themensetzungsstrategien im Spannungsfeld von Medien und Parteieliten am Beispiel der nordrhein-westfälischen Landtagswahl im Jahr 2000. Opladen 2002. S. 429-442. S. 439.

[83] Ebd. S. 439.

durch populäre Lösungsvorschläge getragen werden kann, die jedoch nur dann greifen, wenn eine Lösung des Problems auch tatsächlich möglich erscheint. Die Lösungsvorschläge müssen also glaubwürdig und überzeugend sein.

Die Modelle und Befunde zeigen, dass die hier untersuchten Zusammenhänge bei der zustimmungssuchenden Kommunikation eines Sachthemas im Wahlkampf bereits vorgedacht und in Einzelaspekten beschrieben sind. Das Entstehen von Agenden ist ein wesentlicher Aspekt eines populistischen Prozesses, der von den Parteien ausgeht und in den die Medien eingebunden sind. Die Anwendung der Modelle auf den Fall der Wirtschaftspolitik in deutschen Bundestagswahlkämpfen steht noch aus.

2.2.2 Medien und Parteien: Instrumentalisierung oder Interdependenz

Die Frage nach der Agendabildung führt hin zu einer Instrumentalisierungsdiskussion: Sind die Medien hilfsbereite Populismus-Instrumente der Parteien? Sind sie selbst Grund dafür, dass populistische Politik fruchten kann? Zum Verhältnis von Medien und Politik existieren in der Literatur verschiedene Traditionen, die je nach Sichtweise von einem Instrumentalisierungsparadigma in der einen oder anderen Richtung[84] oder einer Symbiose beziehungsweise Interdependenz der Systeme ausgehen[85]. Dienen die Medien den Parteien also als nutzbarer Kommunikationskanal für einfache Lösungsvorschläge oder arbeiten die Parteien ihre Strategien unter dem Vermittelbarkeitsdiktat der Medien aus?

Die erste Denkrichtung unterstellt eine Ohnmacht des Mediensystems gegenüber dem politischen System. Das Wissen um die Selektionskriterien der Medien mache es den Parteien möglich, den Zugang zur Berichterstattung zu gewährleisten.[86] Detaillierte Medienstrategien sorgten in Wahlkämpfen dafür, dass die richtigen Themen zum richtigen Zeitpunkt an die richtigen Medien kommuniziert werden. Das Konzept der Abhängigkeit von den Medien sieht eine klare Dominanz der Medien bei der „Diskussion über gesellschaftliche Streitfragen"[87] und bei der „Festlegung von Themenprioritäten für Bürger und politische Parteien"[88]. So seien die Vorgaben des Journalismus, die sich an Nachrichtenwerten orientieren, entscheidend für die Themenagenda der Politik. Damit sind

---

[84] Vgl. Dorsch, Petra: Verlautbarungsjournalismus – eine notwendige Medienfunktion. In: Publizistik. Heft 27/1982. S. 530-540; Kepplinger, Hans: Ereignismanagement. Osnabrück 1992.

[85] Vgl. Jarren, Otfried: Autonomie, Interdependenz oder Symbiose? In: Publizistik. Heft 33/1988. S. 615-632.

[86] Vgl. Sarcinelli, Ulrich: Symbolische Politik. Zur Bedeutung symbolischen Handelns in der Wahlkampfkommunikation der Bundesrepublik Deutschland. Opladen 1987. S. 217.

[87] Reiser: Politik und Massenmedien im Wahlkampf. 1994. S. 341.

[88] Ebd.

zwei Extreme beschrieben, die Modellcharakter haben und der Realität kaum gerecht werden.

Das Konzept der Interdependenz sieht im Prinzip ein Gleichgewicht zwischen beiden Systemen vor. Politische Parteien und Medien erbringen demnach Leistungen füreinander und sind Subsysteme eines Systems. Die Medien verbreiten Inhalte, Lösungsvorschläge der Parteien sowie Informationen über die faktische Arbeitsmarktsituation. Sie tragen wesentlich zum Entstehen von Kompetenzzuschreibungen der Öffentlichkeit in Bezug auf die Parteien bei. Sie ermöglichen eine Bewertung der Lösungsvorschläge durch den Wähler. Umgekehrt sind die Parteien für die Medien Informationslieferanten und Berichterstattungsgegenstand. Diese Überlegungen finden Berücksichtigung im erweiterten Interdependenzmodell.[89] Es wird den Aspekten der komplexen Thematik weitgehend gerecht und ermöglicht es, die untersuchten Prozesse abzubilden. Die Autoren beschreiben medienvermittelte politische Kommunikation als Interaktion von Politikern und Journalisten. Beide Gruppen verfolgen unterschiedliche Ziele, die sich in vielen Bereichen überschneiden und sie so voneinander abhängig machen. Es existieren Anpassungszwänge sowie Erwartungshaltungen und aufgrund der gleichen Zielgruppen entsteht ein gemeinsames Milieu. Auch Sarcinelli sieht eine Interdependenz zwischen Politik und Medien und ordnet sie unter dem Schlagwort Publizität gegen Information ein.[90]

Die kommunizierten Bewertungen und Lösungsvorschläge der Parteien erfahren Rezeption und Weiterverarbeitung durch die Medien. Die Wahlforschung konzentriert sich häufig auf grundlegende Analysen von Prozessen in Wahlkämpfen. Um den Populismusverdacht bezogen auf das Thema Arbeitslosigkeit belegen zu können, müssen das Verhältnis von Medien und Parteien analysiert und dabei die Kommunikationsbestrebungen der Parteien berücksichtigt werden. Es liegt bisher keine Untersuchung vor, die die Frage adäquat beantwortet, inwieweit die Medien wirtschaftspolitische Vorschläge der Parteien in Wahlkämpfen analysieren und bewerten oder sie unkommentiert aufgreifen und weitergeben. Können die Parteien also auf einzelne Medien im Wahlkampf zählen oder müssen sie deren Analyse fürchten? Die relevanten Informationsflüsse und Beziehungen sind modellhaft beschrieben, was jedoch fehlt, ist die umfassende Anwendung auf den Fall wirtschaftspopulistischer Vorgehensweisen im Wahlkampf.

---

[89] Vgl. Blumler, Jay/Michael Gurevitch: Politicians and the Press: An Essay on Role Relations. In: Nimmo, Dan/Keith Sanders (Hrsg.): Handbook of Political Communication. Beverly Hills, London 1981. S. 467-493.
[90] Vgl. Sarcinelli, Ulrich: Massenmedien und Politikvermittlung - eine Problem- und Forschungsskizze. In: Rundfunk und Fernsehen. Heft 4/1991. S. 469-486.

2.2.3 Schnittstelle I: Politikvermittlung und Konstruktion politischer Realität

An der Schnittstelle von Politik- und Kommunikationswissenschaft ist zunächst von Untersuchungen zur Rolle der Medien innerhalb des politischen Prozesses auszugehen. „Die Medien aggregieren und selektieren die Erwartungen der Bevölkerung an die Politik und sie informieren über politische Prozesse und interpretieren und bewerten diese für die Bevölkerung und ermöglichen so politische Öffentlichkeit."[91] Ihnen fällt bei der Vermittlung von Politik insgesamt und von spezifischen Inhalten im Besonderen eine Schlüsselrolle zu. Sarcinelli sieht in der Politikvermittlung das Faktum, „daß jedes demokratische System spezifischer Verfahren und Institutionen bedürfe, durch die Politik zwischen Herrschenden und Beherrschten, zwischen den politischen Führungseliten und den Bürgern vermittelt werde"[92]. Dies steht in Zusammenhang mit der Zustimmungsabhängigkeit politischen Handelns, das in dessen Folge auch begründungsbedürftig sei. So gelte der Satz „Legitimation durch Kommunikation"[93] – Parteien sind also gezwungen, ihr Handeln öffentlich zu vermitteln, um es zu legitimieren.

Wirtschaftspolitik und Lösungsvorschläge für die Arbeitslosigkeitsproblematik müssen also zustimmungsfähig, oder sogar populär sein. Bei massiven gesellschaftlichen Problemen, wie dem der Massenarbeitslosigkeit, ist diese Zustimmung aufgrund des öffentlichen Drucks verstärkt notwendig. Dies gilt bereits für die Vermittlung der faktischen Lage auf dem Arbeitsmarkt. Das Problem wird von der Bevölkerung als dringend und wichtig wahrgenommen und sie erwartet von der Politik Lösungsvorschläge. Hier steht politisches Handeln unter einem erhöhten Legitimationsbedarf.[94] Wirtschaftspopulismus ist neben einer Methode des Generierens von Zustimmung auch Rechtfertigungsstrategie.

Die Medien konstruieren ein Abbild der Politik, das vom Wähler als politische Realität wahrgenommen wird. Die Konstruktion dieser Realität erfolgt nach journalistischen Selektionskriterien. Das mediale Angebot ist journalistisches Konstrukt, das aber auch von professionellen Politikvermittlern mitgestaltet wird. Dabei stellt sich die Frage, inwieweit die Medien bei Vorschlägen der

---

[91] Holtz-Bacha, Christina: Medien und Politik. In: Nohlen und Schultze (Hrsg.): Lexikon der Politikwissenschaft. 2002. (Band 1). S. 526-528.
[92] Sarcinelli: Politikvermittlung und Demokratie: Zum Wandel der politischen Kommunikationskultur. In: Sarcinelli: Politikvermittlung in der Mediengesellschaft. 1998. S. 11-23. S. 11.
[93] Sarcinelli, Ulrich: Repräsentation oder Diskurs? Zu Legitimität und Legitimitätswandel durch politische Kommunikation. In: Zeitschrift für Politikwissenschaft. Heft 8/1992. S. 549-569. S. 568.
[94] Vgl. Sarcinelli, Ulrich: Politikvermittlung und demokratische Kommunikationskultur. In: Sarcinelli, Ulrich (Hrsg.): Politikvermittlung. Beiträge zur politischen Kommunikationskultur. Stuttgart 1987. S. 19-45. S. 27.

Parteien zum Thema Arbeitslosigkeit selbst die Art der Darstellung dominieren oder inwiefern sie als Durchlaufstation vorgefertigter parteilicher Informationen zu sehen sind. Die Medien nicht genügend Analyse der Vorschläge bieten, würden sie ihrer Kritik- und Kontrollfunktion nicht gerecht und trügen eine Teilschuld am Funktionieren von Wirtschaftspopulismus. Die Politiker fungierten dann in einer Doppelrolle als Regisseure und Hauptdarsteller.[95] Dabei vermischen sich häufig die Rollen von Journalisten und Politiker. „Der Akteur wird zum Vermittler, zu seinem eigenen Interpreten und der Journalist zum Mitpolitiker ohne politisches Mandat."[96] Die Medien konstruieren für den Bürger politische Realität. Dies ist der Grund, weshalb die Kommunikationspolitik neben der Sachpolitik eine wichtige Rolle einnimmt.[97]

Diese modellhaften Überlegungen verdeutlichen den engen Zusammenhang, in dem Medien und Parteien bei der Frage nach populistischem Agieren zu sehen sind. Begünstigt das Mediensystem und seine Interaktion mit dem Partiensystem populistisches Handeln auf der Seite der Parteien? Gilt dies nicht insbesondere bei einem stark emotionalen politischen Thema wie dem der Arbeitslosigkeit? Dies sind Fragen, die trotz der vorliegenden Forschungen nicht schlüssig beantwortet sind und in das Forschungsinteresse dieser Arbeit einfließen. Denn die Parteien binden die Medien in ihre Strategien ein und antizipieren deren Darstellungsweisen.

In der Literatur wird den Medien eine „wichtige Funktion bei der Setzung von politischen Themen (...), über die in der Gesellschaft gesprochen wird (...), aber eine eher geringe meinungsbildende Funktion"[98] zugeschrieben. Für Marcinkowski erklärt sich dies unter anderem dadurch, dass die Medien sich an Quoten, Auflage und Konkurrenz orientierten und nicht an Politik und gesellschaftlichen Gruppen. Das bestätigt die Sichtweise, nach der die Medien die Sachthemen mit festlegen, bei denen die Parteien populär agieren müssen. Sie sind also in jedem Fall relevanter Teil eines wirtschaftpopulistischen Prozesses, da sie mitbestimmen, welche Partei inwieweit für kompetent gehalten wird und wie wichtig ein Thema auf der Bevölkerungsagenda ist.

---

[95] Vgl. Radunski, Peter: Wahlkampf in den achtziger Jahren. Repolitisierung der Wahlkampfführung und neue Techniken in den Wahlkämpfen der westlichen Demokratien. In: Aus Politik und Zeitgeschichte. Heft 11/1986. S. 34-45. S. 40.

[96] Sarcinelli: Politikvermittlung und demokratische Kommunikationskultur. 1987. S. 26.

[97] Vgl. Pfetsch, Barbara: Regieren unter den Bedingungen medialer Allgegenwart. In: Sarcinelli: Politikvermittlung und Demokratie in der Mediengesellschaft. 1998. S. 233-252. S. 238ff.

[98] Marcinkowski, Frank: Politikvermittlung durch Fernsehen und Hörfunk. In: Sarcinelli: Politikvermittlung und Demokratie in der Mediengesellschaft. 1998. S. 165-183. S. 180; Vgl. auch Brosius, Hans-Bernd: Agenda-Setting nach einem Vierteljahrhundert Forschung: Methodischer und theoretischer Stillstand? In: Publizistik. Heft 39/1994. S. 269-288.

Brettschneider weist in seiner Abhandlung zur Bundestagswahl 2002 nach, welche dominierende Rolle die Massenmedien bei der Setzung der für die Wähler wichtigen Themen spielen.[99] Es gebe allerdings ein großes Defizit bei der Berichterstattung über Sachthemen; in den Medien würde sehr stark „Horce-Race-Journalism"[100] praktiziert. Bei dieser Art von Journalismus steht der Wettbewerb zwischen den Parteien und ihre augenblicklichen Umfragewerte im Mittelpunkt. Dabei zögen vor allem diejenigen, die sich erst kurz vor der Wahl entschieden, die zu diesem Zeitpunkt in den „Medien dominierenden Themen als Maßstab zur Beurteilung der Parteien und Politiker"[101] heran. Deshalb kann es entscheidend sein, welche Themen vor der Wahl in den Medien berücksichtigt werden, weil die Wähler nach diesen Kriterien die Parteien beurteilen. Während des Wahlkampfs 2002 hätten die Medien zunächst vor allem über Siegchancen und Umfragen berichtet und schließlich über die Irak-Frage. Sachthemen wie auch das der Arbeitslosenproblematik seien dabei nur wenig betrachtet worden. Dies würde erklären, warum die Union trotz ihres Kompetenzvorsprunges auf diesem Gebiet und trotz der großen Wichtigkeit, die dem Thema in Umfragen eindeutig zugeschrieben wurde, die Wahl verlor. Vergleichbare Beispiele aus den USA belegen die hohe Wirksamkeit der Medien bei der Setzung von Themen und damit den Einfluss auf die Entscheidungskriterien des Wählers. So wurde 1992 der amtierende Präsident Bush in den Medien für die marode Wirtschaft und die hohe Arbeitslosigkeit verantwortlich gemacht und bot damit eine große Angriffsfläche für den Herausforderer Clinton.

Es existieren für die Bundesrepublik Deutschland nur wenige Untersuchungen, die die konkrete Wirkung von Medieninhalten auf die Bevölkerung im Rahmen von Wahlkämpfen thematisieren. Holtz-Bacha und Kaid versuchen in einer Untersuchung des Bundestagswahlkampfs von 1990, die Wirkung von Werbespots im Fernsehen einzuordnen.[102] Relevante Hinweise für die vorliegende Fragestellung sind die Ergebnisse zu Darstellungsweise und Wirkung von Wirtschaftsthemen in den Spots. Die Parteien versuchten, durch die Spots Themen zu besetzen und diese zu kommunizieren. Als sichtbarstes Thema in den CDU-Spots erwies sich die Wirtschaftspolitik. Mit Slogans wie „Deutschland in Fahrt", der symbolisch mit einem durchs Bild fahrenden ICE untermauert wurde, oder „Der Aufschwung ist da", konnte die CDU ihre wirtschaftspolitische Kompetenz erfolgreich vermitteln. Der Themenbereich, der am zweitbesten erinnert wurde, betraf die Außenpolitik und die internationalen Beziehungen der Bundes-

---

[99] Brettschneider: Die Medienwahl 2002. S. 36-47.

[100] Ebd. S. 46.

[101] Ebd. S. 47.

[102] Holtz-Bacha, Christina/Lynda Lee Kaid: Die Massenmedien im Wahlkampf – Untersuchungen aus dem Wahljahr 1990. Opladen 1993.

republik Deutschland. Hier sollte das Auftreten von Mitterand, Jelzin und Clinton Kompetenz suggerieren. Als herausragende Themen bei der SPD nannten die Befragten die Sozialpolitik und den Bezug zu Familie, Kindern und Jugendlichen sowie zu sozialen Randgruppen. Relativ häufig wurde bei der SPD auch das Thema Arbeitslosigkeit genannt, analog zu der zu diesem Zeitpunkt höheren Kompetenzzuschreibung.[103]

Zum Wahlkampf 1998 existiert eine bereits zitierte Studie von Donsbach, die Wirtschaft und Arbeitsmarkt in den Medien untersucht.[104] Der Autor teilt die Berichterstattung über das Thema Arbeitslosigkeit in fünf Kategorien ein: „Arbeitslosenzahlen, Maßnahmen zur Bekämpfung der Arbeitslosigkeit, Ursachen der Arbeitslosigkeit, Verlagerung von Arbeitsplätzen ins Ausland und Ausbildungsplätze."[105] Zusammenfassend stellt Donsbach fest, dass die Berichterstattung nur bedingt den tatsächlichen Zustand der Wirtschaft widerspiegelte. „Die düsteren Beschreibungen des Arbeitsmarkts erschlugen die leicht optimistischen Prognosen über dessen weitere Entwicklung und die positiven Darstellungen von Zustand und Entwicklung der wirtschaftlichen Lage."[106] Medien tragen also möglicherweise zu einer Dramatisierung der Lage bei, die wiederum Kennzeichen wirtschaftpopulistischer Politik ist.

Vor allem bemängelt die Studie eine Entkopplung von volkswirtschaftlichen Zusammenhängen und der Berichterstattung der Medien. So habe nahezu keiner der Beiträge der Analyse sich mit den Gründen für die hohe Arbeitslosigkeit beschäftigt. „Das Publikum erfuhr alles über die Höhe der Arbeitslosigkeit und kaum etwas über deren Ursachen."[107] Betrachtet man die Berichterstattung in bezug auf die Kandidaten und Parteien, so habe der SPD-Kandidat Schröder bei Arbeitsmarkt-Themen viel besser abgeschnitten als Kohl. Darüber hinaus hätte die überwiegende Zahl der überregionalen Medien eine klare parteipolitisches Präferenz gezeigt. So habe die Süddeutsche Zeitung (SZ) Schröder vor allem in positiven Zusammenhängen gezeigt, die Frankfurter Allgemeine Zeitung (FAZ) Kohl entsprechend und BILD über beide gleichermaßen positiv berichtet.

Die Berichterstattung der Medien über die Thematik Arbeitslosigkeit ist im Zusammenhang mit journalistischen Nachrichtenfaktoren zu sehen.[108] Hier handelt es sich um eine allgemeine Sachfrage, die von den Medien immer wieder aufgegriffen wird. Tritt jedoch während des Wahlkampfs ein Thema auf, auf das

---

[103] Vgl. Holtz-Bacha und Kaid: Die Massenmedien im Wahlkampf. 1993. S. 188.
[104] Donsbach: Sieg der Illusion. 1999.
[105] Vgl. ebd. S. 56.
[106] Ebd. S. 73.
[107] Ebd. S. 74.
[108] Vgl. Kapitel 2.1.2.

mehr Nachrichtenfaktoren zutreffen, wird das Dauerthema Arbeitslosigkeit schnell überlagert. Ein weiterer für den Zusammenhang wichtiger Befund ist die Entwicklung hin zu einer verstärkten Publikums- und Unterhaltungsorientierung[109] der Medien. Sie bestimmt die Ansprüche der Redaktionen an die Beschaffenheit der politischen Inhalte mit und bedingt ihre Ausrichtung an der Kommunizierbarkeit durch die Parteien. Dies ist ein weiterer Grund für das Propagieren eines emotional besetzten Sachthemas wie das der Arbeitslosigkeit in Wahlkämpfen.

Die beschriebenen Ergebnisse belegen, dass die Medien entscheidender Teil einer wirtschaftspopulistischen Wahlkampfführung sind und von den Parteien berücksichtigt werden müssen. Sie setzen die Themen und sie bestimmen wesentlich über ihre Bewertung durch den Wähler. Damit schaffen sie die Voraussetzungen, auf denen Populismus gedeihen kann. Die Analyse der Untersuchungen verdeutlicht auch, dass ein Themenbeispiel für den auf Generieren von Zustimmung ausgerichteten Kommunikationsprozess in deutschen Bundestagswahlkämpfen bislang fehlt. Eine weitere Schnittstelle von Politik- und Kommunikationswissenschaft bilden Studien zu den Rückwirkungen der Medien auf das Agieren der Parteien, also der Frage, inwieweit sich der Wirtschaftspopulismus der Parteien an den Medien orientiert.

2.2.4 Schnittstelle II: Wahlkampfführung in der Mediengesellschaft

Die enorme Präsenz der Medien hat Auswirkungen auf die Wahlkampfführung der Parteien. Aussagen zu Wirkungen der Medien auf die Wahlkampfführung der Parteien bei einzelnen Sachthemen liegen nicht vor. Die Literatur beschränkt sich auf allgemeine Studien zur Rückwirkung der Präsenz der Medien auf die Parteien. Sarcinelli sieht die Parteien an dieser Stelle in einem Modernisierungsdilemma. Sie verstünden sich als Mitgliederparteien, orientierten sich aber an Logik und Gesetzen der Mediengesellschaft.[110] Es gebe jedoch noch keine größeren, systematisch angelegten Studien zu der Frage, „ob und in welcher Weise sich der parlamentarische Parteienstaat kontinentaleuropäischer Prägung und insbesondere die deutsche Parteiendemokratie im Zuge der Medienentwicklung verändert"[111]. So kann sich auch die vorliegende Arbeit nur auf einzelne Vorläu-

---

[109] Vgl. Sarcinelli: Politikvermittlung und Demokratie: Zum Wandel der politischen Kommunikationskultur. 1998. S. 13.

[110] Vgl. Sarcinelli, Ulrich: Parteien und Politikvermittlung: Von der Parteien- zur Mediendemokratie. In: Sarcinelli: Politikvermittlung und Demokratie in der Mediengesellschaft. 1998. S. 293.

[111] Ebd. S. 274.

ferstudien zu Wahlkämpfen stützen, um die Wirkungen im Spannungsfeld Parteien, Medien und Wähler einzuordnen.[112]

Die starke Präsenz des Mediensystems führt aus Sicht der Politik zu einem Spannungsverhältnis zwischen Politikdarstellung in den Medien und Politikherstellung in Verhandlungs- und Entscheidungssystemen.[113] Von Experten für notwendig gehaltene Maßnahmen sind häufig schwer zu vermitteln und können unter anderem auch deshalb in den Entscheidungssystemen kaum ausgehandelt werden. Der Darstellungsmacht der Medien steht eine Herstellungsohnmacht von Politik gegenüber.[114] Sarcinelli spricht von einer Kluft zwischen Herstellung und Darstellung der Politik, „die für das demokratische System eine Art Legitimationsfalle darstellt".[115] „Demokratien sind auf Dauer nur lebensfähig, wenn sie einerseits auf Akzeptanz bei ihren Bürgern stoßen und andererseits die zentralen Probleme zu lösen in der Lage sind"[116] – so ist Politikvermittlung Überzeugungsarbeit, die unter dem Primat des Mediensystems stattfindet. Das beschriebene Spannungsverhältnis zwischen Politikdarstellung und Politikherstellung ist ein Hinweis darauf, dass populistisches Verhalten von den Parteien in Kauf genommen wird oder sogar als Notwendigkeit verstanden werden könnte, da die Bedeutung der Darstellung die der Herstellung von Politik überlagert.

Als gesicherte Folge der starken Präsenz der Medien im politischen Prozess gilt die verstärkte Emotionalisierung der Wahlkampfführung der Parteien. Sie ist ein wesentliches Element populistischer Politik. Sarcinelli spricht von „Politikvermittlung durch Appellation"[117] im Gegensatz zur Vermittlung durch Information. Sie sei auf „Suggestion, Faszination und Emotionalisierung"[118] ausgerichtet. Beim Thema Arbeitslosigkeit scheint dieser Aspekt der Vermittlung beachtenswert, da die Popularität des Themas auch auf einer emotionalen Komponente, insbesondere Angstgefühlen der Bevölkerung, beruht. Wahlkämpfe liefern verstärkt Beispiele für „symbolische Verdichtungen in Form von Begriffen, Formeln oder optischen Signalen"[119]. Diese emotionale Art politischen Agierens verbindet die Vermittlung von Inhalten mit der Bildung von Images und der Förderung von Zustimmung. Sie ist Kennzeichen einer populistischen Politik.

---

[112] Sarcinelli: Parteien und Politikvermittlung. 1998. S. 274.
[113] Vgl. Sarcinelli: Politikvermittlung und Demokratie: Zum Wandel der politischen Kommunikationskultur. 1998. S. 14.
[114] Vgl. Saxer, Ulrich: Mediengesellschaft: Verständnisse und Missverständnisse. In: Sarcinelli: Politikvermittlung und Demokratie in der Mediengesellschaft. 1998. S. 52-73. S. 62.
[115] Sarcinelli: Mediale Politikdarstellung und politisches Handeln. 1994. S. 36.
[116] Sarcinelli: Politikvermittlung und Demokratie: Zum Wandel der politischen Kommunikationskultur. 1998. S. 15.
[117] Sarcinelli: Politikvermittlung und demokratische Kommunikationskultur. 1987. S. 33
[118] Ebd. S. 33.
[119] Ebd.

Diese Aussagen gilt es anhand der Thematik Arbeitslosigkeit zu verdichten, um ein populistisches Verhalten nachweisen zu können.

2.3 Wirtschaftspolitik im Wahlkampf: Beitrag der Volkswirtschaftslehre

2.3.1 Konjunkturpolitik als Wahlpolitik

Über die kommunikativen Bemühungen der Parteien hinaus, das Thema Arbeitslosigkeit zu besetzen und ihre Lösungskompetenz populär zu machen, dienen auch Versuche der Popularität, die faktische Arbeitsmarktlage innerhalb von „politischen Konjunkturzyklen"[120] so zu gestalten, dass die Zahl der Arbeitslosen in den Monaten vor der Wahl möglichst niedrig ist. Dabei gibt es neben den Versuchen, die Arbeitslosigkeit insgesamt zu senken, Ansätze, auf die Konjunktur derart Einfluss zu nehmen, dass die Arbeitslosenzahl zwar nicht substanziell gesenkt wird, aber doch zumindest in den Monaten vor der Wahl in ihrer Tendenz rückläufig ist. Da der Wähler bei seiner Entscheidungsfindung die Arbeitslosigkeit als Kriterium der Parteienbewertung heranzieht (vgl. 2.1.2), ist die Senkung der Arbeitslosenzahlen für die Regierungsparteien auch ein wahlpolitischer Vorgang, der die Chance auf Wiederwahl erhöhen soll. Neben populistischen Lösungsvorschlägen sind also auch Versuche zu betrachten, die faktische Grundlage der Kommunikation zu verändern. Oppositionsparteien bleibt in einzelnen Fällen die Möglichkeit, über die Mitbestimmung im Bundesrat zu versuchen, Erfolge der Regierung auf diesem Gebiet zu vereiteln.

Regierungsparteien können den Versuch unternehmen, politische Konjunkturzyklen nach einem bestimmten Muster zu erzeugen. Arbeitslosigkeit und Inflation werden in den Zeitraum zwischen den Wahlen verschoben, da die jeweils aktuelle Situation bei der Beurteilung der Parteien durch den Wähler zentral ist. Da der Wähler weiter zurückliegende Ereignisse wegen beschränkter Informationskapazitäten weniger oder kaum bedenkt, ist es aus Sicht der Regierungsparteien sinnvoll, unpopuläre Maßnahmen zu Beginn der Legislaturperiode durchzuführen. Aufgrund einer Steuererhöhung zu Beginn einer Legislaturperiode kann zum Beispiel die Arbeitslosigkeit am Ende gesenkt werden.[121] Während die Steuererhöhung bereits wieder vergessen ist, gilt die sinkenden Arbeitslosigkeit als Pluspunkt für die Regierungsparteien. Im Rahmen eines „stimmenopti-

---

[120] Der Begriff geht zurück auf Kalecki, Michael: Political Aspects of Full Employment. In: Political Quarterly. Heft 14/1943. S. 322-331.
[121] Vgl. Fluhrer, Margret: Ansätze einer ökonomischen Theorie der Wahlen. Köln 1994. S. 181.

malen Zyklus"[122] gilt als Ziel eine niedrige Arbeitslosigkeit im Wahljahr, auch unter Inkaufnahme hoher Inflation. Der Zyklus muss so terminiert werden, dass vor der Wahl die Arbeitslosigkeitsrate sinkt, aber die damit verbundenen Preissteigerungen erst nach der Wahl sichtbar werden. So verschiebt sich die folgende Inflation in die Zeit nach der Wahl, während die Senkung der Arbeitslosenquote zum Preis einer höheren Teuerung rechtzeitig erfolgt. Selbst wenn die Wahl verloren geht, ist eine nachfolgende Wiederwahl des Gegners durch die Wirkungen der Inflation beeinträchtigt.

Kirchgäßner unterscheidet bei der Analyse der Konjunkturpolitik in Zusammenhang mit Wahlen verschiedene Vorgehensweisen von Links- und Rechtsparteien. Linke Parteien werden, da arbeitnehmerfreundlich orientiert, eher das Ziel der Vollbeschäftigung verfolgen, unter Billigung höherer Inflation. Das führt zu einem Zyklus, bei dem im Jahr vor der Wahl die Arbeitslosigkeit die Höchstmarke erreicht und dann absinkt. Die Politik rechter Parteien ist dagegen arbeitgeberfreundlich, oberstes Ziel ist Preisstabilität, auch unter Billigung einer höheren Arbeitslosenquote. Darüber hinaus existiert im beschriebenen Modell die stimmenmaximierende Regierung, die versucht, beide Lager zu bedienen.[123] Heute ist diese Tendenz die wahrscheinlichste, da sich die Politikinhalte der beiden Volksparteien immer mehr annähern. Einige Untersuchungen liegen zu konkret beobachtbaren politischen Konjunkturzyklen in der Bundesrepublik vor. Sie belegen lediglich die relativ schwache These, wonach Arbeitslosigkeit und Inflation vor Wahlen in der Bundesrepublik zurückgehen oder ihren Anstieg bremsen.[124]

In der Forschung gilt eine Existenz politisch-ökonomischer Zyklen daher als nicht eindeutig belegt. In jedem Fall legen diese Modelle einen Einfluss des Wahlkampfs auf die Wirtschaftslage nahe. So könnte man ein Herbeireden eines Aufschwungs im Wahljahr unterstellen. Für die vorliegende Fragestellung ist weniger der tatsächliche Erfolg dieser Maßnahmen entscheidend, als vielmehr der populistische Versuch, auf diese Weise Einfluss auf die Bewertungsgrundlage der Arbeitslosenproblematik im Zusammenhang mit Wahlen zu nehmen. Vor diesem Hintergrund müssen die Entwicklung der Konjunktur und die der Arbeitslosenquote in den Wahljahren betrachtet werden. Die Verknüpfung faktischer Wirtschaftspolitik und Betrachtung der Kommunikation von Parteien zu demselben Thema ist bisher nicht geleistet worden, obwohl es immer wieder Hinweise darauf gibt, wie beispielsweise die Spekulation über „Wahlkampf-

---

[122] Fluhrer: Ansätze einer ökonomischen Theorie der Wahlen. 1994. S. 188.
[123] Vgl. Kirchgäßner, Gebhard: Optimale Wirtschaftspolitik und die Erzeugung politisch-ökonomischer Konjunkturzyklen. Königstein 1984. S. 111ff.
[124] Vgl. Dinkel, Reiner: Der Zusammenhang zwischen der ökonomischen und politischen Entwicklung in einer Demokratie. Berlin 1977. S. 199.

ABM"[125] in Ostdeutschland. Wirtschaftspopulismus in Deutschland ist von keiner der drei Disziplinen Kommunikationswissenschaft, Volkswirtschaftslehre
und Politikwissenschaft umfassend untersucht worden.

2.3.2 Arbeitsmarktlage und Parteienpopularität in der Geschichte

Der Einfluss der Arbeitsmarktlage auf die Popularität einzelner Parteien ist
schon seit den 1970er Jahren Gegenstand der westdeutschen sozialwissenschaft-
lichen Forschung.[126] Wenn die Arbeitslosenquote als Maßstab erfolgreicher
Wirtschaftspolitik gilt, müssen sich die Parteien auch außerhalb von Wahlkämpfen daran messen lassen. Diese Frage war wiederholt Gegenstand verschiedener
Untersuchungen, ungeachtet dessen, was die Parteien für das Generieren von
Zustimmung tun. Gemessen wurde hier lediglich die Zustimmung selbst.

Kirchgäßner stellt einen Zusammenhang zwischen der wirtschaftlichen Lage, gemessen an Arbeitslosenquote und Inflationsrate, und der Popularität von
Regierungs- bzw. Oppositionsparteien her. Im Zeitraum 1951 bis 1966 führte die
Union die Regierungskoalition an. Ohne Beachtung zeitweiliger Koalitionspart-
ner stellt der Autor einen Zusammenhang zwischen Arbeitslosenquote und Par-
teienpopularität fest. „Gelingt es der CDU, die Arbeitslosenquote um 1 Prozent
zu senken, so erhöht sich langfristig ihre Popularität um 1,7 Prozent (...)."[127]
Zwischen 1970 und 1975 analysiert Kirchgäßner die Phase der Koalition aus
SPD und FDP. „Bei einer Veränderung der Wirtschaftslage jedoch, die hier nur
noch durch die Arbeitslosenquote gemessen wird, gewinnen oder verlieren beide
Regierungsparteien gemeinsam. Bei der Erhöhung der Arbeitslosenquote um 1
Prozent verliert die Regierung langfristig 2 Prozent der Wähler, die fast alle der
CDU zugute kommen."[128] Auch in weiteren Aufsätzen belegt der Autor für die
Bundesrepublik einen empirisch gesicherten Zusammenhang zwischen der Wirt-
schaftslage und dem Wählerverhalten.[129] Kirchgäßner erbringt Nachweise einer

---

[125] Im Wahljahr 1998 wurde der Bundesregierung unterstellt, sie habe über die Bundesanstalt für
Arbeit gezielt Arbeitsbeschaffungsmaßnahmen aufgelegt, um die Arbeitslosenzahl zu senken.
[126] Vgl. auch US-amerikanische Studien: u.a. Kramer, Gerald: Short-Term Fluctuations in US Voting
Behaviour. In: The American Political Science Review. Heft 65/1971. S. 131-143; Lepper, Susan:
Voting Behavior and Aggregate Policy Targets. In: Public Choice. Heft 18/1974. S. 67-82.
[127] Kirchgäßner, Gebhard: Rationales Wählerverhalten und optimales Regierungsverhalten. Konstanz
1976. S. 117.
[128] Kirchgäßner: Rationales Wählerverhalten und optimales Regierungsverhalten. 1976. S. 121f.
[129] Kirchgäßner, Gebhard: Economic Conditions and the Popularity of West German Parties: A
Survey. In: European Journal oft Political Research. Heft 14/1986. S. 421-439; Kirchgäßner, Gebhard: Wirtschaftslage und Wählerverhalten. In: Politische Vierteljahreszeitschrift. Heft 18/1977. S.
510-536.

Korrelation zwischen der Lage auf dem Arbeitsmarkt und der Popularität von Regierung und Opposition im Allgemeinen sowie den sie stellenden Parteien. Anderson untersuchte den Zusammenhang von Parteipräferenz beziehungsweise Popularität des Kanzler mit der ökonomischen Situation zwischen 1950 und 1990 für die Bundesrepublik. Dabei stellt er fest, dass eine hohe Inflations- oder Arbeitslosenrate sich signifikant negativ auf die Zustimmung zur Regierungspartei auswirken. Dabei unterscheidet sich die Wirkung auf Partei und Kanzler. Bei zunehmender Arbeitslosigkeit wurde das Ansehen der Partei stärker beschädigt als das des Kanzlers. Für Union und SPD, so ein Befund der Untersuchung, haben hohe Inflation und hohe Arbeitslosigkeit unterschiedliche Auswirkungen. Erstere schade der Union mehr, die Arbeitslosigkeit eher der SPD. Die Zustimmung zu CDU-Kanzlern stieg in den frühen Jahren der Bundesrepublik zeitweise sogar mit der Arbeitslosenrate.[130]   Feld und Kirchgässner stellen für den Einfluss der Arbeitslosigkeit auf die Wahlchancen von Parteien während der Ära Kohl fest, dass eine hohe Arbeitslosenrate den Regierungsparteien schade, verstärkt der Union.[131] Eine um ein Prozent höhere Arbeitslosigkeit bedeute zwei bis drei Prozent Zustimmungsverlust für die die Regierungskoalition führende Partei.[132] Insbesondere die verdeckte Arbeitslosigkeit, darunter fallen beispielsweise Beschäftigte in ABM-Stellen, habe auch einen Einfluss auf den Wahlausgang. „Als Mittel für wahltaktische Manöver eignen sich solche Maßnahmen daher nur sehr begrenzt.“[133] Die FDP als Regierungspartei sei weitgehend resistent gegen Einflüsse vom Arbeitsmarkt, da ihre Wähler kaum von Arbeitslosigkeit bedroht seien.

Diese Zusammenhänge belegen die grundsätzlich wichtige Rolle des Themas bei der Wahlentscheidung und die für die Wiederwahl gegebene Notwendigkeit für die Parteien, in diesem Bereich erfolgreich zu sein oder so zumindest zu erscheinen. Die Parteien stehen an dieser Stelle unter Zustimmungszwang. Eine Untersuchung aus den 90er Jahren belegt für Österreich einen vergleichbaren Zusammenhang von Arbeitslosenquote und Bewertung der Parteien durch die Wähler.[134]

---

[130] Vgl. Anderson, Christopher: Wirtschaftslage und Politischer Kontext: Kanzlerpopularität und Kanzlerparteienpräferenz 1950-1990. In: Gabriel, Oscar/Jürgen Falter (Hrsg.): Wahlen und politische Einstellungen in westlichen Demokratien. Frankfurt 1996. S. 343-369. S. 358ff.

[131] Feld, Lars/Gebhard Kirchgäßner: Offizielle und verdeckte Arbeitslosigkeit und ihr Einfluß auf die Wahlchancen der Regierung und Parteien: Eine ökonometrische Analyse für die Ära Kohl. In: Kaase, Max/Hans-Dieter Klingemann: Wahlen und Wähler. Analysen aus Anlass der Bundestagswahl 1994. Opladen 1998. S. 537-570. S. 567.

[132] Ebd.

[133] Ebd. S. 568.

[134] Vgl. Neck, Reinhard: Der Einfluß der Wirtschaftslage auf die Popularität der politischen Parteien in Österreich. In: Neck, Reinhard/Friedrich Schneider (Hrsg.): Politik und Wirtschaft in den neunziger Jahren. Wien 1996. S. 87-116.

Eine weitere Studie aus jüngerer Zeit analysiert diese Korrelation für die Bundestagswahlkämpfe 1994 und 1998.[135] Die Autoren gehen von der klassischen Anti-Regierungshypothese nach Downs aus, wonach eine schlechte wirtschaftliche Lage der Regierung schade und der Opposition helfe[136]. Dabei wird jedoch nicht berücksichtigt, dass unterschiedliche Wählergruppen verschiedene Probleme haben und unterschiedliche Erwartungen an die Politik. „Eine hohe Arbeitslosigkeit kommt aus dieser Perspektive Parteien des linken Spektrums zu gute, während ein hohes Maß an Inflation eher bürgerlichen Parteien Vorteile verschafft"[137]. Die Autoren kommen zu dem Schluss, dass die Bewertung der allgemeinen Wirtschaftslage wie auch die persönliche Betroffenheit von ökonomischen Härten für die Wahlentscheidung praktisch keine Rolle spielt. Entscheidend sei die wahrgenommene ökonomische Lösungskompetenz der Parteien. Für 1994 und 1998 zeigt sich, dass die SPD-Opposition 1998 in beiden Hälften Deutschlands einen erheblichen Kompetenzvorsprung bei der Lösung wirtschaftlicher Probleme aufweisen konnte, 1994 lagen die Regierungsparteien CDU/CSU und FDP noch leicht vorne, allerdings nur im Westen[138]. Auch ist der Einfluss der Problemlösungskompetenz auf die Wahlabsicht 1998 im Vergleich zu 1994 gewachsen. Die Untersuchung differenziert nicht nach einzelnen Problembereichen, wobei jedoch von der Bevölkerung stets Arbeitslosigkeit als wichtigstes Problem genannt wurde[139].

Die Arbeitslosigkeit und die von den Wählern wahrgenommene Lösungskompetenz in diesem Bereich sind eine wichtige, wenn nicht die wichtigste Entscheidungsvariable in Bundestagswahlkämpfen. Die Parteien werden also mit besonderer Vordringlichkeit versuchen, dieses Problem zu lösen oder sich zumindest lösungskompetent erscheinen zu lassen, um ihre Zustimmung zu maximieren. Die Befunde belegen die Bedeutung der Arbeitslosenrate für die Parteien. Um so wichtiger erscheint die Frage, was die Parteien dafür tun, um in diesem Bereich als kompetent zu gelten und populär zu sein.

2.3.3 Ökonomie der Wahlentscheidung

Ökonomische Ansätze bei der Betrachtung von Wahlen und Wahlentscheidungen sind im Zusammenhang mit Arbeitslosigkeit in Bundestagswahlkämpfen

---

[135] Rattinger, Hans/Jürgen Maier: Der Einfluß der Wirtschaftslage auf die Wahlentscheidung bei den Bundestagswahlen 1994 und 1998. In: Aus Politik und Zeitgeschichte. Heft 52/1998. S. 45-54.
[136] Vgl. Downs: An Economic Theory of Democracy. 1957.
[137] Rattinger und Maier: Der Einfluß der Wirtschaftslage auf die Wahlentscheidung. 1998. S. 46.
[138] Ebd. S. 51.
[139] Vgl. ebd. S. 54.

erwähnenswert, weil sie dem Wähler ein Nutzen-Kalkül unterstellen.[140] Danach versucht er aus seiner Wahlentscheidung einen maximalen Nutzen für sich zu ziehen. Agieren die Parteien populistisch, versprechen sie möglicherweise dem Wähler konkrete persönliche und finanzielle Vorteile. Unter dem Blickwinkel einer ökonomischen Wahlentscheidung lassen sich Hinweise auf eine populistische Wahlkampfführung konstatieren.

Ein ökonomisches Verhaltensmodell sieht Handeln des Einzelnen nach Restriktionen und Präferenzen vor, die seinen Handlungsspielraum beschreiben. Nach dem Eigennutzaxiom stellt der Wähler ein Kosten-Nutzen-Kalkül der Wahlentscheidung voran. Als Kostenfaktor ist dabei die Informationsbeschaffung zu sehen. Dazu kommt die Rationalitätshypothese und damit die Frage, ob der Einzelne in der Lage ist, entsprechend seines Nutzenkalküls zu handeln und erkennen kann, wie man sich als Wähler im System verhalten muss, um seine Ziele zu erreichen.[141] Das heißt wiederum, dass Anreize, wenn sie eingängig sind oder gut erklärt werden, beispielsweise konkrete Wahlversprechen bezüglich Unterstützungsleistungen oder ABM-Stellen, das Handeln beeinflussen können. So erwartet der Wähler möglicherweise, wenn er eine bestimmte Partei wählt, tendenziell über mehr Einkommen zu verfügen.

Diese Überlegungen folgen dem Modell des Homo Oeconomicus, das einen informierten, rationalen Wähler ohne kollektive Bedürfnisse und milieubedingte Einflüsse voraussetzt. Deshalb spielt der Zugang zu Informationen bei diesen Überlegungen eine wichtige Rolle: „Je leichter Wähler ohne ihr aktives Zutun über den Leistungsstand in einem Bereich staatlicher Wirtschaftspolitik Kenntnis erhalten und je größer ihre Motivation zur Informationsaufnahme ist, um so höher ist c.p. die Wahrscheinlichkeit, dass sie sich davon auch in ihrem Wahlverhalten bestimmen lassen."[142] Diese Aussage unterstützt die im vorausgehenden Kapitel beschriebene Rolle der Zuordnung von Problemlösungskompetenzen zu Parteien. Ökonomische Ansätze bei der Analyse des Wahlverhaltens lassen ein populistisches Vorgehen für die Parteien noch aussichtsreicher Erscheinen. Konkrete finanzielle Vorteile zu propagieren, kann bei weiten Wählerkreisen eine erfolgversprechende Methode sein.

---

[140] Grundlegende Werke zu diesem Thema sind: Downs: An Economic Theory of Democracy. 1957; Herder-Dorneich, Philipp: Politisches Modell zur Wirtschaftstheorie. Theorie der Bestimmungsfaktoren finanzwirtschaftlicher Staatstätigkeit. Freiburg 1959.
[141] Fluhrer: Ansätze einer ökonomischen Theorie der Wahlen. 1994. S. 51ff.
[142] Zohlnhöfer, Werner: Das Steuerungspotential des Parteienwettbewerbs im Bereich staatlicher Wirtschaftspolitik. In: Boettcher, Erik/Philipp Herder-Dorneich/Karl Schenk (Hrsg.): Neue Politische Ökonomie als Ordnungstheorie. Tübingen 1980. S. 82-102. S. 97.

2.4 Forschungsdefizit und Relevanz der Fragestellung

Die Analyse von Literatur aus den drei Disziplinen Politikwissenschaft, Kommunikationswissenschaft und Volkswirtschaftslehre erfolgte ausgehend von der Definition des Begriffs Wirtschaftspopulismus. Anhand der Kriterien der Definition war es möglich, inhaltlich und bezogen auf die Kommunikationsweise relevante Teile herauszufiltern und sie hinsichtlich ihrer Bedeutung für die Arbeit zu analysieren.

Der Beitrag der Politikwissenschaft besteht vor allem aus Befunden zu Rolle und Stellenwert des Themas Arbeitslosigkeit in der Wahlkampfkommunikation der Parteien. Vorliegende Untersuchungen betrachten dabei häufig umfassend einzelne Wahlkämpfe[143], ihre Themen und ihren Ablauf. Andere Autoren beschreiben einzelne Instrumente wie Wahlprogramme oder Wahlkampfwerbung im Zusammenhang mit Parteien in Wahlkämpfen. Die aufgezeigten Ergebnisse beschreiben die Verhältnisse in der Wählerschaft, die den Boden beschreiben, auf dem der Populismus der wahlkämpfenden Parteien gedeihen soll. Sie geben Aufschluss über die Agenda der Bevölkerung, Kompetenzzuschreibung an Parteien und damit verbundene Kriterien der Wahlentscheidung. Obwohl Arbeitslosigkeit das beherrschende Thema der Bundestagswahlkämpfe in den vergangenen Jahrzehnten war und Sachthemen beispielsweise im Vergleich zur tradierten Parteibindungen an Bedeutung gewonnen haben, ist die Thematik Wirtschaftspopulismus in Deutschland noch nicht umfassend untersucht worden.

Kommunikationswissenschaftliche Untersuchungen leisten einen vor allem methodischen Beitrag zum Verhältnis von Medien und Politik in Wahlkämpfen. Sie belegen die Bedeutung der Medien für das Entstehen von populären Themen und die Vermittlung von Lösungsvorschlägen der Parteien in den einzelnen Bereichen. Die Parteien rücken innerhalb ihrer Wahlkampfstrategien die mediale Kommunikation in den Mittelpunkt, der Einfluss der Medien auf das Agieren der Parteien ist entsprechend. Die Kommunikationswissenschaft stellt Methoden bereit, die die These vom Wirtschaftspopulismus in Deutschland an vielen Stellen nahe legen. Der umfassende Nachweis dieser Zusammenhänge für deutsche Bundestagswahlkämpfe anhand eines konkreten Themenbeispiels steht noch aus. Auch eine allgemeine Betrachtung zur Interaktion von Medien und Parteien bei wirtschaftspolitischen Themen in Wahlkämpfen liegt nicht vor. Insgesamt existieren überraschend wenig Untersuchungen zu dem so präsenten Thema der Arbeitslosigkeit in Wahlkämpfen.

---

[143] U.a. Bergmann, Knut: Der Bundestagswahlkampf 1998. Vorgeschichte, Strategien, Ergebnis. Opladen 2002.

Der Beitrag der Volkswirtschaftslehre besteht aus Arbeiten über Versuche, die tatsächliche wirtschaftliche Situation derart zu beeinflussen, dass die Arbeitslosenquote im Wahlkampf möglichst günstig für die Regierungs- oder Oppositionspartei ist. Diese Untersuchungen sind in Zusammenhang mit dem vermuteten Herbeireden von Wachstum und Arbeitsplätzen in Wahljahren relevant. Darüber hinaus existieren Studien, die den Zusammenhang von Parteienpopularität und Arbeitslosigkeitsrate eindeutig belegen. Daraus folgt, dass die Parteien auf diesem Feld ein Potenzial für Populismus sehen können.

Die dargestellten Ergebnisse zeigen inhaltliche und methodische Ausgangspunkte des vorliegenden Forschungsinteresses auf und markieren zugleich die vorhandene Lücke in der Wahlforschung der Bundesrepublik Deutschland. Es liegt keine umfassende Darstellung zu Wirtschaftpolitik in Wahlkämpfen vor. Die Idee, den Wirtschaftspopulismus deutscher Parteien am Themenbeispiel Arbeitslosigkeit zu untersuchen, baut auf die Befunde aus den drei beschriebenen Disziplinen auf. Sie nähern sich aus verschiedenen Richtungen dieser Frage und bereiten so in gewisser Weise den Boden für die noch ausstehende Untersuchung. Die Verknüpfung dieser Annäherungen und ihre konsequente Weiterführung hin zum Nachweis von Wirtschaftspopulismus in Deutschland ist das Anliegen der vorliegenden Arbeit.

3 Methodik

Um Wirtschaftspopulismus in deutschen Bundestagswahlkämpfen nachweisen zu können, sind Parteien und Medien als Gegenstände in die Untersuchung einzubeziehen. Aus forschungsökonomischen Gründen ist es notwendig, den Untersuchungsgegenstand einzuschränken. Aus Aktualitätsgründen und wegen der starken Präsenz des Themas Arbeitslosigkeit, werden hier die Bundestagswahlkämpfe 1994, 1998 und 2002 analysiert. Von den deutschen Parteien sind Union und SPD Gegenstand der Untersuchung, da sie mit den Kanzlerkandidaten die wichtigsten Protagonisten im Wahlkampf sind. Als Medien werden die Frankfurter Allgemeine Zeitung, die Süddeutsche Zeitung und BILD berücksichtigt. Sie vermitteln ein ausreichend umfassendes Bild des politischen wie auch publizistischen Spektrums. Die Beschränkungen bei Medien und Parteien erfolgen aus forschungsökonomischen Gründen und ermöglichen die Abdeckung von drei Wahlkämpfen. Es wird eine, der explorativen Situation angemessene, qualitative Methodik angewandt. Eine quantitative Methode scheidet auch deshalb aus, weil bei ihr die Forschungsperspektive „quasi durch die Perspektive des Forschers dominiert"[144] werde.

In einem ersten Schritt erfolgt eine Dokumentenanalyse, um die Inhalte der jeweiligen Wahlkämpfe zu erarbeiten und zu systematisieren. Die Analyse beschäftigt sich mit Wahlprogrammen und Pressemitteilungen der Parteien, die zum Thema Arbeitslosigkeit vorliegen. Unter den Pressemitteilungen werden beginnend mit dem Januar des Wahljahres die wichtigsten mit Bezug auf den Arbeitsmarkt ausgewählt. Zusammen mit den Wahlprogrammen ermöglichen sie eine umfassende Bewertung des Agierens einer Partei zu diesem Thema. Auch die Berichterstattung der ausgewählten Medien zum Arbeitsmarkt und über die Äußerungen der Parteien im Wahljahr wird analysiert. Dies ermöglicht eine Darstellung der Sichtweise und der Rolle der Medien im Wahlkampf wie auch eine Einordnung der Kommunikation der Parteien.

Zusätzlich zur durchgeführten Dokumentenanalyse auf Partei- wie auf Medienebene werden mit Beteiligten beider Ebenen leitfadengestützte Experteninterviews geführt. Der Methodenmix aus Interviews und Textanalyse ermöglicht eine genauere Interpretation der Dokumente und gibt Einblick in Arbeits- und Denkmuster der handelnden Personen. So wird es möglich, die konkreten Entwicklungen in den Wahlkämpfen zu erfassen, zu interpretieren und zu bewerten. Als Interviewpartner wurden auf Seiten der Parteien am Wahlkampf entscheidend beteiligte Personen ausgewählt, in der Regel die Wahlkampfleiter. Teilwei-

---

[144] Diekmann, Andreas: Empirische Sozialforschung. Grundlagen, Methoden, Anwendungen. Reinbek bei Hamburg 1995. S. 444.

se handelt es sich aber auch um Bundestagsabgeordnete oder im Fall von Scharping um den Kanzlerkandidaten.

Außerdem wurden leitende Journalisten der ausgewählten Medien befragt, die die Berichterstattung über das Thema Arbeitslosigkeit vor der Wahl mitgestaltet haben. Die befragten Journalisten nehmen als Interviewpartner eine Doppelfunktion ein und ermöglichen die Betrachtung der Thematik aus verschiedenen Perspektiven. Sie sind einerseits Vertreter einer Außensicht und liefern als politische Beobachter eine Analyse des Agierens der Parteien. Andererseits sind sie als Medienmacher selbst gezwungen, den Bürger zu erreichen, um erfolgreich zu sein. Das zwingt sie, sich an den Erwartungen der Bürger zu orientieren. Die Analyse der Berichterstattung ermöglicht es, die Aussagen der Interviewpartner einzuordnen und zu verifizieren. Als Gesprächspartner wurden leitende Redakteure der Hauptstadtbüros der berücksichtigten Zeitungen ausgewählt. Bei den Interviews kommt es auf „individuelle, subjektive Einschätzungen"[145] der Wahlkampfbeteiligten an. Um diese Einschätzungen erheben zu können, ist das Leitfadengespräch[146] als Instrument geeignet. Es wurde großer Wert darauf gelegt, dass sich die Gestaltung des Leitfadens eng an der Definition von Wirtschaftspopulismus orientiert.

Bei der Auswertung von Pressemitteilungen, Wahlprogrammen, Medienberichterstattung und Interviews ist es Ziel, Tendenzen und inhaltliche Richtungen festzustellen. Da sie nicht quantifizierbar sind, werden sie einer qualitativen Inhaltsanalyse unterzogen. Alle Texte und Interviews werden hermeneutisch erfasst und interpretativ ausgewertet. Ziel ist es, Grundstrukturen und Muster der Argumentation herauszuarbeiten und populistische Tendenzen nachzuweisen.

---

[145] Brosius, Hans-Bernd/Friederike Koschel: Methoden der empirischen Kommunikationsforschung. Eine Einführung. Opladen 2001. S. 106.
[146] Lamnek, Siegfried: Qualitative Sozialforschung. Methodologie. Weinheim 1998. (Band 1). S. 81.

4 Der Bundestagswahlkampf 1994

4.1 Vorphase und Wahlkampfauftakt

4.1.1 Wirtschaftliche Ausgangslage

Das Bundestagswahljahr 1994 hat aus wirtschaftlicher Sicht mit leicht positiven Vorzeichen begonnen. Nach einer der längsten und tiefsten Rezessionen der Nachkriegszeit im alten Bundesgebiet hatte sich die Wirtschaft 1993 gefangen und die Prognoseinstitute blickten optimistisch auf das Jahr 1994.[147] Die Branchen meldeten mehr Aufträge, insbesondere der Export zog die deutsche Wirtschaft nach oben. Die Situation war für die Regierungskoalition aus Union und FDP günstig, da die Entwicklung in die für sie richtige Richtung ging. Die Regierungsparteien versuchten, diesen Trend als Erfolg ihrer Politik darzustellen.

Die Bevölkerung hatte dennoch wenig Vertrauen in den Aufschwung, das Konsumklima war so schlecht wie seit zehn Jahren nicht.[148] Steuer- und Abgabenerhöhungen sowie die hohe Arbeitslosigkeit von über vier Millionen im Februar belasteten die Binnennachfrage massiv[149] und erschwerten der Union eine positive Darstellung ihrer Politik. Diese Zweiseitigkeit der wirtschaftlichen Entwicklung mit anziehender Konjunktur auf der einen und hoher Arbeitslosigkeit auf der anderen Seite, bildete das Spannungsfeld für den anstehenden Bundestagswahlkampf. Die Ambivalenz wurde von den beteiligten Parteien für stark divergierende Interpretationen der wirtschaftlichen Lage genutzt. Dies belegen vor allem Äußerungen der Parteien aus dem Monat Mai. Zu diesem Zeitpunkt mehren sich die Stimmen, die einen eindeutigen Aufschwung sehen. Bundesfinanzminister Waigel spricht gar von einem neuen Wirtschaftswunder.[150] Die Opposition warnt vor einer wahltaktisch motivierten „Gesundbeterei"[151] der Wirtschaft. Beide Interpretationsweisen sind als Rechtfertigungs- oder Angriffstaktik der Parteien zu sehen und zeugen von dem Versuch der Parteien, im gewünschten Sinne Einfluss auf die öffentliche Bewertung der Situation zu nehmen.

---

[147] FAZ-Konjunkturindikator Februar 1994 und Ifo-Geschäftsklimaindex. Vgl. Die Optimisten haben Zulauf. FAZ-Konjunkturbericht. Frankfurter Allgemeine Zeitung Nr. 47 vom 25.02.1994. S. 13.

[148] Ebd.

[149] 4.042.427 Arbeitslose. Bundesanstalt für Arbeit im Februar 1994. www.bundesanstalt.de am 18.10.2003.

[150] Vgl. Verhaltener Optimismus. FAZ-Konjunkturbericht. Frankfurter Allgemeine Zeitung Nr. 120 vom 26.05.1994. S. 15.

[151] Scharping, Rudolf (SPD). Verhaltener Optimismus. FAZ-Konjunkturbericht. Frankfurter Allgemeine Zeitung Nr. 120 vom 26.05.1994. S. 15.

Die Argumentationsbasis der Regierung muss jedoch als schwach gelten. Auch wenn sich das Konsumklima inzwischen etwas aufgehellt hat, so ist der Aufschwung doch in erster Linie von der ausländischen Nachfrage getragen. Insbesondere die Lage auf dem Arbeitsmarkt ist desolat und wird sich auch, das ist im Mai deutlich erkennbar[152], im Wahljahr nicht verbessern. Die Erwerbsituation reagiert in jedem Fall verzögert, denn erst wenn der Aufschwung an Fahrt und Substanz gewonnen hat, werden die Unternehmen Mitarbeiter einstellen. Eine Umfrage des Ifo-Instituts sieht sogar noch 1995 einen Personalabbau der Unternehmen.[153] Im Juni 1994, vier Monate vor der Wahl, trägt der Aufschwung erste Früchte: Nachfrage, Produktion und Kapazitätsauslastung steigen. Im Juli verlangsamt sich der Rückgang der Beschäftigung immerhin, und die Kurzarbeit nimmt ab. Die Bundesbank sieht einen „Hoffnungsschimmer am Arbeitsmarkt"[154].

Vor diesem Hintergrund der wirtschaftlichen Ausgangssituation sind die Kommunikationsstrategien der Parteien bezüglich des Themas Arbeitslosigkeit für die heiße Phase des Wahlkampfs zu bewerten. Die Regierungsparteien können auf den Aufschwung verweisen und die Opposition kann eine zu geringe Auswirkung desselben auf den Arbeitsmarkt bemängeln. Die skizzierte wirtschaftliche Situation zu Beginn des Wahlkampfs und ihre Darstellung liefert die faktische Grundlage, anhand derer die Themenagenda der Bevölkerung entsteht und die Programme und Leistungen der Parteien beurteilt werden. Die Parteien wiederum planen entsprechend ihre Programmatik.

4.1.2 Argumentationsentwicklung und Wahlprogramme

Zu Beginn des Jahres 1994 ist eine signifikant höhere Arbeitslosenzahl zu verzeichnen als im Vorjahreszeitraum.[155] Die SPD wirft der Regierung Versagen bei der Bekämpfung der Arbeitslosigkeit vor und forciert damit eine starke Präsenz des Themas schon in der ersten Phase des Wahlkampfs. Die Opposition nutzt die Angreifbarkeit der Regierung, sieht hier Popularisierungspotenzial und positioniert sich auf diesem Feld. Ihr Spitzenkandidat Scharping fordert in einer Erklä-

---

[152] Scharping, Rudolf (SPD). Frankfurter Allgemeine Zeitung Nr. 120 vom 26.05.1994. S. 15.
[153] Ebd.
[154] Vgl. Die Ausfuhr schiebt den Karren. FAZ-Konjunkturbericht. Frankfurter Allgemeine Zeitung Nr. 147 vom 26.06.1994. S. 13.
[155] 4.042.427 im Februar 1994 im Vergleich zu 3.468.621 im Februar 1993. Bundesanstalt für Arbeit. www.bundesanstalt.de am 18.10.2003.

rung anlässlich der Veröffentlichung neuer Arbeitsmarktzahlen, die Arbeitslosigkeitsproblematik in den Mittelpunkt der Politik zu stellen.[156] Als sich im Lauf des Frühsommers die Zeichen für einen Aufschwung mehren und die Arbeitslosigkeit beginnt, langsam auf das Niveau vom Vorjahr zu sinken, passen die Parteien ihre Argumentation an. Die SPD kritisiert die Unionsparteien zwar weiter wegen der schlechten Situation auf dem Arbeitsmarkt, die Union erklärt diese und kann nun eine Verbesserung prognostizieren. Damit sind die von den Parteien für populär gehaltenen Argumentationslinien zu Beginn des Wahlkampfs klar: Die Union muss erklären und ein für die Zukunft positives Szenario zeichnen, die SPD muss kritisieren.

Die Diskussion um die Wahlprogramme setzt im Wesentlichen mit Äußerungen zu dem der SPD Ende April ein. In einer Mitteilung zu aktuellen Beschlüssen für das Regierungsprogramm genannte Wahlprogramm der SPD greift Lafontaine auf einem populären Feld die Regierung an. Die Steuer- und Abgabenlast verhindere einen Beschäftigungsaufschwung und werde unter einer SPD-geführten Bundesregierung nicht erhöht, dies belegten die Entscheidungen der Parteigremien.[157] Lafontaine wirft der Bundesregierung vor, sie habe Steuern und Abgaben jährlich um 100 Milliarden Mark erhöht. „Damit ist für die große Mehrheit der Bevölkerung nun wirklich die Grenze der Belastbarkeit erreicht."[158]

Außerdem fordert Lafontaine, den Solidaritätszuschlag für niedrige und mittlere Einkommen wieder abzuschaffen, damit werde die Binnennachfrage gestärkt. Die Inhalte wie auch die Formulierung, wonach für die „große Mehrheit der Bevölkerung nun wirklich die Grenze der Belastbarkeit erreicht"[159] sei, ist ein Indikator für populistisches Agieren. Um daraus eindeutig für die eigene Partei Kapital zu ziehen, unterstellt Lafontaine der Regierung konkrete Pläne für Steuererhöhungen nach der Wahl. Er versucht, die Wahl mit der Entscheidung zwischen Mehrbelastung oder Entlastung für den Einzelnen zu verknüpfen. SPD bedeute Entlastung, die Union habe eine „Steuerlüge"[160] vor. CDU-Generalsekretär Hintze reagiert auf die Programmatik der SPD mit einer Verteidigung des Solidaritätszuschlags und geißelt Alternativen als unsolidarisch. In der selben Mitteilung kontert er mit der Eröffnung eines neuen Populismus-Felds, dem der Mineralölsteuer.[161]

In den Sommermonaten muss die SPD ihre Kommunikationsstrategie dem sich abzeichnenden Aufschwung anpassen und konzentriert sich verstärkt auf das

---

[156] Scharping, Rudolf: Pressemitteilung der SPD vom 07.04.1994.
[157] Lafontaine, Oskar: Pressemitteilung der SPD vom 04.05.1994.
[158] Ebd.
[159] Ebd.
[160] Ebd.
[161] Hintze, Peter: Pressemitteilung der CDU vom 03.05.1994.

Motiv Arbeitslosigkeit. Sie stellt jetzt als Hauptargument heraus, dass sich das Wachstum nicht auf den Arbeitsmarkt auswirke. So richtet Anfang Juli insbesondere Lafontaine die Argumentation der SPD neu aus. Weg von allgemeiner Kritik der Wirtschaftspolitik, hin zu einer stärker arbeitsmarktkritischen Linie[162], da sich ein gesamtwirtschaftliches Wachstum inzwischen abzeichnet und von der Union auch erfolgreich kommuniziert wird, so beispielsweise in einer Reaktion auf die wirtschaftspolitischen Teile des SPD-Wahlprogramms.[163]

Die Diskussion um das gemeinsame Wahlprogramm der Union fällt hauptsächlich in den August und damit in den als heiße Phase definierten Abschnitt des Wahlkampfs. Dennoch soll die inhaltliche Diskussion wegen der besseren Vergleichbarkeit an dieser Stelle in knapper Form wiedergegeben werden. Reaktionen der SPD auf die CDU-Programmatik erkennen Teile als richtig an[164], was eine gewisse Machtlosigkeit der SPD angesichts der wirtschaftlichen Entwicklung erkennen lässt. Auf der anderen Seite bezichtigt sie die Union der Steuerlüge[165] und bemängelt Lücken bei der Finanzierung von Vorhaben[166]. In ihrer Berichterstattung über das Wahlprogramm der Union hebt die Süddeutsche Zeitung das Thema Arbeit in Privathaushalten und damit den Niedriglohnsektor hervor: „Wahlkampfprogramm der Unionsparteien: Dienstmädchen steuerlich absetzbar"[167]. Die Diskussion über die Programmatik der Union zieht sich bis in den August. Erst Ende des Monats wird ein gemeinsames Wahlprogramm vorgestellt.[168] Das SPD-Programm legt bereits Anfang Mai die Prinzipien des Wahlkampfs fest. Die programmatische Diskussion erstreckt bis zur Vorstellung des 100-Tage-Programms der SPD Ende September. Die öffentliche Diskussion um die Wahlprogramme gibt erste Hinweise auf die strittigen Kernthemen des Wahlkampfs und die Argumentation der Parteien. Im nachfolgenden Vergleich werden die Wahlprogramme in den relevanten Punkten inhaltsanalytisch ausgewertet und bieten so einen umfassenden Überblick über die Themen des Wahlkampfs und Hinweise auf die Hauptargumentationslinien der Parteien.

Arbeitsmarktpolitik spielt in den Wahlprogrammen des Jahres 1994 nicht bei beiden Parteien die wichtigste Rolle. Die Wahlprogramme von Union und SPD bilden in diesem Punkt die unterschiedlichen Kommunikationsstrategien der Parteien ab. Bei der SPD steht Arbeitsmarktpolitik an erster Stelle, während

---

[162] Lafontaine, Oskar: Pressemitteilung der SPD vom 06.07.1994.

[163] Hintze, Peter: Pressemitteilung der CDU vom 23.06.1994.

[164] Dressler, Rudolf: Pressemitteilung der SPD vom 11.08.1994.

[165] Lafontaine, Oskar: Pressemitteilung der SPD vom 23.08.1994.

[166] Lafontaine, Oskar: Pressemitteilung der SPD vom 26.08.1994.

[167] Wahlkampfprogramm der Unionsparteien: Dienstmädchen steuerlich absetzbar. Süddeutsche Zeitung Nr. 180 vom 06.08.1994. S. 2.

[168] CDU und CSU stellen gemeinsames Programm vor. Süddeutsche Zeitung Nr. 196 vom 26.08.1994 S. 1.

die Union in ihrem Programm einen Abschnitt mit der Überschrift „Wir gestalten die innere Einheit Deutschlands"[169] nach vorne stellt. Erst danach folgt ein Kapitel zu wirtschaftlichen Themen und der Arbeitsmarktproblematik. Dieser Aufbau verstärkt den Eindruck, dass die SPD bei der Arbeitslosigkeit Zustimmungspotenzial sieht und die Union das Thema lieber hinter der Erfolgsgeschichte der deutschen Einheit versteckt.

Wahlprogramm der Union
Das erste Kapitel im Unionsprogramm beschreibt den Aufbau Ost als erfolgreich und formuliert die innere Einheit als kognitives Ziel einer Politik, die Vergangenheitsbewältigung und Zukunftssicherung einschließt. Dennoch wird auf die Arbeitsmarktpolitik Ost eingegangen: „Vordringlichste Aufgabe ist die Schaffung neuer Arbeitsplätze."[170] Bis genügend Arbeit im Osten zur Verfügung stünde, komme der „aktiven Arbeitsmarktpolitik" eine besondere Bedeutung zu"[171]. Mittels verschiedener Instrumente sei eine „soziale Abfederung"[172] von Menschen im Osten zu erreichen. Die darauf folgenden Punkte erläutern verschiedene Förderungsmöglichkeiten und Sonderprogramme, die zu mehr Arbeitsplätzen auf dem Gebiet der ehemaligen DDR führen sollen.

Der zweite Abschnitt des Wahlprogramms behandelt ausschließlich wirtschaftliche Themen: „Wir sichern den Aufschwung und schaffen neue Arbeit."[173] Die Union zieht eine Erfolgsbilanz ihrer Regierungszeit und bewertet Deutschland als modernen und wettbewerbsfähigen Wirtschaftsstandort, den sie mit guten Rahmenbedingungen ausgestattet habe. Die programmatischen Elemente für die angestrebte weitere Legislaturperiode werden mit grundsätzlichen Aussagen zur Rolle von Arbeit in der Gesellschaft eingeleitet.

Die Argumentation zur angestrebten Senkung der Arbeitslosigkeit leitet die Union von der Formulierung des Primärziels Wachstum ab. „Neue und sichere Arbeitsplätze können wir schaffen, wenn wir Wachstum erwirtschaften, die Kosten- und Strukturprobleme überwinden, die Investitions- und Innovationskräfte unserer Wirtschaft gestärkt und der Standort Deutschland gesichert wird."[174] Die Autoren nennen konkrete Ansätze, mit denen sie die Arbeitsmarktsituation verbessern wollen. Deutschland müsse in erster Linie Industrieland bleiben, der Dienstleistungsbereich gedeihe gerade im Umfeld von modernen Industrien. Als Maßnahmen für neue Arbeitsplätze seien außerdem mehr Forschung und Tech-

---

[169] CDU: Wir sichern Deutschlands Zukunft – Regierungsprogramm von CDU und CSU. Bonn 1994.
[170] Ebd. S. 8.
[171] Ebd.
[172] Ebd.
[173] Ebd. S. 12.
[174] Ebd. S. 13.

nologieentwicklung, mehr Flexibilität auf dem Arbeitsmarkt und eine konsequente Mittelstandspolitik zu sehen. Die Union versucht in ihrem Wahlprogramm, an ihr Image als Partei der deutschen Einheit aus dem Wahljahr 1990 anknüpfen. Die Lösung der Probleme auf dem Arbeitsmarkt werde der beschworene Strukturwandel schon bringen. Eine Abwehrargumentation, die bei den Menschen die Botschaft „Mehr wäre auch nicht möglich gewesen" verankern soll.

Der sich anschließende Unterpunkt „Arbeitsplätze schaffen statt Arbeitslosigkeit zu verwalten"[175] beschreibt konkrete Absichten einer künftigen Arbeitsmarktpolitik, die für jedermann nachvollziehbar sein sollen. Deshalb finden sich hier auch Allgemeinplätze wie die Aussage, vor allem der Mittelstand schaffe Arbeitsplätze und sei daher das Rückgrat der sozialen Marktwirtschaft. Außerdem solle der Schritt in die Selbstständigkeit für Einzelne erleichtert werden. Die bei Teilen der Unionsklientel populäre Forderung nach einer moderaten Lohnentwicklung[176] wird für die betroffenen Arbeitnehmer mit der Forderung nach mehr Modellen der Vermögensbildung versüßt.

Die Union versucht im dritten Punkt des Kapitels neue Beschäftigungsmöglichkeiten als neue Chancen darzustellen und setzt auf bessere Verteilung der vorhandenen Arbeit. Hier soll der Eindruck entstehen, ein Teil des Problems werden sich von selbst lösen. Vor allem im Dienstleistungsbereich, bei Kommunikation, EDV und Werbung entstehen neue Arbeitsplätze. Es folgt das Thema Einfacharbeitsplatz beziehungsweise Niedriglohnsektor, also Arbeit, die jeder machen kann. In den privaten Haushalten solle „Arbeit aus der Schattenwirtschaft wieder in die reguläre Wirtschaft"[177] zurückgeholt werden und der Bereich der „geringen Produktivität"[178] solle ausgebaut werden. Hier müsse Beschäftigung stets mehr einbringen als Sozialleistungen. Der Ausbau von Teilzeitbeschäftigungsverhältnissen sei ferner politisches Ziel der Union, weil auf diese Weise mehr Arbeitsplätze entstünden.

In den nachfolgenden Abschnitten werden viele andere Arbeitsfelder der Politik dem Ziel niedrigere Arbeitslosigkeit untergeordnet, da dieses als das populärste gilt. Die Fiskalpolitik wird sowohl in der Rückschau als auch in ihren Perspektiven unter den Primat des Wirtschaftswachstums gestellt und dient damit indirekt dem Ziel der Bekämpfung der Arbeitslosigkeit.[179] Zudem müsse gelten: „Deutschland modernisieren statt Zukunft blockieren"[180]. Die Förderung

---

[175] CDU: Wir sichern Deutschlands Zukunft. 1994. S. 15.
[176] Ebd. S. 16.
[177] Ebd. S. 17.
[178] Ebd.
[179] Vgl. ebd. S. 18.
[180] Ebd. S. 20.

der Innovationsfähigkeit in Forschung und Technologie diene vor allem der Schaffung von Arbeitsplätzen.[181]

Trotz magerer eigener Erfolge sieht sich die Union gezwungen, sich auf dem populären Feld Arbeitslosigkeit der SPD zu stellen. Sie formuliert das Ziel, die Arbeitslosigkeit zu senken in Verbindung mit der Ankündigung von künftigen Maßnahmen und widmet ihm den zweiten Punkt ihres Wahlprogramms. Dies geht konform mit einer Strategie des positiven Darstellens der Regierungsarbeit in Verbindung mit der Kommunikation beabsichtigter Maßnahmen zu einer künftigen Senkung der Zahlen. Die geleistete Arbeit wird als richtig dargestellt, gleichwohl die Notwendigkeit weiteren Agierens nicht abgestritten und aktiv betont wird. Nahezu alle wirtschaftspolitischen Maßnahmen werden in Zusammenhang mit dem Thema Arbeitslosigkeit dargestellt. Damit passt sich die Partei den Erwartungen der Öffentlichkeit an und spitzt das breite Feld der Wirtschaftspolitik in populistischer Weise auf das Thema Arbeitslosigkeit zu.

Wahlprogramm der SPD
Die SPD als Oppositionspartei vertraut darauf, gegen die Union beim Thema Arbeitslosigkeit in der Öffentlichkeit gewinnen zu können und stellt es an den Beginn ihres Wahlprogramms. Die Parteistrategen gehen davon aus, dass die Bevölkerung die Politik der Regierung auf diesem Feld negativ bewertet, der SPD mehr Kompetenzen zuschreibt und das Thema damit als Profilierungsmöglichkeit für die Opposition geeignet ist.

Das erste Kapitel thematisiert unter dem Titel „Arbeit schaffen"[182] Ansätze zur Bekämpfung der Arbeitslosigkeit. Bereits im ersten Absatz wird die gesellschaftsstabilisierende Funktion von Arbeit erwähnt und damit eine Dimension eingeführt, die über den reinen Broterwerb hinausgeht. „Arbeit gibt den Menschen die Chance, ihr Leben selbst in die Hand zu nehmen. Sie gibt Selbstständigkeit, Selbstbewußtsein und soziale Anerkennung."[183] Arbeitslosigkeit sei eine Gefahr für die Gesellschaft, Nährboden für Kriminalität und Radikalismus. „Arbeit ist in einer sozialen und ökologischen Marktwirtschaft ein Recht für alle."[184] Auf den Vorwurf an die Bundesregierung aus Union und FDP, sie habe sich der Massenarbeitslosigkeit abgefunden, folgen konkrete Vorschläge einer sozialdemokratischen Arbeitsmarktpolitik. An erster Stelle steht hier ein Beschäftigungspakt mit Gewerkschaften, Arbeitgebern und Bundesbank, eingebunden in eine europäische Beschäftigungsinitiative. Nach einem Überblick über alle geplanten Maßnahmen werden diese detailliert ausgeführt. Hier folgt die SPD ver-

---

[181] CDU: Wir sichern Deutschlands Zukunft. 1994. S. 20.
[182] SPD: Reformen für Deutschland. Das Regierungsprogramm der SPD. Bonn 1994. S. 10.
[183] Ebd.
[184] Ebd.

schiedenen populistischen Motiven. Mit dem ersten Teil zielt sie auf die Gefühle ihrer Klientel und vermittelt ihnen den Eindruck, die Partei verstehe ihre Sorgen und nehme sich ihrer an. Der zweite Teil stellt den Gegensatz zu den bürgerlichen Parteien heraus, die sich mit der hohen Arbeitslosenzahl abgefunden hätten. Ergänzend hierzu folgt der Vorschlag, man müsse lediglich an einem Strang ziehen und die Situation wäre zu verbessern. In diese Richtung zielen die Forderungen nach Pakten und Bündnissen. Diese Art von Argumentation muss als Kennzeichen von Wirtschaftspopulismus gelten. Diese Forderungen klingen positiv, Aussagen über Arbeitsinhalte und Maßnahmen dieser Bündnisse werden aber nicht getroffen.

Die SPD fordert zunächst Strukturanpassungen und eine generelle Modernisierung von Staat, Wirtschaft und Gesellschaft. Dabei setzt die SPD auf eine ordnungspolitisch kohärent klingende Kombination aus privatem und öffentlichem Engagement: „Private Investitionen und Innovationen, Forschung, Bildung und Wissenschaft sowie staatliche Investitionen in eine leistungsfähige öffentliche Infrastruktur und eine ökologische Erneuerung der Wirtschaft sind der Schlüssel für umweltverträgliches Wachstum und zukunftssichere Arbeitsplätze."[185] An dieser Stelle folgt als „eine der größten Herausforderungen für unsere marktwirtschaftliche Ordnung"[186] der Punkt „Aufbauprogramm Ost"[187]. Hier stellt die SPD die Unterschiede zwischen Ost und West heraus: Die Menschen im Osten wollten „unter gleichen Verhältnissen und mit den gleichen Chancen"[188] leben, wie die Menschen im Westen. Ziel sei es, im Osten Unternehmen, Wissenschaft und Infrastruktur voranzubringen. Steuervorteile und Bürgschaften des Bundes sollen zudem Investoren anlocken und schließlich bräuchten ostdeutsche Produkte einen besseren Marktzugang im Westen. Mit dem letzten Punkt unterstellt die SPD dem westdeutschen Handel eine ungerechte Dominanz und bedient Vorurteile ostdeutscher Wähler.

Als weitere Möglichkeit, Arbeit zu schaffen, wird eine „aktive Arbeitsmarkt- und Strukturpolitik in den Regionen"[189] vorgeschlagen. Dieser Punkt steht unter der Leitidee, Mittel, die aktuell für die Finanzierung der Arbeitslosigkeit ausgegeben werden, für gesellschaftlich sinnvolle Arbeit einzusetzen. Zentraler Punkt: „Wachstum allein wird die Krise auf dem Arbeitsmarkt (...) nicht beseitigen."[190] Deshalb will die SPD den öffentlich geförderten Arbeitsmarkt ausbauen und ihn als Brücke zu wettbewerbsfähigen Arbeitsplätzen nutzen. Eine

---

[185] SPD: Reformen für Deutschland. 1994. S. 12.
[186] Ebd.
[187] Ebd.
[188] Ebd.
[189] Ebd. S. 14.
[190] Ebd.

regionale Verteilungspolitik soll die Mittel besser auf Ebenen und Ressorts zuschneiden. Gefördert werden sollen ferner Altersübergangsgelder und Altersteilzeit; Frauen sollen vermehrt Möglichkeiten in der Zukunftsbranche Dienstleistung erhalten und für Langzeitarbeitslose soll es Lohnkostenzuschüsse geben. Hier wird am augenfälligsten deutlich, dass die Rolle des Staates gegenüber der des Marktes bei der SPD hervorgehoben wird. Die SPD geht davon aus, dass das Motiv „Der Staat kümmert sich um seine Bürger" bei ihren Wählern populär ist und wirbt für eine gerechtere Verteilung der Lasten der deutschen Einheit. Bisher würde die Einheit vor allem über die Sozialversicherungen finanziert, dies schwäche jedoch die Investitionskraft der Unternehmen. Eine Strukturreform solle die Beiträge zur Arbeitslosenversicherung senken und diese über leistungsorientierte Steuern finanzieren. Die Sozialversicherungen sollen zudem künftig bei nahezu allen regelmäßigen Tätigkeiten greifen. Hier stellt die SPD das populäre Motiv der Umverteilung heraus, das sie bei ihrer Klientel für populär hält.

Im Abschnitt „Effiziente Verteilung der Arbeit"[191] fordert die SPD ein neues Arbeitszeitgesetz, das mehr Teilzeitarbeit und flexiblere sowie kürzere Arbeitszeiten vorsieht. Die Maschinen sollen länger laufen und die Menschen kürzer arbeiten. Zudem dienten „bessere Arbeitnehmerrechte"[192] einer stärkeren Motivation der Mitarbeiter. Die für Arbeitnehmer sehr gefälligen Forderungen zielen ebenfalls auf eine stärkere Umverteilung durch den Sozialstaat ab. Sie stehen argumentativ in direktem Zusammenhang mit dem eingangs formulierten Ziel, die über den Broterwerb hinausgehende menschliche Komponente von Arbeit herauszustellen. Die Aussage, dass, wenn der Einzelne kürzer arbeitet, mehr Arbeitsplätze entstehen, ist eindeutig wirtschaftspopulistisch.

Auch die SPD verknüpft möglichst viele Arbeitsfelder argumentativ mit der Arbeitslosigkeit. Eine Gewerbesteuerreform sowie straffere Genehmigungsverfahren[193] helfe bei einer „Stärkung des wirtschaftlichen Mittelstandes"[194]. Die kleinen und mittleren Unternehmen seien „in den letzten Jahren immer mehr zum Stiefkind der Wirtschafts- und Finanzpolitik"[195] geworden. Die Bedingungen für Existenzgründungen sollen verbessert werden, vor allem durch Entbürokratisierung und bessere Bereitstellung von Risikokapital. Dies sind allgemeingültige, weitgehend inhaltsfreie Forderungen, die immer wieder in Wahlkämpfen aufgestellt werden und deshalb als Indikatoren von Wirtschaftspopulismus gelten können. Sie sind eine Zusammenfassung der üblichen Ansätze Förderung von Mittelstand und Existenzgründern sowie Bürokratieabbau.

---

[191] SPD: Reformen für Deutschland. 1994. S. 16.
[192] Ebd. S. 17.
[193] Ebd. S. 18.
[194] Ebd. S. 19.
[195] Ebd.

Weitere allgemeine Aussagen schließen sich an: Eine „Technologie-, Inno-
vations- und Bildungsoffensive"[196] sei notwendig, um Arbeitsplätze zu sichern
und den Strukturwandel voran zu bringen. Die Zukunft für viele Arbeitsplätze
läge in erster Linie in den Bereichen Information und Kommunikation, bei Bio-
und Gentechnik sowie neuen Werkstoffen und Mikrosystemtechnik. Alle jungen
Menschen bräuchten Bildung und Ausbildung; in den Bereichen Verkehr und
Kommunikationsinfrastruktur müsse in Zukunft verstärkt investiert werden. Hier
soll der Eindruck entstehen, den Menschen müssten lediglich mehr Qualifizie-
rungs- und Jobangebote gemacht werden, um die Arbeitslosigkeit zu senken. Die
Situation sei also mit den richtigen Schritten des Staates und der Arbeitgeber
ohne weiteres veränderbar. Schließlich wird sogar die Kulturwirtschaft als
Wachstumsbranche propagiert.[197] Neue Felder brächten also neue Arbeitsplätze,
diese Aussagen erzeugen optimistische Stimmung, ohne dass sie konkrete politische Inhalte enthielten.

Die Wahlprogramme im Vergleich
Betrachtet man die Wahlprogramme der beiden großen Parteien für den Bundestagswahlkampf 1994 im Vergleich, so lassen sie auf eine ähnliche Einstufung
des Themas Arbeitslosigkeit schließen, wenn sich auch der Aufbau der Programme unterscheidet. Aus den Programmen lässt sich folgern, dass Regierung
und Opposition im Jahr 1994 dem Thema ein unterschiedliches Popularisierungspotenzial beimessen. Die SPD sieht hier eine Möglichkeit, gegenüber der
Regierung zu punkten, während die Union vor allem auf die Erfolgsgeschichte
der Einheit setzt. Sie hat als Regierungspartei auf dem Arbeitsmarkt schließlich
kaum Erfolge vorzuweisen. Die SPD bringt als erstes von acht das Kapitel „Arbeit schaffen..." und beginnt die Überschriften der Unterpunkte mit der Einlei-
tung „...durch". Der erste Unterpunkt bezieht sich allgemein auf strukturelle
Probleme in der deutschen Volkswirtschaft und beschreibt die aus Sicht der SPD
notwendige wirtschafts- und finanzpolitische Maßnahmen. Im zweiten Punkt
kündigt die Partei ein Aufbauprogramm Ost an, dass den Bürgern in Ostdeutschland die gleichen Verhältnisse und Chancen wie im Westen bringen soll. CDU
und CSU beginnen dagegen ihr gemeinsames Programm mit dem Kapitel „Wir
gestalten die innere Einheit Deutschlands", das allerdings als Unterpunkt nach
einer Bilanz des Aufbaus Ost als vordringlichste Aufgabe die Schaffung neuer
Arbeitsplätze in Ostdeutschland fordert und weitere Details wie arbeitsmarktpolitische Maßnahmen erläutert. Erst das zweite Kapitel widmet sich dem Thema
Arbeitslosigkeit und schließt dabei auch allgemeine Wirtschafts- und Finanzpoli-

---

[196] SPD: Reformen für Deutschland. 1994. S. 20.
[197] Ebd. S. 22.

tik mit ein. Hier verbindet die Union ihre Erfolgsgeschichte der deutschen Einheit mit dem Zugeständnis weiterer Verbesserungsbedarfs, da sie sich der Popularität der Arbeitsmarktfrage nicht entziehen kann.

Unabhängig von der Gewichtung der einzelnen Sachthemen unterscheiden sich die Programme inhaltlich in der Hauptsache in zwei Bewertungsfragen: Der Frage des Rechts auf Arbeit und der Frage der Rolle des Wachstums. Diese Unterschiede spiegeln das wider, was die Parteien bei ihrer jeweiligen Klientel für populär halten. Die SPD sieht Arbeit zuerst als gesellschaftsstabilisierenden und persönlichkeitsprägenden Faktor an und leitet daraus ein Grundrecht jeden Bürgers ab. Die Union stellt die ökonomische Funktion der Arbeit in den Vordergrund und sieht vor allem ein gesteigertes Wirtschaftswachstum als probates Mittel, um mehr Arbeitsplätze zu schaffen. Sie propagiert den Begriff des Wachstums. Aus Sicht der SPD reicht dies dagegen nicht aus, um genügend Arbeit zu generieren. Der Staat sei in der Pflicht, möglichst allen Bürgern die Möglichkeit zu geben, auf dem Arbeitsmarkt tätig zu sein. Konkrete Alternativen zum Vorgehen der unionsgeführten Regierung bietet das Programm der SPD kaum. Lediglich eine verstärkte Regionalisierung der Mittelvergabe innerhalb der Wirtschaftsförderung mit einer dezidierteren Mittelzuweisung an die verschiedenen Ebenen und Ressorts ist hier zu erwähnen. Gemeinsam ist beiden Programmen das Ziel, die Kosten der Arbeit zu senken. Dieses Ziel scheinen beide Parteien als allgemein gültig und populär erkannt zu haben. Doch während die Union eine moderate Lohnentwicklung fordert und die Kopplung der Löhne an die Produktivität anmahnt, will die SPD in ihrem Modell die Beiträge zur Arbeitslosenversicherung senken und die damit verbundenen Lasten der Einheit verstärkt über leistungsorientierte Steuern finanzieren.

4.1.3 Medienarbeit der Parteien und Klima der Berichterstattung

Im Anschluss an die Abbildung der Diskussion um die programmatischen Inhalte des Wahlkampfs stellt eine Skizze der konkreten Medienmaßnahmen der Parteien den Zusammenhang mit der Medienberichterstattung und dem öffentlichen Klima her. Inhaltlich berücksichtigt die Analyse neben den direkten Äußerungen der Parteien zur Situation auf dem Arbeitsmarkt und zu vielen Randthemen des Arbeitsmarktes, wie zur Ausbildungssituation oder zur Jugendarbeitslosigkeit auch Äußerungen aus dem Wahlkampf, die sich indirekt auf das Thema Arbeitslosigkeit beziehen. Die meisten Stellungnahmen zu Konjunkturverlauf, Fiskalpolitik oder Tarifgeschehen werden argumentativ letztlich mit dem Thema Arbeitslosigkeit in Verbindung gebracht.

Die Kommunikation der Parteien ist vor dem Hintergrund eines bereits im Wahlkampf 1994 hohen Wählerinteresses für wirtschaftspolitische Probleme zu sehen. Das Thema Arbeitslosigkeit stand für 77 Prozent der Wähler an erster Stelle.[198] Analog dazu ist die Arbeitsmarktsituation im Wahljahr 1994 in der Medienberichterstattung ein beherrschendes Thema. Für die Parteien galt als entscheidend, wer die Kompetenz zur Lösung dieser Problematik zugeschrieben bekommen würde. Da beim Thema Arbeitslosigkeit die SPD die besseren Werte hatte, versuchte die CDU darzustellen, dass „Wirtschafts- und Sozialpolitik unauflöslich zusammengehören"[199]. Diese Verbindung wurde schließlich in einer „Aufschwungkampagne" umgesetzt. Den Begriff Wachstum stellte die Union dabei als wesentliche Voraussetzung für die Entstehung von Arbeitsplätzen in den Mittelpunkt. Die SPD konzentrierte sich im Wahlkampf vergleichbar stark auf wirtschaftspolitische Fragestellungen, wenn auch mit abweichenden Akzentuierungen.

Was die Kommunikationsweise angeht, sind kaum Unterschiede feststellbar. Beide Parteien äußern sich im kompletten Jahr bis zum Wahltag regelmäßig zur Lage auf dem Arbeitsmarkt. Diese allgemeinen Äußerungen erfolgen meist anlässlich der Veröffentlichung neuer Arbeitsmarktdaten durch die Bundesanstalt für Arbeit am Anfang jeden Monats. In den Medien erfolgt zu diesen Zeitpunkten eine ausführliche Berichterstattung, auch mit teilweiser Berücksichtigung der Äußerungen der Parteien. Wichtiger sind jedoch die Tendenzen in der Bewertung, die durch die Medien abgebildet werden.

Dabei unterscheidet sich das konjunkturell eher schwache erste Halbjahr von den Monaten Juni bis Oktober. Am Anfang des Jahres gibt es erste Anzeichen, die einzelne Medien zu einer optimistischen Berichterstattung nutzen: „Es brummt wieder"[200]. Schließlich werden über vier Millionen Arbeitslose im Januar als Schock empfunden, der die Ausgangspositionen für den Wahlkampf wesentlich mitbestimmt. „Soviel wie nie"[201] schreibt BILD und die Frankfurter Allgemeine Zeitung sieht schon im Vormonat „Mehr Arbeitslose als je zuvor"[202]. In den folgenden Wochen beruhigt sich die Thematik zusehends, wenn auch im Februar die Zahlen weiter steigen, jedoch „nur noch langsam"[203]. Die Union bemüht sich in dieser Phase, die schlechte Situation auf dem Arbeitsmarkt zu erklären, beispielsweise mit Standortproblemen und einer starken wirtschaftli-

---

[198] Vgl. Forschungsgruppe Wahlen: Bundestagswahl 1994. Mannheim 1994. S. 50ff.
[199] CDU-Bundesgeschäftsstelle: Regiebuch 1994. Bonn 1994. S. 12.
[200] Es brummt wieder. BILD vom 12.01.1994. S. 1.
[201] Winterschock. BILD vom 09.02.1994. S. 2.
[202] Mehr Arbeitslose als je zuvor. Frankfurter Allgemeine Zeitung Nr. 3 vom 05.01.94. S. 9.
[203] Der Arbeitsmarkt wartet auf die Frühjahrsbelebung. Frankfurter Allgemeine Zeitung Nr. 57 vom 09.03.94. S. 15.

chen Konkurrenz in aller Welt[204], dem später wiederkehrenden Argument von der Weltkonjunktur. Die SPD kritisiert die Regierung, wie bereits anhand der Programmentwicklung beschrieben, als handlungsschwach und sieht sie nicht in der Lage, die Situation auf dem Arbeitsmarkt in den Griff zu bekommen.[205] Auch für die zunächst schlechte konjunkturelle Lage wurde die Bundesregierung verantwortlich gemacht. Im Zusammenhang mit der konjunkturellen Entwicklung bringt die SPD den Solidaritätszuschlag als Thema in den Wahlkampf, er sei ein Anschlag auf Konjunktur und Arbeitsmarkt.[206] Das Thema findet jedoch kaum Niederschlag und wird von der Union später als „unsolidarisch"[207] bezeichnet.

Das Thema Teilzeitarbeit wird von der SPD in den Wahlkampf eingeführt[208], die später der Bundesregierung vorwirft, sie betreibe Aktionismus vor den Wahlen, als diese das Thema in einer Werbeaktion aufgreift[209]. Die Union hatte offensichtlich erkannt, dass es sich um ein populäres Randthema handelt und griff ein. Sie konnte das Thema in den Medien weitgehend besetzen. Arbeitsminister Blüm wirbt insbesondere in BILD wiederholt für sein Modell der Teilzeitarbeit.[210] Frauenministerin Merkel und FDP-Wirtschaftsminister Rexrodt unterstützen ihn dabei.[211] Die Tarifkonflikte des Jahres 1994 spielen eine Nebenrolle. Ein drohender Streik im Metallgewerbe trübt die Stimmung Ende Januar ein, BILD bezieht eindeutig Position und sieht Angst vor Entlassungen infolge des Streiks[212]. Damit unterstützt sie die Argumentation der Union, die versucht zu beschwichtigen um einen konjunkturschädlichen Streik zu vermeiden.[213] Die SPD stellt sich auf die Seite der Gewerkschaften.[214]

Die Konjunkturdebatte steht in engem Zusammenhang mit der Diskussion um die richtige Arbeitsmarktpolitik. Die Opposition sieht im Frühjahr des Jahres 1994 die Regierung bei Bemühungen um ein Anspringen der Konjunktur gescheitert. Die Wirtschaft erhole sich nicht und die Arbeitslosenzahl steige weiter

---

[204] Hintze, Peter: Pressemitteilung der CDU vom 09.02.1994.

[205] Lafontaine, Oskar: Pressemitteilung der SPD vom 05.05.1994.

[206] Lafontaine, Oskar: Pressemitteilung der SPD vom 22.03.1994.

[207] Hintze, Peter: Pressemitteilung der CDU vom 03.05.1994.

[208] Schmitt, Ulla: Pressemitteilung der SPD vom 10.02.1994.

[209] Schreiner, Ottmar: Pressemitteilung der SPD vom 08.06.1994.

[210] Vgl. Wie man aus 3 Arbeitern 2 macht. BILD vom 10.01.1994. S. 4; Wirtschaft wächst. BILD vom 27.04.1994. S. 2.

[211] Vgl. Merkel: Mehr Teilzeitarbeitsplätze schaffen. Frankfurter Allgemeine Zeitung Nr. 58 vom 10.03.94. S. 16; Blüm und Rexrodt werben für Teilzeitarbeit. Frankfurter Allgemeine Zeitung Nr. 131 vom 09.06.1994. S. 17.

[212] Vgl. Streik – reißt er alle in den Abgrund? BILD vom 31.01.1994. S. 2.

[213] Hintze, Peter: Pressemitteilung der CDU vom 02.03.1994.

[214] z.B. Dreßler, Rudolf: Pressemitteilung der SPD vom 03.02.1994.

an.[215] Die Union versucht die konjunkturelle Entwicklung den kompletten Wahlkampf über positiv darzustellen, schon im März werden Anzeichen dafür pro-
klamiert.[216] Diese Grundsatzdebatte wirkte sich wie beschrieben auf die Entwicklung der Programme aus. Auch die Medien teilen weitgehend die Bewertung der Union. Die Konjunktur komme jetzt in Fahrt, alles warte auf die Frühjahrbelebung, auch auf dem Arbeitsmarkt.[217] Die Süddeutsche Zeitung verhält
sich zurückhaltend und meldet lediglich „ungünstige Zahlen für den Februar"[218],
die weiter über vier Millionen lägen. Im April berichten alle Zeitungen einhellig
über eine eintreffende Frühjahrbelebung bezüglich der Zahlen aus dem März,
BILD sieht sinkende Arbeitslosigkeit und anziehende Konjunktur, dazu kommen
noch Ende April positive Prognosen der Wirtschaftsforschungsinstitute[219]. Auch
im Mai zitiert BILD den Präsidenten der Bundesanstalt für Arbeit, Bernhard
Jagoda mit positiven Aussichten: „Die Rezessionsfolgen lassen nach, es gibt
erste Lichtblicke am Arbeitmarkt."[220]

    Ab den Monaten Mai und Juni argumentiert die Union mit einem leichten
Aufschwung, der von den Wirtschaftsinstituten einhellig gesehen wird und ver-
einzelt zu Euphorie in den Reihen von CDU/CSU führt.[221] Die Union führt die
positiven Daten des Sommers 1994 auf ihre erfolgreiche Politik zurück[222]. Die
Opposition stellt sie als Resultat des Wahlkampfs dar.[223] Später wird die Entwicklung von der SPD in Zusammenhang mit der positiven Weltkonjunktur
gesehen.[224] In den Monaten bis Juni beachten die übrigen Medien die unspekta-
kulären Vorgänge auf dem Arbeitsmarkt kaum. Anfang Juni konstatiert die Süddeutsche Zeitung, das Wachstum helfe dem Arbeitsmarkt nicht, dagegen brächten hohe Gewinne die „Betriebe voran"[225] und belasteten mit ihrem Personalabbau die Sozialetats. BILD und Frankfurter Allgemeine Zeitung sind zu diesem
Zeitpunkt optimistisch: „Der Aufschwung ist da" und „Frühjahrs- und Konjunk-

[215] Lafontaine, Oskar: Pressemitteilungen der SPD vom 23.01.1994 und 08.03.1994.

[216] Hintze, Peter: Pressemitteilung der CDU vom 02.03.1994.

[217] Vgl. Der Arbeitsmarkt wartet auf die Frühjahrsbelebung. Frankfurter Allgemeine Zeitung Nr. 57
vom 09.03.94. S. 15; Konjunktur in Fahrt, aber mehr Arbeitslose. BILD vom 09.03.1994. S. 1.

[218] Ungünstige Zahlen für den Februar. Süddeutsche Zeitung Nr. 56 vom 09.03.1994. S. 1.

[219] Vgl. Arbeitslosigkeit runter, Konjunktur zieht an. BILD vom 08.04.1994. S. 1; Wirtschaft wächst.
BILD vom 27.04.1994. S. 1.

[220] 93.800 Arbeitslose weniger. BILD vom 06.05.1994. S. 1.

[221] Waigel spricht von einem „neuen Wirtschaftswunder". In: Verhaltener Optimismus. FAZ-
Konjunkturbericht. Frankfurter Allgemeine Zeitung Nr. 120 vom 26.05.1994. S. 15.

[222] Hintze, Peter: Pressemitteilung der CDU vom 06.09.1994.

[223] Lafontaine, Oskar: Pressemitteilung der SPD vom 27.05.1994.

[224] Dreßler, Rudolf: Pressemitteilung der SPD vom 05.10.1994.

[225] Wachstum heilt den Arbeitsmarkt nicht. Süddeutsche Zeitung Nr. 129 vom 08.06.94. S. 4.

turbelebung am deutschen Arbeitsmarkt"[226]. Die Arbeitslosigkeit ist Thema, auch wenn sie nicht als dramatisch wahrgenommen wird.

Als programmatische Äußerung, die aber in Zusammenhang mit der aktuellen Entwicklung gesehen werden muss, kann das Zehn-Punkte-Programm für mehr Beschäftigung gelten, das Kanzlerkandidat Scharping Anfang Juni vorlegt. Dieses wird in der Süddeutschen Zeitung besprochen und in Details vorgestellt. Danach sollten eine aktive Arbeitsmarkt- und Strukturpolitik sowie vor allem ein Beschäftigungspakt eine massive Senkung der Arbeitslosenzahl herbeiführen.[227] Die übrigen Medien ignorieren dieses Thema. Zudem versuchte die SPD in ihrer „Berliner Erklärung" Wege aufzuzeigen, die Arbeitslosigkeit bis zum Jahr 2000 zu halbieren.[228] Immer wieder versucht die SPD auf dem Gebiet anzugreifen und macht populistische Versprechen, wie beispielsweise das der Halbierung der Arbeitslosenzahl. Die konjunkturell bessere Situation Mitte des Jahres zwingt die Opposition zu einer neuen Richtung ihrer Argumentation. Nicht mehr die generelle wirtschaftliche Lage wird kritisiert, sondern die Tatsache, dass sich der Aufschwung nicht ausreichend auf den Arbeitsmarkt auswirke.[229] Die Bundesregierung sei ohne beschäftigungspolitisches Konzept.[230]

4.1.4 Einordnung und Ergebnisse

In der ersten Phase des Wahlkampfs legen die Parteien die Grundrichtung ihrer Argumentation in der nachfolgenden heißen Phase fest. Ausgehend von der wirtschaftlichen Lage, der Entwicklung auf dem Arbeitsmarkt und ihrem Status als Regierung oder Opposition entwickeln die Parteien ihre Argumentationsstrategien. Dabei berücksichtigten sie die aktuelle Situation und interpretieren sie zu ihren Gunsten. Sie legen sich ihre Aussagen so zurecht, dass sie ihrer Zielgruppe gefällig erscheinen. 1994 lassen sich die Anpassungsbemühungen der Parteien an die sich verändernde Situation sehr deutlich beschreiben. Die SPD als Oppositionspartei besetzt das Thema sehr viel aktiver und prominenter als die Union, hat diese doch als Regierungspartei eine magere Arbeitsmarktbilanz zu begründen. Die SPD popularisiert zusätzlich die emotionale Komponente des Themas: Scharping fordert bereits zu einem frühen Zeitpunkt, die Arbeitslosigkeit in den

---

[226] Frühjahrs- und Konjunkturbelebung am deutschen Arbeitsmarkt. Frankfurter Allgemeine Zeitung Nr. 130 vom 08.06.94. S. 15.
[227] Vgl. Scharping erläutert Programm gegen Arbeitslosigkeit. Süddeutsche Zeitung Nr. 126 vom 04.06.1994. S. 1.
[228] Vgl. Halbierung der Arbeitslosenzahl bis 2000. Frankfurter Allgemeine Zeitung Nr. 147 vom 28.06.94. S. 14.
[229] Lafontaine, Oskar: Pressemitteilung der SPD vom 06.07.1994.
[230] Hoff, Magdalene: Pressemitteilung der SPD vom 08.07.1994.

Mittelpunkt der Politik zu stellen. Damit versucht er den Eindruck zu erwecken, die Union kümmere sich nicht um das Thema.

In dieser frühen Phase 1994 zeigt sich, dass die Opposition glaubt, auf diesem Feld Zustimmung generieren zu können. Die Union ist in der Defensive, muss sich aber dem starken Druck stellen. Die unterschiedliche Ausgangssituation zeigt sich deutlich bei der Analyse der beiden Wahlprogramme. Flankiert von einem Vorsprung bei der Zuschreibung der Lösungskompetenzen durch die Wähler stellt die SPD das Thema offensiv nach vorne. Die Union sieht das Problempotenzial und stellt sich dem Thema, allerdings erst, nachdem sie ausführlich auf die Erfolgsgeschichte der deutschen Einheit verwiesen hat. Damit soll das Thema Arbeitslosigkeit durch ein Anknüpfen an den Erfolg von 1990 überdeckt werden.

Inhaltlich belegen die Programme, wie sehr die beiden Parteien in ihrer Auslegungs- und Argumentationsweise sich an die vermuteten Denkstrukturen ihrer Zielgruppe anpassen. Dies äußert sich insbesondere in der unterschiedlichen Bewertung der Rolle des Wachstums und der Frage nach einem Recht auf Arbeit. Die SPD interpretiert Arbeit als gesellschaftlichen Faktor und leitet unter anderem daraus ein Grundrecht auf Arbeit für den Einzelnen ab. Die Union konzentriert sich auf die ökonomische Komponente von Arbeit als Beitrag zum allgemeinen Wohlstand und richtet ihre Argumentation insbesondere auf den populären Begriff des Wachstums aus. Beide Zielrichtungen entsprechen den vermuteten unterschiedlichen Auffassungen der jeweiligen Wählerklientel. Die bürgerliche Wählerschaft profitiert von Wachstum und stabilen Preisen mehr und ist tendenziell weniger von Arbeitslosigkeit betroffen oder bedroht. Die SPD positioniert sich mit dem Beschwören des Rechts auf Arbeit als Anwalt der Arbeitslosen und stärker bedrohten sozialen Schichten. Bei einzelnen Randthemen sehen beide Parteien Potenzial, beispielsweise dem der Teilzeitarbeit. Die Union setzt hier aktiv mit einer Kampagne an, um bei den Betroffenen Zustimmung zu erreichen. Ein typisches Kennzeichen populistischen Agierens in Hinblick auf die Unterschiede zwischen Regierungsparteien und Opposition ist der Zeithorizont der Argumentation. Die SPD kritisiert die aktuelle Situation und die Misserfolge der zurückliegenden Zeit. Die Union konzentriert sich auf die Zukunft und prognostiziert bessere Zeiten auf dem Arbeitsmarkt. Dieses Motiv wiederholt sich in anderen Wahlkämpfen auch in umgekehrten Rollen.

Betrachtet man den Ablauf der ersten Phase des Bundestagswahlkampfs 1994, lassen sich stark populistisch motivierte Anpassungstendenzen der Parteien an die aktuelle wirtschaftliche Situation feststellen. Die Opposition übt in den ersten Monaten allgemeine Kritik an der Wirtschaftspolitik der Regierung. Die schleppende Entwicklung der Konjunktur lässt dies zu. Die Union weicht aus, verweist auf die Weltkonjunktur und prognostiziert eine Besserung für die nächste Zeit. Dies ist auch ein Motiv, dass sich in den kommenden Wahlkämpfen wiederholt. Als die Konjunktur an Fahrt gewinnt, schwenkt die Opposition um auf die speziell mäßige Situation auf dem Arbeitsmarkt. Das nun vorhandene Wachstum wirke sich aufgrund der schlechten und falschen Unionspolitik nicht auf den Arbeitsmarkt aus, so der Tenor. Die Regierung kann nun mit einem zarten Aufschwung argumentieren, den sie durch offensive Kommunikation unterstützt, also aktiv herbeigeredet hat. Auswirkungen auf den Arbeitsmarkt werden für die nahe Zukunft prognostiziert. Die SPD konzentriert sich im weiteren Verlauf des Wahlkampfs massiv auf das Thema, verspricht beispielsweise die Halbierung der Arbeitslosenzahl und legt hierzu verschiedene Programme vor. Die Union versucht zu erklären und entgegenzuhalten.

Die Skizze zeigt in einem kurzen Abriss die Situation nach den ersten Monaten des Jahres 1994. Die Weichen für eine verschärfte populistische Agitation in der heißen Phase des Wahlkampfs sind gestellt.

4.2 Heiße Phase des Wahlkampfs

4.2.1 Wirtschaftliche Situation

Vor dem Hintergrund eines zarten Aufschwungs beginnt Anfang August die heiße Phase des Wahlkampfs 1994. Die optimistische Stimmung in Bezug auf die wirtschaftliche Entwicklung hilft in dieser Phase der Union als Regierungspartei. Bereits im August beginnen jedoch die Institute, die Aussichten skeptischer zu bewerten als es die Bundesregierung tut. Das Ifo-Institut beschreibt ein beängstigendes Szenario für den Arbeitsmarkt. Die Unternehmen hätten die Krise zu einem Bereinigungsprozess genutzt und Mitarbeiter, die längerfristig verzichtbar sind, entlassen. Dies führe zu einer Sockelarbeitslosigkeit, die auch bei konjunkturellen Höhepunkten nicht mehr verschwinde.[231] Eine derartige Prognose geht konform mit der Argumentation der SPD, die die Wirtschaftspolitik der Union als unsozial darstellt und ihr ein jobless growth vorwirft: Eine Politik, die das Ziel Wachstum herausstelle, aber die Übertragung des Wachstums auf die Beschäftigungsentwicklung vernachlässige.

Die weitere Entwicklung der wirtschaftlichen Rahmendaten verläuft sehr günstig für die Unionsparteien. Im September endet der Rückgang der Beschäftigung im Osten, im Westen entspannt sich die Arbeitsmarktlage leicht.[232] Mittlerweile scheinen auch erste Wachstumsimpulse den Arbeitsmarkt zu errei-

---

[231] Vgl. Der Aufschwung gewinnt an Fahrt. FAZ-Konjunkturbericht. Frankfurter Allgemeine Zeitung Nr. 198 vom 26.08.1994. S. 13.
[232] 3,49 Millionen Arbeitslose im Vergleich zu 3,64 Millionen im August.

chen.[233] Kurz vor der Wahl meldet die Bundesanstalt für Arbeit eine weitere Besserung auf dem Arbeitsmarkt. Im Osten ginge die Erholung weiter. Die Beschäftigung habe erstmals seit der Wende in ganz Deutschland im zweiten Quartal 1994 wieder zugenommen.[234] Diese Tendenz verschaffte der Union eine optimale volkswirtschaftliche Argumentationsbasis für eine optimistische Prognose der weiteren Entwicklung.

4.2.2 Medienarbeit der Parteien und Klima der Berichterstattung

In der ab etwa Anfang August beginnenden heißen Phase des Wahlkampfs konzentrieren sich die Parteien auf das Thema Arbeitslosigkeit. Zur Vorstellung der Arbeitsmarktzahlen des Monats Juli kritisiert Lafontaine die Regierung wegen des mangelnden Beschäftigungsaufschwungs und stellt die zu diesem Zeitpunkt im Vergleich zum Vorjahr höhere absolute Arbeitslosenzahl heraus. Er vermeidet ein Eingehen auf die für ihn aktuell ungünstige Tendenz. Dafür prognostiziert er eine negative Entwicklung für die Zukunft. Danach würden im Dezember mehr als vier Millionen Menschen arbeitslos sein.[235] Lafontaine: „Die Wirtschaftspolitik muss endlich die Voraussetzungen dafür schaffen, dass es in Deutschland zu einem echten Beschäftigungsaufschwung kommt." Damit wird eine positive Entwicklung der Wirtschaft nicht in Frage gestellt, aber dennoch die Politik der Bundesregierung wegen der mangelnden Wirkung auf den Arbeitsmarkt negativ dargestellt. Am Folgetag ergänzt die SPD diese Aussagen um eine konkrete Forderung nach einem Beschäftigungspakt mit Arbeitgebern, Gewerkschaften und der Bundesbank, der eine Wende einleiten solle.[236] Das Forcieren von Pakten ist ein Indikator wirtschaftspopulistischer Politik. Das kommunikative Motiv, wie es von der Bevölkerung gehört werden soll, lässt sich einfach zusammenfassen: „Wenn die da oben sich endlich mal zusammensetzen und was tun, dann passiert auch etwas."

Als weiteres Thema zu diesem Zeitpunkt sind vor allem fiskalpolitische Auseinandersetzungen um das sogenannte Steuersenkungsprogramm der SPD erwähnenswert. Die SPD erhofft sich davon Impulse für den Arbeitsmarkt. Die Union kritisiert das Steuersenkungsprogramm als unseriös und als Wählertäu-

---

[233] Vgl. Der Aufschwung trägt sich selbst. FAZ-Konjunkturbericht. Frankfurter Allgemeine Zeitung Nr. 227 vom 29.09.1994. S. 15.
[234] Vgl. Es geht weiter aufwärts. FAZ-Konjunkturbericht. Frankfurter Allgemeine Zeitung Nr. 253 vom 31.10.1994. S. 15.
[235] Lafontaine, Oskar: Pressemitteilung der SPD vom 03.08.1994.
[236] Lafontaine, Oskar: Pressemitteilung der SPD vom 04.08.1994.

schung.[237] Die SPD wirft der Bundesregierung vor, sie plane eine Steuerlüge.[238] Die SPD eröffnet auf diese Weise Nebenkriegsschauplätze, die sich inhaltlich auf die Arbeitslosigkeit beziehen. Da sie das Thema als populär erkannt hat, bringt sie alle Bereiche, bei denen das möglich ist, mit ihm in Verbindung. Dies gilt an anderer Stelle auch für die Union, die sich bei den Steuern aufgrund vorausgegangener Erhöhungen in der Defensive befindet.

In den folgenden Wochen verläuft die Entwicklung auf dem Arbeitsmarkt massiv zugunsten der Union. Die Arbeitslosenzahl sinkt im August relativ stark ab, während sie im Vorjahreszeitraum weitgehend konstant geblieben war. Die Vorstellung der August-Zahlen gibt der Union Gelegenheit, ihre Politik „für Wachstum und Beschäftigung"[239] als erfolgreich darzustellen. Die SPD gerät in die Defensive und ihr Kommunikationskonzept muss als gescheitert gelten. Sie bemängelt am selben Tag, die Bundesregierung habe im Westen aufgegeben und im Osten nützten die arbeitsmarktpolitischen Maßnahmen nicht.[240] Zu diesem Zeitpunkt hatte die Union bei dem Thema einen klaren Vorteil. Diese Stimmung wird auch in den Medien positiv wiedergegeben. Bis in den September hinein bleibt das Bild des Arbeitsmarkts eher positiv, ein Anstieg im Juli wird als saisonbedingt gewertet.[241] Mit den Augustzahlen wird die Stimmung insgesamt noch einmal etwas positiver, laut Frankfurter Allgemeiner Zeitung erreicht der Aufschwung „erstmals auch den Arbeitsmarkt"[242], BILD sieht gar in der gesamten EU „goldene Wirtschaftszeiten"[243]. Diese Entwicklung verläuft für die SPD ungünstig, ihre Argumente zur Arbeitslosigkeit verlieren an Gewicht. Das Motiv der sozialen Gerechtigkeit, bei dem die SPD allgemein als kompetent gilt, bleibt aber weiter präsent. So weicht die SPD auf Randaspekte der Arbeitslosenproblematik aus. Sie kritisiert die hohe Jugendarbeitslosigkeit[244] und kündigt eine Aktion dazu an, sie thematisiert eine „Lehrstellen-Lüge"[245] des Kanzlers und verspricht dazu ein eigenes Programm und beklagt die mangelnde Integration von Langzeitarbeitslosen, deren Förderprogramme ausgelaufen waren[246].

---

[237] Kiefer, Rolf: Pressemitteilung der CDU vom 12.08.1994.
[238] Lafontaine, Oskar: Pressemitteilung der SPD vom 10.06.1994.
[239] Hintze, Peter: Pressemitteilung der CDU vom 06.09.1994
[240] Dreßler, Rudolf: Pressemitteilung der SPD vom 06.09.1994.
[241] Vgl. Nürnberger Bundesanstalt benötigt Bonner Zuschuß nicht voll. Süddeutsche Zeitung Nr. 179 vom 05.08.1994. S. 1.
[242] Aufschwung erreicht erstmals auch den Arbeitsmarkt. Frankfurter Allgemeine Zeitung Nr. 210 vom 09.09.94. S. 15.
[243] Goldene Wirtschaftszeiten in der EU. BILD vom 05.09.1994. S. 1.
[244] Hildebrandt, Regine: Pressemitteilung der SPD vom 20.08.1994.
[245] Bergmann, Christine: Pressemitteilung der SPD vom 17.09.1994.
[246] Dreßler, Rudolf: Pressemitteilung der SPD vom 26.09.1994.

Im Oktober meldet die Union, der Aufschwung habe den Arbeitsmarkt erreicht und die arbeitsmarktpolitischen Maßnahmen zeigten Wirkung.[247] Auch
kurz vor der Wahl werden Anfang Oktober positive Zahlen berichtet. Die Strategie der Union ist aufgegangen, stets eine Besserung auf dem Arbeitsmarkt zu
prognostizieren. Inwieweit sie über aktive Arbeitsmarktpolitik selbst diese Besserung herbeigeführt hat, wird in der nachfolgenden Zeit Thema sein. Die Union
versuchte 1994 über gezielt eingesetzte Arbeitsbeschaffungsmaßnahmen, die
Quote vor der Wahl zu senken. Die Süddeutsche Zeitung zitiert dazu noch vor
der Wahl sehr prominent den Präsidenten der Bundesanstalt für Arbeit, Bernhard
Jagoda, wonach das Sinken der Arbeitslosigkeit unter 3,5 Millionen auch als
„Verdienst der Arbeitsmarktpolitik"[248] gesehen werden muss. Die SPD ist zu
einem weiteren Nachjustieren ihrer Argumentation gezwungen: Sie muss die
Erfolge der Regierung in Abrede stellen. Es handele sich im September um einen
saisonalen Rückgang der Arbeitslosigkeit. Weil die Regierung die Binnenkonjunktur abgewürgt habe, sei die Situation auf dem Arbeitsmarkt jedoch weiter
bedrohlich. Der Vorsitzende der Arbeitsgemeinschaft für Arbeitnehmerfragen
der SPD, Dreßler, sieht die Situation im September vor dem Hintergrund einer
anziehenden Weltkonjunktur, die für die Besserung auf dem Arbeitsmarkt verantwortlich sei.[249] Ein populistisches Anpassen an die Situation hält bis zuletzt
an. In den letzten Wochen vor der Wahl ziehen beide Seiten Bilanz und gehen
dabei insbesondere auf die wirtschaftliche Entwicklung in Ostdeutschland ein.
Die SPD stellt fest, dass es im Osten nicht läuft[250] und der Bundeskanzler beschreibt einen Aufholprozess in den neuen Ländern[251].

Am 30. September präsentiert die SPD mit einem 100-Tage-Programm für
die erste Zeit nach der geplanten Regierungsübernahme gebündelt die Inhalte
ihrer Kampagne. Zentrale Momente sind die „Stärkung der deutschen Wirtschaft", „sichere Arbeitsplätze" und „mehr Gerechtigkeit".[252] Von der Schaffung
neuer Arbeitsplätze ist erst unter der Überschrift „Arbeitsmarktoffensive: Arbeit
statt Arbeitslosigkeit"[253] die Rede. Hier werden arbeitsmarktpolitische Maßnahmen und eine Teilzeitinitiative angekündigt, die „so schnell wie möglich"[254]
etwa 700.000 Menschen aus der Arbeitslosigkeit herausführen sollen. Zur Finanzierung soll unter anderem eine „Umschichtung der Mittel, die jetzt vor allem
zur Finanzierung der Arbeitslosigkeit ausgegeben werden, hin zur Finanzierung

---

[247] Hintze, Peter: Pressemitteilung der CDU vom 05.10.1994.
[248] Zahl der Arbeitslosen sinkt unter 3,5 Mio. Süddeutsche Zeitung Nr. 230 vom 06.10.1994. S. 1.
[249] Schröder, Gerhard sowie Dreßler, Rudolf: Pressemitteilungen der SPD vom 05.10.1994.
[250] Schröder, Gerhard und Wolfgang Thierse: Pressemitteilung der SPD vom 15.09.1994.
[251] Pressemitteilung der CDU vom 07.10.1994.
[252] SPD: Für ein gerechtes und friedliches Deutschland. Bonn 1994. S. 1.
[253] Ebd. S. 2
[254] Ebd.

von Arbeit"[255] erfolgen. Die Inhalte des Programms dokumentieren die Ratlosigkeit der Partei bezüglich echter Maßnahmen und sinnvoller Vorschläge. Die Idee, das Geld für die Arbeitslosenunterstützung in die Schaffung neuer Arbeitsplätze zu investieren, ist eine inhaltlich völlig leere Ankündigung. Das Programm orientiert sich weitgehend an der kommunikativen Strahlkraft seiner Vorschläge. Die Union kritisiert dann auch erwartungsgemäß seine „unseriöse Finanzierung"[256]. Das 100-Tage-Programm der SPD wird in den Medien relativ ausführlich dargestellt: „Scharpings Pläne: Erst Wirtschaft, dann Arbeit, dann Umwelt"[257]. Die Zeitung zitiert Scharping mit der Aussage, er wolle die Arbeitslosenzahl so schnell wie möglich um 700.000 senken. Die Süddeutsche Zeitung hebt das Ziel hervor, zwei Millionen Arbeitsplätze bis 1998 schaffen zu wollen.[258] Seitens der Union wurde Arbeitsmarktpolitik in den programmatischen Äußerungen nur zurückhaltend kommuniziert und in den Medien analog kaum thematisiert.

4.2.3 Einordnung und Ergebnisse

Der Eindruck eines agilen Anpassungsprozesses an das kommunikative Klima und die Faktenlage durch die Parteien setzt sich auch in der heißen Phase des Wahlkampfs fort. Diese Prozesse belegen in ihren Details eine auf Wirtschaftspopulismus hindeutende Vorgehensweise im Wahlkampf, die weder einer klaren Strategie folgt, noch Expertise zu Grunde legt.

Die Muster der Kommunikation beider Parteien sind klar erkennbar: Beide Parteien reagieren auf die aktuelle Situation und passen ihre Argumentation entsprechend an, um unter Berücksichtigung der Kompetenzzuschreibungen der Bevölkerung maximale Zustimmung zu generieren. Die Opposition versuchte ihre Kritik zunächst auf möglichst viele Bereiche auszudehnen, die Faktenlage im August und September schränkt diese Möglichkeiten jedoch mehr und mehr ein. So sieht sich in diesem Fall die Opposition zu ständig neuen Manövern gezwungen, um die Regierung stellen zu können. Dabei muss sie ständig Bedenken haben, zu pessimistisch zu wirken und gleichzeitig doch die aus ihrer Sicht dramatische Situation beschreiben. Denn obwohl die Institute zurückhaltend in die Zukunft schauen, greift auch die Opposition diese Tendenzen kaum auf. Pessi-

---

[255] SPD: Für ein gerechtes und friedliches Deutschland. Bonn 1994. S. 2.
[256] Hintze, Peter: Pressemitteilung der CDU vom 30.09.1994.
[257] Scharpings Pläne: Erst Wirtschaft, dann Arbeit, dann Umwelt. Frankfurter Allgemeine Zeitung Nr. 229 vom 01.10.1994. S. 1.
[258] Vgl. Scharping stellt "100-Tage-Sofortprogramm" vor. Süddeutsche Zeitung Nr. 227 vom 01.10.1994. S. 2.

mismus gilt nicht als populär. Die Regierung übt sich durchgehend in Optimismus, für den sie zusehends auch Argumente findet.

Die heiße Phase 1994 zeigt eindrucksvoll, dass die Tendenz einer Entwicklung in der Wahlkampfkommunikation bei weitem ausschlaggebender ist, als die absolute Situation. Die Union nutzt in der heißen Phase geschickt die Zunahme der Beschäftigung und das Ende des Rückgangs im Osten, um sich über eine günstige Prognose für die Zukunft in Szene zu setzen.

4.3 Wahl

4.3.1 Thema Arbeitslosigkeit und die Wahlentscheidung

Im Wahlkampf 1994 standen die Lasten der deutschen Einheit im Mittelpunkt. Darunter litt die der Regierung im Wahljahr „zugeordnete Kompetenz in Wirtschaftsfragen (...) sehr deutlich"[259]. Betrachtet man die verschiedenen Themen auf der politischen Agenda während der Legislaturperiode, war im Westen vorübergehend die Asylbewerberproblematik dominierend. „Im Osten war über die gesamte Legislaturperiode die Arbeitslosigkeit konstant das Problem Nummer eins."[260] Ab Anfang 1993 bis zum Wahltag galt dies auch für Westdeutschland.

Den ökonomischen Sachfragen wird in den Analysen ein großer Einfluss auf das Wahlverhalten zugeschrieben. Bei der Frage nach der wirtschaftlichen Lage „überwiegen im Bewusstsein der Bevölkerung im Superwahljahr 1994 die Unsicherheiten"[261]. In Kombination mit dem Befund, dass über die Hälfte der Wähler davon ausgehen, dass „ihre persönliche wirtschaftliche Situation davon beeinflusst ist, wer in Bonn regiert"[262], ergibt sich ein Hinweis darauf, dass das Thema Arbeitslosigkeit bei der Bundestagswahl 1994 eine wesentliche Rolle gespielt hat. „63 Prozent der Westdeutschen und 75 Prozent der Ostdeutschen nannten in der Woche vor der Wahl auf eine offene Frage nach dem wichtigsten Problem in Deutschland (...) Arbeitslosigkeit als das wichtigste Problem."[263] Auch die wirtschaftliche Lage wurde entsprechend schlecht beurteilt, in der Woche vor der Bundestagswahl sagten nur 24 Prozent der Westdeutschen, die allgemeine wirtschaftliche Lage sei gut. Dies stellt zwar gegenüber Mitte 1993

---

[259] Jung, Matthias/Dieter Roth: Kohls knappster Sieg. Eine Analyse der Bundestagswahl 1994. In: Aus Politik und Zeitgeschichte. Heft 51-52/1994. S. 3-15. S. 4.
[260] Ebd. S. 5.
[261] Bürklin, Wilhelm/Dieter Roth: Das Superwahljahr. Eine Analyse der Bundestagswahl 1994. In: Aus Politik und Zeitgeschichte. Heft 51-52/1994. S. 3-15. S. 22.
[262] Jung und Roth: Kohls knappster Sieg. 1994. S. 5.
[263] Ebd.

eine Verbesserung dar. Zu dem Zeitpunkt war der Wert auf 10 Prozent gesunken. Im Osten wurde die Lage durchgehend überwiegend schlecht beurteilt.[264] Ab Februar 1994 glauben immer mehr Wähler in Ost und West an einen wirtschaftlichen Aufschwung, auch wenn dies erst im Mai durch Wirtschaftsdaten bestätigt wurde. Im Zuge dieser Entwicklung konnte die Regierung auch Kompetenzzuschreibungen auf dem Gebiet der Wirtschaft zurückgewinnen.

Die Ziele, die Arbeitslosigkeit zu senken und die Konjunktur anzukurbeln, sorgen für Konfliktstoff im Wahlkampf. Beide Ziele stehen zum Teil im Konflikt miteinander und begünstigen die großen Parteien unterschiedlich. „Zwar wird der SPD die Kompetenz zur Lösung des Arbeitslosenproblems eher zugeschrieben als den Regierungsparteien, aber über die Mobilisierung ihrer Stammklientel hinaus kann sie daraus keinen Nutzen ziehen.[265] Arbeitslosigkeit wurde als wichtigstes Problem bezeichnet, „aber lediglich 13 Prozent der berufstätigen Westdeutschen hielten ihren Arbeitsplatz für gefährdet"[266]. Das Thema als solches war erkannt, eine Auswirkung auf die individuelle Wahlentscheidung ist jedoch 1994 bei den allermeisten Wählern fraglich. Arbeitslosigkeit war ein wichtiges Thema, wenn auch noch nicht so beherrschend wie in den Jahren 1998 und 2002.

Die Themen des Wahljahrs 1994 spiegeln einige generelle Trends der 90er Jahre wieder und sind geprägt von den mit der Einheit entstandenen strukturellen Veränderungen in der Wählerschaft. So wurde mit dem Beitritt des Gebietes der ehemaligen DDR die Bundesrepublik „sozial unterschichtet"[267], da die Mehrheit der Ostdeutschen der Arbeiter- und Angestelltenschicht zuzuordnen ist. In Verbindung mit der hohen Arbeitslosigkeit im Osten führt auch die strukturelle Situation zu einer stärkeren Rolle des Themas im vereinten Deutschland. Ein genereller Trend der 90er Jahre brachte eine Verschiebung bei der Bewertung unterschiedlicher politischer Sachfragen mit sich. Während in den 70er und 80er Jahren längerfristige ökologische Überlebensfragen eine große Rolle spielten, „scheinen es in den 90er Jahren eher die dringlichen Probleme der ökonomischen und sozialen Statussicherung (...) zu sein"[268], die in Wahlkämpfen zum Tragen kommen.

Das Wahlergebnis vom 16. Oktober 1994 fügt sich in diesen Trend ein, allerdings lässt sich kaum ein Zusammenhang zwischen Sozialstruktur und der Rolle des Themas Arbeitslosigkeit bei der Wahlentscheidung herstellen. Die SPD erzielte bei den Arbeitern zwar mit 45 Prozent Stimmenanteil ein deutlich

---

[264] Vgl. Jung und Roth: Kohls knappster Sieg. 1994. S. 5f.
[265] Ebd. S. 7.
[266] Ebd.
[267] Bürklin und Roth: Das Superwahljahr. 1994. S. 23.
[268] Ebd. S. 22.

überdurchschnittliches Ergebnis, weit vor der Union mit 37 Prozent.[269] Da der SPD 1994 die Lösungskompetenz bei der Arbeitslosigkeit eher zugeschrieben wird, passt dies ins Bild. Bei den besser verdienenden und zum damaligen Zeitpunkt tendenziell weniger von Arbeitslosigkeit bedrohten Angestellten lag bereits die Union knapp vorne. Die Arbeiter in Ostdeutschland entschieden sich jedoch mit 41 Prozent für die CDU, während die SPD nur 35 Prozent erreichen konnte. Die traditionelle Orientierung der Arbeiter zugunsten der SPD und die Zuschreibung der Lösungskompetenz bei der Arbeitslosigkeit gilt in den neuen Ländern weniger oder spielt zumindest eine untergeordnete Rolle.

Zu Beginn der Wahlkampfs herrscht aufgrund von Umfragedaten die klare Erwartungshaltung, dass eine SPD-geführte Bundesregierung die Regierung Kohl ablösen werde. Alle Umfragewerte sprechen für dieses Szenario. Der Stimmungsumschwung im Mai und Juni beruhte im wesentlichen auf zwei Faktoren: Der bevorstehende Wirtschaftsaufschwung und verschiedene Fehler der Sozialdemokraten und ihres Kandidaten. Die Union konnte also erfolgreich auf die „ökonomische Karte"[270], Wirtschaft und Arbeit, setzen. Das glücklose Agieren des SPD-Kandidaten Rudolf Scharping erleichterte den Wahlkampf der Union, „nicht zuletzt die Verwechslung von brutto und netto im Zahlenmaterial der SPD-Vorschläge zu Solidarzuschlag und Ergänzungsabgabe"[271]. Die Kompetenzzuweisungen in den Bereichen Wirtschaft und Arbeit an die SPD wurden dadurch erschüttert.

4.3.2 Die Realität der folgenden Legislaturperiode

Das Thema Arbeitslosigkeit stand während der gesamten Legislaturperiode im Mittelpunkt des politischen Geschehens. Die Regierungszeit von 1994 bis 1998 war als erste im Nachkriegsdeutschland von diesem Thema durchgehend determiniert.[272] Die Union hatte im Wahlkampf 1994 erfolgreich auf ihren Kompetenzvorsprung bauen können, im Verlauf der folgenden Legislaturperiode verlor sie das Vertrauen der Wähler in diesem Bereich.

Der Aufschwung auf dem Arbeitsmarkt, von dessen Prognose die Union im Wahlkampf stark profitiert hatte, blieb weitgehend aus. Die Diskussion um die „Wahlkampf-ABM" der Regierung Kohl schadete der Union zusätzlich. Nach

---

[269] Vgl. Jung und Roth: Kohls knappster Sieg. 1994. S. 11.

[270] Ebd. S. 7.

[271] Schultze, Rainer-Olaf: Widersprüchliches, Ungleichzeitiges und kein Ende in Sicht: Die Bundestagswahl vom 16. Oktober 1994. In: Zeitschrift für Parlamentsfragen. Heft 2/1995. S. 325-352. S. 331.

[272] Vgl. Jung und Roth: Wer zu spät geht, den bestraft der Wähler. 1998. S. 8.

dem Auslaufen einiger arbeitsmarktpolitischer Programme im Oktober 1994 waren die Arbeitslosenzahlen im Osten wieder angestiegen. Zunächst konnte die Regierung jedoch vom desolaten Zustand der SPD profitieren, die erst als Lafontaine 1995 den Parteivorsitz übernahm wieder ernsthafte Oppositionsarbeit leisten konnte. Das Prinzip Hoffnung, von dem die Union 1994 profitiert hatte, funktionierte 1998 nicht mehr in dem Maße. Das Herbeibeten von Aufschwung und Beschäftigung hatte keinen Erfolg, Versprechungen aus dem Wahlkampf spielten keine Rolle in der Realität der nachfolgenden Regierungsarbeit.

Im Verlauf der Legislaturperiode nahm das Vertrauen in die ökonomische Kompetenz der Regierung kontinuierlich ab.[273] Die von der Union im Wahlkampf propagierten Forderungen, wie beispielsweise nach einer großen Steuerreform, scheiterten. Dieses Scheitern der zwar ohnehin unpopulären Steuerreform kostete die Union weitere Sympathiepunkte. Das im Verlauf der Legislaturperiode gegebene Versprechen Kohls, die Arbeitslosigkeit zu halbieren, war zu keinem Zeitpunkt glaubwürdig vermittelbar. Auch mit dieser populistischen Hypothek ging die Union in den Wahlkampf 1998. Von vielen anderen Forderungen aus dem Wahlkampf blieben kaum mehr als zaghafte Versuche. Äußerungen in Wahlkämpfen sind nicht gleichzusetzen mit tatsächlichen Absichtserklärungen für die Regierungstätigkeit und deshalb populistisch. Die Bevölkerung traute schließlich auch keiner der großen Parteien zu, die Probleme auf dem Arbeitsmarkt zu lösen. Relativ gesehen aber lag die SPD vorne, weshalb sie 1998 massiv in diesem Bereich angriff.

4.4 Auswertung

Regierung und Opposition sind zu Beginn des Wahlkampfs durch die Situation auf Argumentationsrichtungen festgelegt. Die Union greift als Gestalterin der Einheit auf die Erfolgsgeschichte des gelungenen Zusammenschlusses der deutschen Staaten zurück. Dabei muss der Schwerpunkt auf der Kommunikation des Fakts des Zustandekommens der Deutschen Einheit liegen, die Entwicklung nach 1990 gibt der Union weniger Stoff für eine erfolgreiche Darstellung der Regierungsarbeit. Die Begleiterscheinungen der Einheit sind vielmehr von der SPD in Anspruch genommenes Kritikfeld. Die hohe Arbeitslosigkeit in Ostdeutschland als Folge des Abwickelns der DDR-Staatsbetriebe leitet eine neue Dimension dieser Problematik in der Bundesrepublik Deutschland ein. Sie hat den Bundestagswahlkampf 1994 entscheidend mitbestimmt, wenngleich zu diesem Zeitpunkt noch anderen Themen, wie die Asylrechtsänderung, eine Rolle

---

[273] Jung und Roth: Wer zu spät geht, den bestraft der Wähler. 1998. S. 8.

gespielt haben. Auch Beobachter sehen 1994 im Vergleich zu den späteren Wahlkämpfen eine weniger prominente Rolle des Themas. „Ich glaube, die Arbeitslosigkeit hat uns ja noch nicht in dem Maße geplagt und in Folge dessen war es auch noch nicht das Thema. 94 waren (...) mehr Sicherheitsfragen und die Formel ‚Freiheit statt Sozialismus' hat auch noch eine Rolle gespielt."[274]

Die unterschiedlichen Ausgangspositionen von Regierungspartei und Opposition sind eine prägende Linie des Wahlkampfs. Die zweite ist bestimmt von ideologischen Auffassungsunterschieden bei der Bewertung der Rolle von Arbeit in der Gesellschaft. Die SPD postuliert ein Recht auf Arbeit, das nicht nur die Funktion als Broterwerb meint, sondern Arbeit als Recht auf Selbstverwirklichung und Teilhabe an der Gesellschaft betrachtet. Damit generiert die Opposition eine Erwartungshaltung an die Regierung, die Arbeitslosenzahlen zu senken. Die SPD suggeriert dem Wähler, die Regierung sei für die hohe Arbeitslosigkeit verantwortlich und habe die Möglichkeiten, in großem Umfang Beschäftigung schaffen zu können. Diese Position dient der Mobilisierung eigener Wähler, stützt sich jedoch vor allem auf das Ziel der Popularisierung und lässt die tatsächlichen Möglichkeiten einer Bundesregierung außer acht. Ein Grundrecht auf Arbeit zu postulieren und damit eine absolute Erwartungshaltung an eine Bundesregierung zu erwecken, muss als populistische Zustimmungssuche unter Nichtbeachtung wirtschaftspolitischer Fakten gewertet werden. Dabei setzt die Opposition das Thema vorsätzlich auf die Agenda der Wähler. Persönlich fühlen sich nur sehr wenige von Arbeitslosigkeit bedroht. So ist es auch Ergebnis des Wahlkampfs der Oppositionspartei, Arbeitslosigkeit als Wahlkampfthema einzuführen. 1994 gelingt dies der SPD noch nicht in dem Umfang wie 1998.

Die Union setzt im Gegensatz zur Grundrecht-Linie der SPD auf den Begriff des Wachstums als populäres Ziel der Wirtschaftspolitik. Arbeit wird eher in seiner ökonomischen Funktion als Broterwerb gesehen. Mehr Beschäftigung entstehe im Zuge wirtschaftlichen Wachstums. Dieses zu erreichen wird als vorrangiges Ziel der Politik kommuniziert. Die Konzentration auf das Wachstum, als populären Ausdruck einer dynamischen gesellschaftlichen Entwicklung mit dem Ziel eines möglichst schichtenübergreifenden Wohlstands in ganz Deutschland ist in ihrer Popularisierungskraft auf eine andere Klientel zugeschnitten. Die Union glaubt, ihre Wähler mit dem Ziel Wachstum in einer freiheitlichen Marktwirtschaft erreichen zu können, während die SPD auf das Grundrecht auf einen Arbeitsplatz für den kleinen Mann setzt. Analog zur Einführung der Arbeitslosigkeit als Wahlkampfthema gelingt es der Union, den von ihr prognostizierten Aufschwung auch mit herbeizureden. Das Phänomen des wahlkampfinduzierten Aufschwungs wird sich auch in späteren Wahljahren

---

[274] Boenisch, Peter: Gespräch mit dem Autor am 16.07.2004.

beobachten lassen. Anhand dieser Linien zeigt sich die emotionale Komponente der Wahlkampfthematik Arbeitslosigkeit. Die SPD versucht ein Gefühl der Vernachlässigung der Arbeitlosen und von Arbeitslosigkeit Bedrohten durch die Regierung zu erzeugen. Die Union setzt auf dynamische Stimmung, auf Voranschreiten und Aufbruch, eben Wachstum.

In den einzelnen Situationen des Wahlkampfs finden sich vergleichbare Motive wirtschaftspopulistischen Verhaltens in der konkreten Kommunikation beider Parteien wieder. Beispiel ist das Argument der Weltkonjunktur. Im Frühjahr des Jahres 1994 schien die konjunkturelle Entwicklung nicht in Schwung zu kommen und die Prognosen sahen auch für die kommenden Monate eine Flaute voraus. In dieser Situation argumentiert die Union mit der lahmenden Weltkonjunktur, von der Deutschland ja abhänge, während die SPD die Bundesregierung für fehlende Impulse verantwortlich macht. Als im Herbst die ersten Auswirkungen des Wachstums den Arbeitsmarkt erreichen, sieht die Union ihre Prognosen bestätigt und reklamiert die Erfolge für sich. Die SPD bewertet die sinkende Arbeitslosigkeit dagegen als Resultat der nun anziehenden Weltkonjunktur, die sich eben auf Deutschland auswirke. Beide Parteien betrachten die Weltkonjunktur offensichtlich als höhere Gewalt, die von jeder Seite zur Begründung von Erfolgen oder Misserfolgen herangezogen werden kann.

Eine verbreitete populistische Kommunikationsweise ist es auch, komplexen Sachverhalten in Wahlkämpfen mit einfachen Lösungsvorschlägen zu begegnen. 1994 ist es vor allem die SPD-Opposition, die in diesem Punkt auffällt. Sie fordert in ihrem Wahlprogramm, Arbeit statt Arbeitslosigkeit zu finanzieren. In einem 100-Tage-Programm kurz vor der Wahl erklärt sie die Absicht, möglichst viele Arbeitslose so schnell wie möglich in Arbeit zu bringen.[275] Angesichts dieser Formulierungen kann von wirtschaftspolitischen Lösungsvorschlägen kaum die Rede sein. Es werden vage richtige Dinge gefordert, die beim Wähler gut ankommen sollen. Mit diesen Forderungen, so wird sich zeigen, haben die Parteien sich selbst die Möglichkeit genommen, bei der Frage nach Möglichkeiten der Bekämpfung der Arbeitslosigkeit ernst genommen zu werden und Kompetenzen zugeschrieben zu bekommen. Auch das Motiv des Pakts gehört in diese Kategorie. Der Vorschlag, dass sich alle mal zusammensetzen und etwas tun sollen, gilt generell als populär. Auf diese Weise wird auch gleich gegen mögliche eigene Verantwortung vorgebaut. Immerhin bezieht dieser Vorschlag mit ein, dass zur Lösung des Problems mehrere Beteiligte gefordert sind und nicht nur die Bundesregierung. Als Ziel ihrer Vorschläge gilt eine Halbierung der Arbeitslosenzahl, wie von der SPD im Sommer 1994 bis zum Jahr 2000 in Aussicht gestellt.

---

[275] Vgl. SPD: Für ein gerechtes und friedliches Deutschland. 1994. S. 2

Ein Kennzeichen von Wirtschaftspopulismus ist Übertreibung. So werden leichte günstige Tendenzen grundsätzlich zur Trendwende. Die leichten Verbesserungen im Sommer 1994 konnten von der Union als Vorboten des großen Aufschwungs dargestellt werden, auch wenn die Wirtschaftsforschungsinstitute anderer Auffassung waren. Auch die Opposition konnte wegen eines weiteren Indikators für wirtschaftspopulistisches Verhalten nicht einschreiten: Dem Motiv der positiven Zukunftsbewertung. Grundsätzlich scheint es ein Gesetz populärer Wirtschaftspolitik zu sein, die künftige Entwicklung nach einer Wahl stets positiv zu sehen. Das gilt für Regierungspartei wie Opposition und lässt sich am Beispiel des Wahljahres 1994 wie beschrieben belegen. Die Union zeigte während des kompletten Wahljahres ungebrochenen Optimismus, der sich in den Wochen vor der Wahl auch zu bestätigen schien. Obwohl viele Wirtschaftsforschungsinstitute vor der Wahl vor einem Einbrechen der Konjunktur warnen, greift die Opposition diese Warnungen nicht auf, da sie ja von einer Regierungsübernahme ausgeht und danach alles besser werden soll. In einem früheren Stadium des Wahlkampfs war das noch nicht so. Da prognostizierte Lafontaine eine massiv ansteigende Arbeitslosenzahl zum Ende des Jahres für den Fall, dass sich die Politik nicht ändere, sprich die SPD nicht gewählt würde.[276] Die Zukunft ist also stets positiv, es sei denn, die anderen regieren.

Das Ausweichen auf Randaspekte ist auch ein 1994 zu konstatierendes Motiv wirtschaftspopulistischer Wahlkampfführung. Die SPD führt, als die Entwicklung auf dem Arbeitsmarkt positiv verläuft, das Thema Jugendarbeitslosigkeit ein. Sie konzentriert sich auf einen Aspekt, der emotional anspricht und für die Bundesregierung ungünstig ist. Eine „Lehrstellenlüge" habe die Unionsregierung begangen, heißt es bei der SPD. Neben der Steuerlüge ist dies ein weiterer Terminus mit dem im Wahlkampf beliebten Begriff der Lüge in Bezug auf Ankündigungen der Gegenseite. Denn demzufolge betreibt Wirtschaftspopulismus immer nur der Gegner. Weiterer Randaspekt: Mitleid mit den Langzeitarbeitslosen soll Zustimmung bringen, hier waren Förderprogramme ausgelaufen. Populistische Kritik muss in Wahlkämpfen aber keineswegs immer zielgerichtet oder sinnvoll erfolgen. Wenn Argumente fehlen und Randaspekte nicht greifbar sind, kann man dem Gegner auch pauschal unterstellen, an der einen Stelle nichts und an der anderen das Falsche zu tun.[277]

Im Bundestagswahlkampf 1994 hatte die Union verschiedene Lasten der zurückliegenden Legislaturperiode zu tragen. Die Enttäuschung der Menschen in Ost wie West über die negative Entwicklung in Ostdeutschland war enorm. Die Steuererhöhungen waren verbreitet als Steuerlüge aufgefasst worden. Zwar rangierte auch 1994 die deutsche Einheit noch ganz oben auf der politischen Agen-

---

[276] Lafontaine, Oskar: Pressemitteilung der SPD vom 03.08.1994.
[277] Dreßler, Rudolf: Pressemitteilung der SPD vom 06.09.1994.

da, „allerdings stand dabei nicht die Euphorie über die erreichte Einheit der Na-
tion wie vor der Wahl 1990 im Vordergrund, sondern die Lasten der Einheit"[278].
Auf der anderen Seite hatte der Herausforderer Rudolf Scharping Probleme, sich
als kompetent zu positionieren. Eine wesentliche Rolle spielte die Verwechslung
von Brutto und Netto in einer Wahlkampfrede Scharpings. „Das ist zum Beispiel
einer dieser Knaller, der ihn fast den Wahlsieg gekostet hat. Wenn man sagt:
Kohl kann nicht rechnen, der kann das nicht. Und dann stellt sich ganz offen
heraus, dass Scharping Brutto und Netto verwechselt hat. Und jede Hausfrau
kann das, die wählt dann lieber den alten Kanzler."[279] Auch SPD-
Wahlkampfberater Machnig bestätigt den Stellenwert dieses Fehlers.[280] Die
Wähler trauten eher der Union zu, die wirtschaftlichen Probleme zu lösen. Die
SPD generiert zwar mehr Kompetenzzuschreibung bei der Frage nach der Bekämpfung der Arbeitslosigkeit, kann dies aber nicht über ihre Stammklientel
hinaus nutzen.

Der Wahlkampf ist ein eindrucksvolles Beispiel für eine agile, populistische
Anpassung der Parteienkommunikation an die aktuelle Situation und deren jeweilige Umdeutung. Zu Beginn des Jahres kritisiert die SPD die Union wegen
ihrer allgemein schlechten Wirtschaftspolitik, eines fehlenden Aufschwungs und
der hohen Arbeitslosigkeit. Die Union erklärt die Situation und beruft sich auf
die Weltkonjunktur. Als sich ein leichtes Wirtschaftswachstum im Frühsommer
abzeichnet, kritisiert die SPD das mangelnde Wirken auf den Arbeitsmarkt. Dies
sei das Resultat einer unsozialen Wirtschaftspolitik. Als auch dieser Punkt im
September sich einstellt, bleibt der SPD nur noch, auf Randaspekte auszuwei-
chen und eine zu schwache Wirkung auf den Arbeitsmarkt zu monieren. Auch
sie bemüht die Weltkonjunktur, dieses Mal in ihrer positiven Ausprägung, um
etwaige Verdienste der Regierung auszuschließen. Die breite Argumentationsbasis der Opposition wurde durch die Fakten immer mehr eingeschränkt.

Der Stimmungsumschwung im Mai und Juni beruhte im wesentlichen auf
zwei Faktoren: Der bevorstehende Wirtschaftsaufschwung und verschiedene
Fehler der Sozialdemokraten und ihres Kandidaten. „Und dann gab es 1994 eine
Debatte von Seiten der CDU über den sogenannten Aufschwung und es gab
Fehler auf der SPD-Seite. Also dieser Wahlkampf 1994 ist ganz stark über die
ökonomischen Fragen entschieden worden, die Hoffnung auf einen konjunkturellen Aufschwung hat Kohl am Ende sehr knapp noch mal die Mehrheit gebracht."[281] Die Union konnte also erfolgreich auf die „ökonomische Karte"[282],

---

[278] Jung und Roth: Kohls knappster Sieg. 1994. S. 4.
[279] Tiedje, Hans-Hermann: Gespräch mit dem Autor am 11.04.2003.
[280] Vgl. Machnig, Mathias: Gespräch mit dem Autor am 20.02.2003.
[281] Machnig, Mathias: Gespräch mit dem Autor am 20.02.2003.
[282] Jung und Roth: Kohls knappster Sieg. 1994. S. 7.

Wirtschaft und Arbeit, setzen. Das Thema Arbeitslosigkeit als erfolgverspre-
chendes Feld für Wirtschaftspopulismus war erkannt, eine Auswirkung auf die
individuelle Wahlentscheidung ist jedoch 1994 bei den allermeisten Wählern
fraglich. Die wenigsten fühlten sich tatsächlich bedroht. Die Parteien haben also
nicht nur populistische Lösungsvorschläge verbreitet, sie haben das Thema auch
möglicherweise herbeigeredet. 1994 hat Wirtschaftspopulismus beim Thema
Arbeitslosigkeit endgültig und erfolgreich Eingang in die deutschen Bundestagswahlkämpfe gefunden. Dieser Trend sollte sich in den folgenden Jahren
verstärken.

5 Der Bundestagswahlkampf 1998

5.1 Vorphase und Wahlkampfauftakt

5.1.1 Wirtschaftliche Ausgangslage

Das Jahr des Bundestagswahlkampfes 1998 beginnt mit ungleich schlechteren Arbeitsmarktdaten als das Jahr 1994. Waren im Januar 1994 rund 4,03 Millionen Menschen arbeitslos gemeldet, beläuft sich ihre Zahl im Januar 1998 auf 4,82 Millionen. Allein im Jahresvergleich zu Januar 1997 bedeutet dies einen massiven Anstieg um rund 170.000.[283] Trotz dieser Hypothek erholt sich die Wirtschaft im Jahr 1998 weiter, gestützt vor allem auf das Exportgeschäft. Der Welthandel wächst trotz Asienkrise, die Auswirkungen sind auch in Ostdeutschland spürbar. Dort steigt die Produktion Ende des Jahres 1997 stark an.[284] Die Dynamik der Entwicklung schwächt sich im Frühjahr ab. Ende Februar wird weiteres Wachstum, jedoch in abgeschwächtem Tempo, prognostiziert.[285] Dennoch bleibt die Stimmung der Unternehmen auch im März positiv, sie sind bereit zu investieren. Die Produktion in den neuen Bundesländern steigt weiter deutlich überdurchschnittlich. Daraus folgend scheint schließlich auch eine Besserung auf dem Arbeitsmarkt in Sicht: Die Institute glauben, dass die Zahl der Beschäftigten in Westdeutschland im Jahresverlauf wieder zunehmen könnte.[286]

Im April bleibt zunächst ein Überspringen des Wachstums auf den Arbeitsmarkt weiter ungewiss. Die Entwicklung in Ost und West verläuft unterschiedlich, im Osten ist im März die Erwerbslosenquote so hoch wie in keinem März zuvor seit der deutschen Vereinigung: 20,6 Prozent. In Westdeutschland mit 10,0 Prozent niedriger als im März 1997 und auch im dritten Monat in Folge unter dem Niveau des jeweiligen Vorjahresmonats. Da der Westen schwerer wiegt, stabilisiert sich die Beschäftigungslage insgesamt.[287] Die Entwicklung liefert der regierenden Union mehr und mehr Argumente. Das Wachstum weist im Mai eine relativ breite Grundlage und fortgesetzte Dynamik auf.[288] Bei den Arbeitslo-

---

[283] Bundesanstalt für Arbeit. www.bundesanstalt.de am 18.10.2003.

[284] Vgl. Zeichen der Hoffnung. FAZ-Konjunkturbericht. Frankfurter Allgemeine Zeitung Nr. 2 vom 03.01.1998. S. 9.

[285] Vgl. Mit flacherem Anstiegswinkel. FAZ-Konjunkturbericht. Frankfurter Allgemeine Zeitung Nr. 49 vom 27.02.1998. S. 17.

[286] Vgl. Prognose des Instituts für Weltwirtschaft, Kiel. In: Mehr Schwung von den Investitionen. FAZ-Konjunkturbericht. Frankfurter Allgemeine Zeitung Nr. 72 vom 26.03.1998. S. 17.

[287] Vgl. Warten auf den Arbeitsmarkt. FAZ-Konjunkturbericht. Frankfurter Allgemeine Zeitung Nr. 99 vom 29.04.1998. S. 17.

[288] Vgl. Mehr Investitionen, noch mehr Export. FAZ-Konjunkturbericht. Frankfurter Allgemeine Zeitung Nr. 123 vom 29.05.1998. S. 17.

senzahlen schwächt sich die Zunahme in Ostdeutschland ab und die Tendenz zur Stabilisierung in Westdeutschland setzt sich fort. Die Arbeitslosigkeit hat im ersten Vierteljahr erstmals seit drei Jahren wieder abgenommen. Das Gutachten der Wirtschaftsweisen kommt allerdings zu dem Schluss, dass sich auch in Zukunft der Konjunkturaufschwung kaum auf den Arbeitsmarkt auswirken werde. Anfang Juni meldet das Statistische Bundesamt das höchste Wirtschaftswachstum seit der deutschen Wiedervereinigung. Es handelt sich um eine Steigerung im ersten Vierteljahr von real 3,8 Prozent gegenüber dem Vorjahreszeitraum. Der Aufschwung wirke sich aber noch nicht auf die weiter schrumpfende Zahl der Arbeitsplätze aus.[289]

Im ersten Halbjahr ist die Problematik dieses Wachstums ohne Beschäftigungsaufschwung das zentrale Motiv in der Diskussion um den Arbeitsmarkt. Es prägt die Ausrichtung der Argumentationslinien wesentlich mit. Im Schlepptau von Export und Investitionen beginnt sich im Verlauf des Juni der Arbeitsmarkt zu beleben. Mit 440.000 unbesetzten Stellen Ende Mai ist diese Zahl höher als jemals zuvor seit 1991. Auch die Entwicklung der Arbeitslosigkeit spricht für eine günstige Beschäftigungstendenz. Die Arbeitslosenquote sinkt seit dem Jahresende 1997 von 11,8 auf 11,2 Prozent, was aber auch auf saisonale Gründe zurückzuführen ist. Bundeswirtschaftsminister Rexrodt: "Die Zahlen zeigen eindeutig, daß das Zünden des Investitionsmotors und die Schaffung von Arbeitsplätzen jetzt Hand in Hand gehen."[290]

Mitte Juli rechnet die Bundesbank mit einer Konjunkturbelebung. „Die konjunkturelle Entwicklung in der Bundesrepublik habe an Dynamik gewonnen, sie werde nun auch von der Inlandsnachfrage getragen."[291] Wirtschaftsinstitute rechnen wenige Tage später mit Auswirkungen der Konjunkturbelebung auf den Arbeitsmarkt. Der Konjunkturaufschwung setze sich fort, so das Hamburger HWWA-Institut für Wirtschaftsforschung. „Die Beschäftigung dürfte im Jahresverlauf merklich zunehmen. Die Zahl der Arbeitslosen werde im Laufe des Jahres um mehr als 300 000 sinken. Im Jahresdurchschnitt werde sie mit 4,3 Millionen um etwa 90 000 niedriger sein als im Vorjahr."[292] Auch das Rheinisch-Westfälische Institut für Wirtschaftsforschung (RWI) prognostiziert zu diesem Zeitpunkt eine kräftige Konjunkturbelebung. Die Zahl der Arbeitslosen sinke im

---

[289] Vgl. Höchstes Wirtschaftswachstum seit der deutschen Wiedervereinigung. Süddeutsche Zeitung Nr. 127 vom 05.06.1998. S. 27.

[290] Hoffnungszeichen am Arbeitsmarkt. FAZ-Konjunkturbericht. Frankfurter Allgemeine Zeitung Nr. 149 vom 01.07.1998. S. 15.

[291] Bundesbank rechnet mit Konjunkturbelebung. Süddeutsche Zeitung Nr. 156 vom 10.07.1998. S. 23.

[292] HWWA: Konjunktur schafft neue Arbeitsplätze. Süddeutsche Zeitung Nr. 159 vom 14.07.1998. S. 17.

Jahr 1998 mit 250 000 im Jahresverlauf erst wenig, 1999 aber deutlich.[293] Die Bundesregierung sieht folglich im Juli 1998 den Aufschwung auf den Arbeitsmarkt übergreifen. „Die Zahl der Arbeitslosen sei in den vergangenen Monaten stark zurückgegangen, erklärte das Wirtschaftsministerium in Bonn in seinem jüngsten Konjunkturbericht."[294]

In dieser Phase geht, wie auch schon im Wahljahr 1994 die Rechnung der Regierung auf: Aufschwung und Beschäftigung stellen sich ein. Die saisonale Entwicklung mag dabei eine wesentliche Rolle gespielt haben. In jedem Fall ist die Stimmung positiv. Nach einer wirtschaftlich schwierigen Regierungszeit für Union und FDP fördert der Aufschwung des Wahljahres Hoffnung bei der Union und determiniert deren Argumentation.

5.1.2 Argumentationsentwicklung und Wahlprogramme

Die Situation zu Beginn des Wahljahres 1998 ist im wesentlichen durch zwei Faktoren gekennzeichnet: Eine positive wirtschaftliche Entwicklung gepaart mit relativ hoher Arbeitslosigkeit. Die Problematik, dass auch ein spürbar hohes Wirtschaftswachstum keine Auswirkungen auf den Arbeitsmarkt hat, war bereits im Wahlkampf 1994 von der Opposition intensiv thematisiert worden. Diese Entwicklung kennzeichnete die ganze Legislaturperiode. Die Arbeitslosigkeit war signifikant höher als 1994 und endgültig in West und Ost zum wichtigsten Thema geworden. Die Arbeitslosigkeit hatte 1997 mit rund 4,38 Millionen im Jahresdurchschnitt den höchsten Stand seit Gründung der Bundesrepublik erreicht. 85 Prozent der Bevölkerung nannten dieses Problem als das wichtigste in Deutschland.[295] Entsprechend steht das Thema in den Wahlprogrammen von SPD und CDU/CSU im Jahr 1998 an vorderster Stelle. Damit ist die Arbeitsmarktproblematik übereinstimmend als wichtigstes Popularisierungsfeld ausgewiesen. Im Bundestagswahlkampf 1994 hatte die Union die Deutsche Einheit und den Aufbau Ost noch dem Kapitel über Aufschwung und Arbeitsplätze voran gestellt. 1998 sieht sich die Union mehr als 1994 gezwungen, sich auf diesem noch dringlicher und populärer gewordenen Feld der Opposition zu stellen. Die Union kann den Erfolg deutsche Einheit in diesem Wahlkampf nicht mehr nutzen.

---

[293] Vgl. RWI sieht eine kräftige Konjunkturbelebung. Süddeutsche Zeitung Nr. 161 vom 16.07.1998. S. 17.
[294] „Aufschwung greift auf Arbeitsmarkt über". Süddeutsche Zeitung Nr. 163 vom 18.07.1998. S. 22.
[295] Forschungsgruppe Wahlen. Der Bundestagswahlkampf 1998. Mannheim 1998. S. 64.

Wahlprogramm der Union
Mit ihrem Programm „Wahlplattform" geht die Union in die Offensive. Das
erste von sechs Kapiteln ist mit „Der Aufschwung ist da – mehr Beschäftigung in
Deutschland"[296] überschrieben. Die Union nennt in den ersten beiden Absätzen
Aufschwung und Beschäftigung in einem Zug und verknüpft damit die positive
Botschaft des Aufschwungs mit der Arbeitslosigkeit. Sie sieht „bis zu 3 % reales
Wachstum"[297] im Jahr 1998 und einen „Durchbruch"[298] auf dem Arbeitsmarkt.
Die Zahl der Arbeitslosen sei seit Jahresbeginn um 700.000 zurückgegangen und
„die Nachfrage nach Arbeitskräften steigt deutlich"[299]. Dies sei Verdienst der
Reformpolitik von CDU und CSU, die nach der Wahl weiterbetrieben werden
solle. Die Union stellt ein Arbeitsfeld nach vorne, das populäre Versprechen
ermöglicht und zugleich in den Dienst des Themas Arbeitslosigkeit gestellt werden kann. Eine große Steuerreform solle Unternehmen und Bürger entlasten. Die
Union will die Bundestagswahl zur Abstimmung über „die große Steuerreform"[300] machen. Einkommensteuersätze, Gewerbe- und Körperschaftsteuer
sollen gesenkt werden, um die Nachfrage zu stärken und „Betriebe im Wettbewerb"[301] zu stärken.

Zweiter Punkt dieses Kapitels: „Arbeit von Kosten entlasten"[302]. Mittels einer grundlegenden Neuausrichtung der sozialen Sicherungssysteme sollen Lohnnebenkosten gesenkt und die Betragslast bis 2002 unter 40 Prozent gesenkt werden. Mit dieser Argumentation versucht die Union, den Vorwurf, der Aufschwung wirke nicht auf den Arbeitsmarkt, zu entkräften. Sie verbindet die populären Begriffe Aufschwung und Beschäftigung zu einer stringent formulierten
wirtschaftspolitischen Botschaft. Alle weiteren Maßnahmen, beispielsweise im
fiskal- oder sozialpolitischen Bereich, werden diesem Motiv untergeordnet. Die
Verbindung von Aufschwung und Beschäftigung ist auch ein Kunstgriff, mit
dem die Partei auf den öffentlichen Druck der Massenarbeitslosigkeit reagiert
und Angriffen der Opposition präventiv begegnen will. 1994 hatte die Union
noch auf das Motiv Aufschwung allein gesetzt. Wegen der mangelnden Wirkung
auf den Arbeitsmarkt war der Begriff aber nicht mehr bedingungslos positiv
besetzt. So ist das Wahlprogramm der Union mit vielen emotionalen Komponenten bestückt, die vor allem Mut machen und Optimismus verbreiten sollen. Es
folgen die bereits aus dem Jahr 1994 bekannten Ansätze: Eine „neue Kultur der

---

[296] CDU/CSU: Wahlplattform 1998 – 2002. Bonn, München 1998. S. 3.
[297] Ebd.
[298] Ebd.
[299] Ebd.
[300] Ebd.
[301] Ebd.
[302] Ebd. S. 4.

Selbständigkeit"[303], der Mittelstand als Motor für neue Arbeitsplätze und bessere
Marktchancen für Existenzgründer sowie ein Abbau bürokratischer Hürden. Die
Union holt weit aus und ordnet weitere Maßnahmen dem populären Ziel der
Bekämpfung der Arbeitslosigkeit unter. Eine verstärkte Nutzung von Innovationen und ein effizienter Technologietransfer bei der Forschung werden als Rezepte für mehr Arbeitsplätze angeführt. Zuletzt erfolgen einige Zugeständnisse an
die konservative und unternehmerisch denkende Klientel: „Beschäftigungsorientierte Lohnpolitik ist eine unverzichtbare Voraussetzung für mehr Arbeitsplätze."[304] Kräfte, die ein Ende der Bescheidenheit forderten, handelten unverant-
wortlich.[305] Länger ausgeführt sind verstärkte Arbeitsanreize und die Miss-
brauchsbekämpfung bei Sozialleistungen. Teilzeitarbeit und der sogenannte
Einfacharbeitsplatz müssten auch gefördert werden, um eine akzeptable Beschäftigung für alle zu erreichen. Die Forderungen unterliegen der inhaltlichen
Klammer: „Jeder, der arbeitet, soll mehr verdienen, als wenn er nicht arbeitet."[306]
Missbrauch von Sozialleistungen und Schwarzarbeit müsse bekämpft werden.
Das heißt für die weniger von Arbeitslosigkeit bedrohte Klientel der Union: Es
soll Arbeit für jeden geben, auch in weniger qualifizierten Bereichen, und
schließlich mehr Bildung, um auf dem Arbeitsmarkt besser bestehen zu können.

Das Kapitel zum Aufbau Ost im Wahlprogramm der Union belegt noch
einmal den Druck, unter dem die Regierung bei dem Thema steht. Auch die
Ostdeutschlandpolitik wird, anders als 1994, gleich zu Beginn auf das Thema
Arbeitslosigkeit bezogen. Die Union muss hier populäre Thesen vertreten. Im
Osten seien bereits 3,5 Millionen neue Arbeitsplätze geschaffen worden. „Die
ostdeutsche Wirtschaft befindet sich heute in einer Phase der Stabilisierung und
des teilweise sprunghaften Wachstums auf wichtigen Zukunftsfeldern."[307] Es
solle an der „Gemeinsamen Initiative für mehr Arbeitsplätze in Ostdeutschland"
zusammen mit Gewerkschaften, Arbeitgebern und Kreditwirtschaft festgehalten
werden. „Für die CDU und CSU hat der erste Arbeitsmarkt Vorrang."[308] Aktive
Arbeitsmarktpolitik diene jedoch dem sinnvollen Übergang in den regulären
Arbeitsmarkt.

---

[303] CDU/CSU: Wahlplattform 1998 – 2002. 1998. S. 5.
[304] Ebd. S. 6.
[305] Vgl. ebd.
[306] Ebd. S. 7.
[307] Ebd. S. 11.
[308] Ebd. S. 13.

Wahlprogramm der SPD

Die SPD nimmt im Bundestagswahlkampf 1998 das Thema Arbeitslosigkeit in den Titel des Wahlprogramms auf: „Arbeit, Innovation und Gerechtigkeit"[309]. „Der Abbau der Arbeitslosigkeit – das wird das oberste Ziel der SPD-geführten Bundesregierung: Arbeitplätze schaffen und Arbeitsplätze sichern – das steht im Mittelpunkt unseres Programms."[310] Dieses Zitat ist dem Einführungskapitel des Wahlprogramms entnommen, hier geben die Autoren einen Überblick über die Programmatik. Das Thema Arbeitsmarkt folgt als erstes der eigentlichen Kapitel des Wahlprogramms. Unter dem Punkt „Starke Wirtschaft – Neue Arbeit" führt das Programm Ansätze zur Bekämpfung der Arbeitslosigkeit auf. Der erste Satz unterscheidet die Konzeption grundlegend von der von 1994: „Deutschland braucht mehr Wachstum und neue Arbeitsplätze."[311] Im vorausgehenden Wahl-kampf hatte die SPD den Faktor Wachstum als nicht entscheidend für mehr Be-schäftigung bewertet. Auf zehn Seiten legt die Partei im Folgenden ihre Pläne in den Bereichen Wirtschafts- und Arbeitsmarktpolitik dar. Dabei steht das Ziel einer Erneuerung der Sozialen Marktwirtschaft im Zentrum. „Das Zusammen-wirken von marktwirtschaftlichem Wettbewerb und sozialer Stabilität schafft die Grundlage für eine florierende Volkswirtschaft."[312] Diese Aussagen lassen die Ausrichtung auf die Neue Mitte erkennen. Die Verbindung aus Markt und Sozia-lem verspricht Popularität bei einer möglichst breiten Schicht. Im Rahmen der Globalisierung solle Deutschland seine Chancen nutzen und „einfach produkti-ver und besser sein als unsere Konkurrenten"[313]. Der nächste Punkt erläutert die Pläne bezüglich einer Kombination aus Angebots- und Nachfragepolitik: Bessere Bildung und Forschung auf der einen Seite und eine Entlastung von Arbeitneh-mern auf der anderen. So werde eine SPD-geführte Bundesregierung die Investi-tionen in Bildung, Forschung und Wissenschaft innerhalb der nächsten fünf Jahre verdoppeln und eine umfassende Bildungsreform herbeiführen. Diese Themen sind bereits aus allen analysierten Wahlprogrammen bekannt und sollen den populären Eindruck erwecken, mehr Arbeitsplätze seien ohne Einbußen für Einzelne möglich.

Dazu kommen Kernanliegen sozialdemokratischer Wirtschaftspolitik: „Der Export allein reicht nicht. Die zu geringe inländische Nachfrage nach Gütern und

---

[309] SPD: Arbeit, Innovation und Gerechtigkeit – SPD-Programm für die Bundestagswahl 1998. Bonn 1998.
[310] Ebd. S. 10.
[311] Ebd. S. 14.
[312] Ebd.
[313] Ebd. S. 15.

Dienstleistungen ist die entscheidende Schwachstelle der Konjunktur."[314] Um die Binnenkonjunktur zu stärken, sei eine gezielte Entlastung bei Steuern und Abgaben und eine beschäftigungsorientierte Tarifpolitik notwendig. Im Rahmen der Tarifautonomie sollten künftig kürzere und flexiblere Arbeitszeiten sowie Teilzeitarbeit dafür sorgen, dass neue Arbeitsplätze geschaffen werden können. Es folgen: Mittelstand als Rückgrat der deutschen Wirtschaft, eine neue Gründerwelle und eine neue Dienstleistungskultur. Eine gezielte Entlastung bei Steuern und Abgaben werde dafür sorgen, dass auch einfache Dienstleistungen erschwinglich sind.

Um den ländlichen Raum zu stärken und Arbeitsplätze vor Ort zu schaffen, fordert die SPD, Wirtschafts-, Agrar-, und Umweltpolitik besser zu verzahnen. Die Entscheidungen der unionsgeführten Regierung zu Kündigungsschutz, Schlechtwettergeld und Lohnfortzahlung im Krankheitsfall sollen zurückgenommen werden. Dieser Vorschlag ist in Zusammenhang mit der enormen Ablehnung dieser Maßnahmen bei Arbeitern und Angestellten zu sehen und soll bei dieser Gruppe gut ankommen. Über eine stärkere Binnennachfrage würde die Rücknahme auch noch langfristig Arbeitsplätze schaffen.

Das abschließende Kapitel beschäftigt sich mit den Kosten der Arbeitslosigkeit und alternativen Einsatzmöglichkeiten dieser Gelder. Nach dem Grundsatz „Arbeit statt Arbeitslosigkeit"[315] sollen Arbeitslose so schnell wie möglich in Beschäftigungsverhältnisse gebracht werden. „Betriebe, die Arbeitslose einstellen, sollen Lohnkostenzuschüsse und Einarbeitungshilfen erhalten."[316] Altersteilzeit oder Einstiegsteilzeit solle für eine bessere Verteilung von Arbeit sorgen. Wirtschaftspopulistisches Motiv: Weniger arbeiten für mehr Arbeitsplätze.

Die Wahlprogramme im Vergleich
Vergleicht man beide Wahlprogramme, so zeigt sich eine breite Kontinuität der Inhalte im Vergleich zu 1994 und in vielen Themenbereichen eine deutliche Annäherung. Stand im Wahlprogramm der Union aus dem Wahlkampf 1994 noch der Aufbau Ost an oberster Stelle, so setzen 1998 beide Parteien den Themenbereich Wirtschaft und Beschäftigung nach vorne. „Der Aufschwung ist da – mehr Beschäftigung in Deutschland"[317] auf der einen Seite, „Starke Wirtschaft – Neue Arbeit"[318] auf der anderen. Novum im Wahlkampf 1998 ist, dass die SPD in diesem Kapitel mehr Wirtschaftswachstum als Ziel einer SPD-geführten Bun-

---

[314] SPD: Arbeit, Innovation und Gerechtigkeit. 1998. S. 18.
[315] Ebd. S. 24.
[316] Ebd. S. 24.
[317] CDU/CSU: Wahlplattform 1998 – 2002. 1998. S. 3.
[318] SPD: Arbeit, Innovation und Gerechtigkeit. 1998. S. 14.

desregierung anführt und Wachstum als Notwendigkeit für die Schaffung von Arbeitsplätzen bezeichnet. „Eine wettbewerbsfähige Wirtschaft ist die Grundlage für Arbeitsplätze, für Wohlstand und soziale Sicherheit."[319] In den ersten Unterpunkten der Kapitel zu Wirtschaft und Arbeit zeigen sich verstärkt Unterschiede, die sich auf die verschiedenen Ausgangsvoraussetzungen der Parteien zurückführen lassen. Die Union wirbt hier für die von ihr geplante Steuerreform, während die SPD internationale Themen besetzt und für eine bessere Nutzung der Chancen der Globalisierung eintritt.

Die jeweils folgenden Unterpunkte treffen sich in ihrer Begründung in traditionellen Werten der Parteien und erlauben aus diesem Grund einen Vergleich. Die SPD fordert eine sinnvolle „Kombination von Angebots- und Nachfragepolitik"[320], die auf der einen Seite mehr Bildung und Förderung neuer Technologien sowie auf der anderen eine steuerliche Entlastung für Arbeitnehmer vorsieht und so letztlich Arbeitsplätze schafft. Die Union sieht als probates Mittel für eine Entlastung des Arbeitsmarkts vor allem eine Senkung der Kosten der Arbeit. Die Bürger sollen mehr Eigenvorsorge betreiben und so eine geringere Beitragslast ermöglichen. Hier entsteht ein neues, populär zugespitztes Motiv der Unionspolitik: Eigenverantwortung. Vergleichbare Kapitel finden sich in beiden Programmen zum Themenbereich Mittelstand und Existenzgründer. Hier wird der Mittelstand übereinstimmend als „Fundament"[321] und „Rückgrat"[322] der deutschen Wirtschaft bezeichnet, der gefördert werden müsse, um neue Arbeitsplätze zu schaffen. Derartige Forderungen können als populistische Allgemeinplätze gewertet werden. Verschiedene Ansätze der Parteien betreffen das Thema Organisation von Arbeit. Während die SPD eine kürzere Arbeitszeit fordert, um mehr Arbeitsplätze zu schaffen, fordert die Union vor allem flexible Arbeitszeiten und leistungsbezogenes Gehalt. Die Unterschiede entsprechen den verschiedenen Erwartungen der jeweiligen Klientel.

5.1.3 Medienarbeit der Parteien und Klima der Berichterstattung

Das Problem Arbeitslosigkeit war während der Legislaturperiode in der öffentlichen Diskussion eindeutig das wichtigste innenpolitische Thema. Die Diskussion um verschiedene Lösungsansätze erzeugte schon vor Beginn des Wahlkampfs verhärtete Fronten. Im Jahr 1995 war von IG Metall-Chef Zwickel ein Bündnis für Arbeit vorgeschlagen worden, das aber am Widerstand aus eigenen Reihen

---

[319] SPD: Arbeit, Innovation und Gerechtigkeit. 1998. S. 14.
[320] Ebd. S. 15.
[321] CDU/CSU: Wahlplattform 1998 – 2002. 1998. S. 5.
[322] SPD: Arbeit, Innovation und Gerechtigkeit. 1998. S. 19.

und dem der Arbeitgeber scheiterte. Im Rahmen der Verhandlungen über dieses Bündnis wurde das Ziel formuliert, bis zum Jahr 2000 die Arbeitslosenzahl zu halbieren. Dieses Ziel mit hohem Symbolwert, so schreibt Bergmann, wurde später immer wieder als ein Versprechen des Bundeskanzlers zitiert.[323] Nach dem Scheitern eines Bündnisses für Arbeit legte die Regierungskoalition 1996 das „Programm für Wachstum und Beschäftigung" vor. Dieses enthielt als wesentliche Reformvorhaben die Kürzung der Lohnfortzahlung im Krankheitsfall, die Reform der Rentenversicherung und die Anhebung des Schwellenwertes beim Kündigungsschutz. Mit diesen Vorhaben verschärft Kohl den Konfrontationskurs mit den Gewerkschaften.

Da die Arbeitsmarktsituation zu Beginn des Jahres für die Regierung ungünstig ist, kann die SPD in ihrer Wahlkampfkommunikation von Anfang an erfolgreich auf das Thema setzen. Schon im Februar kündigen führende SPD-Politiker an, die Bekämpfung der Arbeitslosigkeit in den Mittelpunkt des Wahlkampfes zu stellen.[324] Im März verspricht Schröder, er werde als Bundeskanzler sofort eine Wende auf dem Arbeitsmarkt einleiten.[325] Zu diesem Zeitpunkt äußert sich die Union aufgrund der schlechten Arbeitsmarktlage zurückhaltend zu diesem Thema und versucht auf Expertenebene mittels eines Leitkongresses „Arbeitsplätze durch Mut zu Markt"[326], der Opposition das Thema nicht vollständig zu überlassen.

Die Medien berücksichtigen das Thema Arbeitsmarkt von Beginn des Jahres 1998 an ausführlich und begünstigen auf diese Weise die Angriffe der SPD. BILD greift die Rekordarbeitslosigkeit immer wieder in prägnanten Formulierungen auf. In Zusammenhang damit steht auch die Berichterstattung über Proteste von Arbeitslosen in über 100 deutschen Städten. Dazu zitiert die Zeitung Bundeskanzler Kohl mit einem Eingeständnis: „Wir werden eine Verbesserung auf dem Arbeitsmarkt in diesem Jahr bekommen, aber nicht so, wie ich mir das gewünscht habe."[327] Angesichts der prekären Situation und der Vorwürfe sieht Kohl sich zu einer neuen Tendenz in der Kommunikation gezwungen. Er gesteht Misserfolge ein und verknüpft damit positive Prognosen für die Zukunft. Nach einem erneuten Rekordergebnis bei den Arbeitslosenzahlen im Februar äußert sich Kohl in einem BILD-Interview aktiv und ausführlich zu seinen Plänen für den Wahlkampf und bewertet den Arbeitsmarkt als wichtigstes Thema. „Erstens: Bekämpfung der Arbeitslosigkeit. Wir kommen voran: Unsere Reformen zeigen Wirkung, der Aufschwung gewinnt an Breite und Kraft. In den alten Bundeslän-

---

[323] Vgl. Bergmann, Knut: Der Bundestagswahlkampf 1998. 2002. S. 276.
[324] Vgl. Lafontaine, Oskar: Pressemitteilung der SPD vom 14.02.1998.
[325] Vgl. Schröder, Gerhard: Pressemitteilung der SPD vom 24.03.1998.
[326] Pressemitteilung der CDU vom 16.03.1998.
[327] 4,8 Mio arbeitslos: Heute Groß-Demonstration. BILD vom 05.02.1998. S. 2.

dern geht die Arbeitslosigkeit bereits zurück, die Firmen stellen wieder ein. In den neuen Bundesländern sind wir leider noch nicht so weit. Aber zum Ende des Jahres wird die Arbeitslosigkeit in ganz Deutschland niedriger liegen als ein Jahr zuvor."[328] Auch das Thema Steuerreform rückt Kohl in Zusammenhang mit der Arbeitsmarktproblematik. „Nur durch eine deutliche Entlastung für die Bürger und verbesserte Chancen für Investitionen der Unternehmen entstehen viele neue Arbeitsplätze."[329] Kohl versucht, die Situation zu erklären und mit Blick auf die Zukunft als aktiver Kämpfer gegen die Arbeitslosigkeit aufzutreten. Dabei wirbt er mit einer Entlastung der Bürger und will so der SPD bei ihrem Argument von der Binnenkonjunktur den Wind aus den Segeln nehmen. Anlässlich der Veröffentlichung des Jahreswirtschaftsberichts im März sieht die Union anhand der Zahlen erstmals Anlass zu Optimismus und glaubt, eine sinkende Arbeitslosigkeit zu erkennen.[330]

Süddeutsche und Frankfurter Allgemeine Zeitung behandeln Äußerungen der Parteien zur Arbeitslosigkeit in den ersten Monaten des Jahres zurückhaltend, ihre Berichterstattung stellt den Zusammenhang mit dem Wahlkampf im Wesentlichen erst anlässlich der Diskussion um die Wahlprogramme der Parteien her. In beiden Parteien wird ab März über die Inhalte der Programme diskutiert. Dabei steht das Thema Arbeitsmarkt vor allem bei der SPD im Mittelpunkt. Die Bekämpfung der Arbeitslosigkeit sei erstes Ziel einer SPD-geführten Bundesregierung.[331] BILD berichtet über ein angekündigtes Regierungsprogramm gegen Arbeitslosigkeit, das insbesondere auf den Abbau von Jugend- und Langzeitarbeitslosigkeit abzielt[332]. Diesen Randaspekt hatte die SPD schon 1994 thematisiert, allerdings erst in einem fortgeschrittenen Stadium des Wahlkampfs, in dem anderen Argumenten der Boden entzogen war.

Die SPD verfolgt das Thema in ihren Mitteilungen an die Presse kontinuierlich. In den Medien werden im März die politischen Ziele des Oppositionskandidaten Schröder vorgestellt, er plane ein „neues Bündnis für Arbeit, Schaffung neuer Jobs vor allem im Dienstleistungsbereich, flexiblere Arbeitszeiten und Tarifverträge (...)"[333]. Schröder vertraut auf die Popularität von Pakten, auf das Motiv des „Alle packen zusammen an". Die SPD kommuniziert später erneut Forderungen nach einem Bündnis für Arbeit.[334] Den optimistischen Erklärungsversuchen der Union begegnet die SPD mit dem Vorwurf des Schönredens der

---

[328] Kohl: Wahlkampf ist kein Sprint. BILD vom 23.03.1998. S. 1.
[329] Ebd.
[330] Vgl. Repnik, Hans-Peter: Pressemitteilung der CDU-Fraktion vom 27.03.1998.
[331] Vgl. Abbau der Arbeitslosigkeit erstes Ziel der SPD. Süddeutsche Zeitung Nr. 89 vom 18.04.1998. S. 5.
[332] Regierungsprogramm gegen Arbeitslosigkeit. BILD vom 23.04.1998. S. 1.
[333] Gerhard Schröder: Für welche Politik steht er? BILD vom 03.03.1998. S. 2.
[334] Vgl. Lafontaine, Oskar: Pressemitteilung der SPD vom 07.06.1998.

Arbeitsmarktlage[335] und dem Vorwurf einer generellen Unfähigkeit zur Bekämpfung der Arbeitslosigkeit[336]. Eine Stabilisierung auf dem Arbeitsmarkt verändert wie schon im Sommer 1994 auch im Juni 1998 die Situation zugunsten der Union. Die Union nutzt die Erfolge auf dem Arbeitsmarkt verstärkt zu optimistischen Äußerungen: „Job-Maschine läuft auf vollen Touren"[337] und kann so argumentativ Boden gutmachen. Im Mai beginnt sich die anziehende Konjunktur in der Berichterstattung der Medien niederzuschlagen. „Konjunktur rauf – aber Arbeitslosigkeit bleibt"[338], im Folgemonat sieht die Zeitung einen entscheidenden Sprung nach oben: „Das Wichtigste: Endlich gibt es auch einen Silberstreif am Horizont für unsere Arbeitslosen: Nach BILD-Informationen sank ihre Zahl im Mai um rund 220000 auf jetzt 4,2 Mio in Westdeutschland um 125000 und im Osten um 95000."[339] Die Arbeitslosenquote sinkt im Mai erstmals seit 1995 unter Vorjahresstand. Auch im Juli ist die Tendenz auf dem Arbeitsmarkt positiv. In den Zeitungen wird die unterschiedliche Bewertung der Situation seitens der Bundesregierung und der Opposition diskutiert und analysiert.[340]

In der Vorphase des Wahlkampfs werden auch in anderen Politikbereichen Lösungsansätze zum Thema diskutiert. In der Fiskalpolitik ist die Debatte um eine große Steuerreform arbeitsmarktrelevant, die von beiden Lagern betrieben wird. Dazu kommt eine im SPD-Wahlprogramm geforderte „Senkung der Steuersätze auf breiter Front"[341]. Ihre fiskalpolitischen Vorhaben bringen der SPD insbesondere im Zusammenhang mit dem Leipziger Wahlparteitag den Vorwurf ein, einen „Steuerdschungel"[342] schaffen zu wollen. Die Reformvorhaben beider Parteien zielen letztlich auf eine Stärkung der Wirtschaft und damit verbundenen auf die Schaffung von Arbeitsplätzen ab. Auch diese Forderungen werden in der Kommunikation dem Ziel der Senkung der Arbeitslosenzahl untergeordnet.

Die Mittelstandsförderung als Dauerthema beider Parteien nimmt auch 1998 breiten Raum ein. Die SPD legt bereits in der Anfangsphase des Wahlkampfes ein Mittelstandskonzept[343] vor, auf das im weiteren Verlauf zurückgegriffen wird. Bei der Union wird dieses Konzept als Programm „gegen den Mittelstand"[344] betrachtet und mit einem eigenen Zukunftsprogramm für den Mit-

---

[335] Vgl. Lafontaine, Oskar: Pressemitteilung der SPD vom 25.06.1998.
[336] Vgl. Lafontaine, Oskar: Pressemitteilung der SPD vom 01.08.1998.
[337] Flugblatt-Vorlage der Union. Juni 1998.
[338] Konjunktur rauf – aber Arbeitslosigkeit bleibt. BILD vom 13.05.1998. S. 1.
[339] Endlich! Silberstreif am Arbeitsmarkt. BILD vom 05.06.1998. S. 2.
[340] Vgl. Dissens über Lage auf dem Arbeitsmarkt. Frankfurter Allgemeine Zeitung Nr. 166 vom 21.07.1998. S. 11.
[341] SPD: Arbeit, Innovation und Gerechtigkeit – SPD-Programm für die Bundestagswahl 1998. Bonn 1998. S. 27.
[342] Pressemitteilung der CDU vom 23.04.1998.
[343] Schröder, Gerhard: Pressemitteilung der SPD vom 25.05.1998.
[344] Pressemittelung der CDU vom 25.05.1998.

telstand erwidert[345]. Da die Parteien wissen, dass über 99 Prozent der deutschen Unternehmen dem Mittelstand zuzuordnen und dort rund 70 Prozent aller Arbeitsplätze zu finden sind, gehört dies zur wirtschaftpopulistischen Grundausstattung. Die Wähler sollen an dieser Stelle den Eindruck haben, dass ihr Arbeitsumfeld von der Politik berücksichtigt wird.

Eine prominente Rolle in der Mitte des Wahlkampfs spielt eine Äußerung Schröders, in der er den beginnenden Aufschwung als Resultat seiner Kandidatur darstellt.[346] Schröder sagte in der ZDF-Sendung „Was nun...?": „Der Aufschwung, den wir jetzt haben, ist mein Aufschwung."[347] Dies wird von der Union mit den Begriffen „Märchenstunde"[348] und „Angeber"[349] erwidert, auch die Wirtschaftsverbände werfen Schröder Überheblichkeit vor[350]. Die Äußerung wird in allen Medien zum Nachteil Schröders diskutiert.[351] Dies ist ein Beleg dafür, dass auch von Seiten der Opposition versucht wird, einen Aufschwung herbeizureden und ihn auf sich zu beziehen. Am Ende der Vorphase stehen auch wichtige Randaspekte der Arbeitslosendiskussion fest: Die große Steuerreform, Mittelstandsförderung, Kombi-Lohn, Kündigungsschutz sowie die Diskussion um die „Mein Aufschwung"-Aussage Schröders.

5.1.4 Einordnung und Ergebnisse

Arbeitslosigkeit ist 1998 das zentrale innenpolitische Thema und wird zum wichtigsten Feld der Auseinandersetzung. Die Parteien müssen hier in der Lage sein, kompetent zu erscheinen und Zustimmung zu erzielen. Unter dieser Vorgabe entstehen die programmatischen Inhalte und weisen deshalb die beschriebenen wirtschaftspopulistischen Merkmale auf. In ihren inhaltlichen Positionen nähern sich beide Parteien 1998 sehr stark an. 1994 hatte die Union noch auf Wachstum als zentralen Begriff gesetzt, jetzt kommt Beschäftigung dazu. Die SPD hatte 1994 in der Tendenz mit der Aussage „Wachstum schafft keine Arbeitsplätze" argumentiert. Ihre Strategen scheinen den Begriff aber als populär erkannt zu haben und nehmen ihn mit auf. Beide Parteien werben mit Aufschwung und Beschäftigung – eine Annäherung bei einer als populär erkannten Begrifflichkeit.

---

[345] Vgl. Pressemitteilung der CDU vom 28.05.1998.
[346] Vgl. Schröder: Aufschwung dank meiner Kandidatur. Süddeutsche Zeitung Nr. 156 vom 10.07.1998. S. 2.
[347] Zitiert nach: CDU empört über Schröders „Aufschwung". BILD vom 10.07.1998. S. 1.
[348] Pressemitteilung der CDU vom 09.07.1998.
[349] Pressemitteilung der CDU vom 13.07.1998.
[350] Vgl. Kritik an Aufschwung-Äußerung des SPD-Kanzlerkandidaten wächst. Süddeutsche Zeitung Nr. 157 vom 11.07.1998. S. 1.
[351] Vgl. ebd.

Damit wird das Thema weiter popularisierend zugespitzt. In der Folge können immer weniger Alternativen aufgezeigt werden. Dies ist einer erfolgreichen Positionierung abträglich und behindert die Unterscheidbarkeit der Parteien und ist zugleich ein Merkmal von Wirtschaftspopulismus: Man trifft sich beim Kleinsten als zugkräftig erkannten Nenner.

Viele eindeutig als populistisch zu wertende Motive finden sich in den Wahlprogrammen wieder. Ein Beispiel sind stark vereinfachte Lösungsvorschläge, nach denen man „einfach produktiver und besser (...) als unsere Konkurrenten"[352] sein müsse. Wie auch die Idee von der Finanzierung der Arbeit statt Arbeitslosigkeit, mittels der Arbeitslose so schnell wie möglich in Beschäftigungsverhältnisse gebracht werden sollen.[353] Ähnliche Aussagen finden sich bereits 1994. Mit dem durch einem neuen Begriff thematisierten Einfacharbeitsplatz will die Union weniger qualifizierte Arbeitslose und Arbeiter ansprechen, die bei einer steigenden Sockelarbeitslosigkeit den Eindruck haben müssen, in Deutschland nicht mehr gefragt zu sein. Die Union ist im Frühjahr unter dem Druck der Opposition gezwungen, Misserfolge einzugestehen. Kohl versucht auf diese Weise populär zu bleiben und als der sich kümmernde Landesvater zu erscheinen. Zugleich sagt er Besserung für die Zukunft voraus, denn die Zukunft wird von allen Parteien stets als positiv betrachtet; das hatte sich auch 1994 gezeigt.

Unterschiede zwischen beiden Parteien sind vor allem in der Argumentation bezogen auf die Binnennachfrage zu sehen. Die SPD will hier den Menschen mehr Geld zukommen lassen, die Union fordert eine moderate Lohnpolitik. Auch Randthemen spielen 1998 wieder eine große Rolle, um bestimmte Zielgruppen anzusprechen. Hier zu nennen sind die von der SPD propagierte Rücknahme der Kürzung der Lohnfortzahlung im Krankheitsfall, die Diskussion um 630-Mark-Jobs und Scheinselbstständigkeit, die im Wahlkampf 2002 noch populärer geführt werden wird.

Wie schon 1994 entsteht auch bei der Analyse der Vorphase 1998 der Eindruck vom erfolgreichen Herbeireden eines wahlkampfbedingten Aufschwungs im Wahljahr. Möglicherweise verstärkt sich die übliche Sommerbelebung unter dem optimistischen Wahlkampffeuer der Parteien. Auch der Oppositionskandidat schlägt mit der These von seinem Aufschwung in diese Kerbe. Er redet den Aufschwung aktiv herbei und bezieht ihn auf seine Aktivitäten. Insgesamt ist die Entwicklung in der Vorphase des Wahlkampfs stringenter als 1994. Die Parteien ändern aufgrund der eindeutigen Situation ihre Argumentation weniger agil. Die Union kann allerdings im Verlauf des Wahljahres immer optimistischer argumentieren, weil sich, wie auch schon 1994, im Sommer ein Wahljahresaufschwung einstellt.

---

[352] CDU/CSU: Wahlplattform 1998 – 2002. 1998. S. 18.
[353] Ebd. S. 24.

5.2 Heiße Phase des Wahlkampfs

5.2.1 Wirtschaftliche Situation

Im Juli befindet sich die wirtschaftliche Entwicklung Deutschlands an einem Wendepunkt. Die Frankfurter Allgemeine Zeitung gibt dies in ihrem Konjunkturbericht unter dem Titel „Wendephilosophien zum Aussuchen" wieder: „Verliert der Aufschwung in Deutschland an Dynamik, oder gewinnt die Aufwärtsentwicklung weiter an Fahrt?"[354] Auf dem Arbeitsmarkt könne von einer Wende zum Positiven, wenn überhaupt, nur im Westen gesprochen werden. Während die Bundesregierung von der erreichten Wende überzeugt sei, äußerten sich „viele Fachleute zurückhaltender"[355]. Denn die Entwicklung auf dem Arbeitsmarkt sei entscheidend von der Dynamik des Aufschwungs abhängig, und dieser würde unterschiedlich beurteilt.[356] Das Wachstum könnte möglicherweise nicht ausreichend sein, um auf dem Arbeitsmarkt wirksam zu werden. Im August verlangsamt sich der Aufschwung und erste Stimmen sehen die Konjunktur an Schwung verlieren. Die Entwicklung in Deutschland hat nach Berechnungen des Deutschen Instituts für Wirtschaftsforschung (DIW) im Verlauf des ersten Halbjahres nachgelassen.[357] Insgesamt setze sich zwar die konjunkturelle Erholung fort, das Tempo „ist im Vergleich zum Jahresbeginn aber etwas verhaltener geworden"[358], wenn auch am Arbeitsmarkt schwache „Zeichen einer Besserung"[359] erkennbar seien. Vor allem der Export entwickelt sich weiter positiv.

Kurz vor dem Wahltag, dem 24. September 1998, meldet das Ifo-Institut für Wirtschaftsforschung eine Eintrübung des Geschäftsklimas. „Vor allem in der westdeutschen Industrie wurden die Exportaussichten auf den Auslandsmärkten außerhalb der Europäischen Union aufgrund der Krisen in Asien, Rußland und Lateinamerika weniger günstig beurteilt als in den Vormonaten. In Ostdeutschland äußerten sich Industrieunternehmen dagegen verhalten optimistisch."[360] Der Konjunkturbericht der Frankfurter Allgemeinen Zeitung sieht dagegen noch eine fortgesetzte konjunkturelle Erholung mit anziehender Inlandsnachfrage. Die Risiken im Auslandsgeschäft, vor allem wegen der Finanz- und Wirtschaftskri-

---

[354] Wendephilosophien zum Aussuchen. FAZ-Konjunkturbericht. Frankfurter Allgemeine Zeitung Nr. 174 vom 30.07.1998. S. 11.
[355] Ebd.
[356] Vgl. ebd.
[357] Vgl. Süddeutsche Zeitung Nr. 190 vom 20.08.1998. S. 21.
[358] Mit flacherem Anstiegswinkel. FAZ-Konjunkturbericht. Frankfurter Allgemeine Zeitung Nr. 198 vom 27.08.1998. S. 15.
[359] Ebd.
[360] Süddeutsche Zeitung Nr. 220 vom 24.09.1998. S. 23.

sen in Asien sowie in Russland seien jedoch spürbar gewesen.[361] Seit Jahresbeginn war die Arbeitslosigkeit zwar nur leicht, aber stetig gesunken. Zu Recht wiesen Arbeitsmarktexperten darauf hin, dass diese Entwicklung nicht allein eine Folge der Verbesserung der Konjunktur, sondern, vor allem in Ostdeutschland, auch arbeitsmarktpolitischen Maßnahmen zu verdanken sei.[362]

5.2.2 Medienarbeit der Parteien und Klima der Berichterstattung

Die Union hatte bereits im Juni Erfolge auf dem Arbeitsmarkt gemeldet und sich optimistisch zu aktuellen Arbeitsmarktzahlen geäußert. Anfang August verstärkt die SPD ihre Angriffe. Es gebe keinen Anlass zur Entwarnung, da die Zahl der Arbeitslosen erneut gestiegen sei.[363] Auch in den Medien wird die von Bundesregierung und Wirtschaft verkündete Trendwende unterschiedlich bewertet. Die Frankfurter Allgemeine Zeitung[364] teilt diese Einschätzung, während andere Experten skeptisch bleiben und beispielsweise in der Süddeutschen Zeitung widersprechen[365]. Wenige Wochen vor der Wahl legen die Schattenminister Riester und Bulmahn Konzepte für die Senkung der Arbeitslosenzahl vor. Bulmahn fordert Innovationen für neue Arbeitsplätze und beruft sich dabei auf ein Gutachten.[366] Riesters Konzept sieht drei Wege gegen die Arbeitslosigkeit vor: Die Förderung des Standorts Deutschland, neue Arbeitsfelder und eine aktive Arbeitsmarktpolitik.[367]

Die Union nutzt die Veröffentlichung der Juli-Arbeitsmarktzahlen, um erneut unter dem Schlagwort „Job-Maschine auf vollen Touren"[368] für Erfolge bei der Arbeitsmarktpolitik zu werben. Ein Vergleich der Arbeitslosenzahlen aus SPD- und unionsregierten Ländern soll im August die erfolgreiche Politik der Union untermauern. Auch im September erlauben es die Arbeitmarktdaten, noch einmal eine Aufwärtsbewegung auf dem Arbeitsmarkt zu sehen. Die SPD sieht in den Daten von Anfang September keinen Beschäftigungsaufschwung[369] und

---

[361] Vgl. Noch kein Zeichen von Einbruch. FAZ-Konjunkturbericht. Frankfurter Allgemeine Zeitung Nr. 223 vom 25.09.1998. S. 17.

[362] Vgl. ebd.

[363] Vgl. Riester, Walter/Ottmar Schreiner: Pressemitteilung der SPD vom 06.08.1998.

[364] Vgl. Die Lage auf dem Arbeitsmarkt bessert sich weiter. Frankfurter Allgemeine Zeitung Nr. 181 vom 07.08.1998. S. 1.

[365] Vgl. Bundesanstalt sieht „Aufhellung" auf dem Arbeitsmarkt. Süddeutsche Zeitung Nr. 180 vom 07.08.1998. S. 5.

[366] Vgl. Bulmahn, Edelgard: Pressemitteilung der SPD vom 01.09.1998.

[367] Vgl. Riester, Walter: Pressemitteilung der SPD vom 03.09.1998.

[368] Vgl. Pressemitteilung der CDU vom 07.08.1998.

[369] Vgl. Riester, Walter/Ottmar Schreiner: Pressemitteilung der SPD vom 08.09.1998.

will die Wahl zu einer Volksabstimmung über Arbeitslosigkeit machen[370]. In den darauffolgenden Tagen verspricht die SPD eine Million Arbeitsplätze durch ein Programm für Existenzgründer, während die Union sich vor der Wahl nicht mehr direkt zur Arbeitsmarktlage äußert. Kurz vor dem Wahltag bezeichnet die SPD mehrfach die hohe Arbeitslosigkeit als Erblast der Ära Kohl.[371] Während in den Sommermonaten das Thema weitgehend von der Agenda der Parteien verschwunden war, versucht die Union im September noch einmal mit Argumenten zur Mittelstandsförderung zu punkten.[372]

Entscheidender geprägt ist die Debatte durch kleine, aber konkrete Themen aus den Bereichen Arbeitsmarktpolitik und Arbeitsgesetzgebung. Seitens der SPD-Opposition werden insbesondere die Arbeitsbeschaffungsmaßnahmen in Ostdeutschland kritisiert, mit denen die Arbeitslosenquote künstlich niedrig gehalten werde[373]. In diesem Zeitraum nimmt die aktive Arbeitsmarktpolitik der Bundesregierung ausführlichen Raum in der Berichterstattung ein. Die Bundesanstalt für Arbeit hatte im Wahljahr 1998 rund 385.000 Stellen im Rahmen von Arbeitsbeschaffungs- und Strukturanpassungsmaßnahmen (ABM und SAM) eingerichtet, die zum Teil schon kurze Zeit nach der Wahl ausliefen. Davon waren rund 314.000 Stellen in Ostdeutschland angesiedelt.[374] Die Opposition spricht von einer „Aufblähung der Arbeitsbeschaffungsmaßnahmen"[375]. Schon Mitte Juli hatte die Süddeutsche Zeitung diese Maßnahmen im Osten kritisiert und mit dem Titel „Treibt die Regierung Wahlkampf mit der Bundesanstalt für Arbeit?"[376] überschrieben. Auch die FAZ hatte über Kritik der Wirtschaftsforschungsinstitute an den Arbeitsbeschaffungsmaßnahmen in den neuen Ländern berichtet.[377] Im September verschärft sich das Klima zu ungunsten der Regierung. Neue Berichte stellen die Wirksamkeit aktiver Arbeitsmarktpolitik dieser Art in Frage.[378] BILD erwähnt dieses Thema nicht.

Weitere Themen der Diskussion um Arbeit sind Kündigungsschutz und Lohnfortzahlung im Krankheitsfall. Hier sieht die SPD die unionsgeführte Re-

---

[370] Vgl. Lafontaine, Oskar: Pressemitteilung der SPD vom 08.09.1998.

[371] Vgl. Lafontaine, Oskar/ Walter Riester: Pressemitteilungen der SPD vom 23.09.1998 und vom 25.09.1998.

[372] Vgl. Pressemitteilung der CDU vom 10.09.1998.

[373] Vgl. Pressemitteilungen der SPD vom 18.06.1998, 01.08.1998 und 06.08.1998.

[374] Vgl. Statistisches Bundesamt: Statistisches Jahrbuch 1999. Wiesbaden 1999. S. 123

[375] Die Lage auf dem Arbeitsmarkt bessert sich weiter. Frankfurter Allgemeine Zeitung Nr. 181 vom 07.08.1998. S. 1.

[376] Treibt die Regierung Wahlkampf mit der Bundesanstalt für Arbeit? Süddeutsche Zeitung Nr. 159 vom 14.07.1998. S. 17.

[377] Institute kritisieren ABM in neuen Bundesländern. Frankfurter Allgemeine Zeitung Nr. 147 vom 29.06.1998. S. 17.

[378] „Anarchistisches Programm" gegen Arbeitslosigkeit. Süddeutsche Zeitung Nr. 215 vom 18.09.1998. S. 11.

gierung auf breiter Front gescheitert: „Wir werden die Fehlentscheidungen beim Kündigungsschutz (...) [und] bei der Lohnfortzahlung im Krankheitsfall korrigieren"[379]. Die Union bezeichnet diese Rücknahmeabsichten der SPD als „wirtschaftsfeindlich"[380], während die SPD in ihrem Startprogramm erneut bekräftigt, diese Veränderungen rückgängig zu machen[381]. Beim Thema Kombi-Lohn versucht die Union im August noch einmal Boden gut zu machen, Arbeitsminister Blüm verteidigt in einem Brief an die CDU/CSU-Fraktion sein Modell[382]. Die BILD-Zeitung hatte diesem Thema breiten Raum eingeräumt und es popularisiert.[383] Die übrigen Zeitungen stehen dem Modell skeptisch gegenüber und analysieren es kritisch: „Wahlkampf-Knüller Kombilohn. Von dem Projekt, Niedriglöhne staatlich zu subventionieren profitieren eher die Parteipolitiker als die Langzeitarbeitslosen."[384] Einen Monat später berichtet die Frankfurter Allgemeine Zeitung mit vergleichbarer Tendenz: „Der Kombilohn führt ökonomisch in die Irre."[385] Hier zeigt sich ein deutlicher Unterschied zwischen BILD und den beiden übrigen Zeitungen. FAZ und SZ entlarven den Populismus dieses Modells. Insgesamt ist der Kombi-Lohn in der Debatte, wie auch in der Realität auf dem Arbeitsmarkt, kaum relevant. Er bleibt ein Randthema, das die Union nicht zu ihren Gunsten durchsetzen konnte.

Als weiterer Punkt in der Wahlkampfberichterstattung ist die Rolle von Jost Stollmann im Schattenkabinett der SPD erwähnenswert. Äußerungen Stollmanns und die darauf folgenden Diskussionen werden vor allem in der Süddeutschen Zeitung ausführlich behandelt. Seine Forderungen sorgen zumeist für Widerspruch in den eigenen Reihen und bei den Gewerkschaften, aber auch Bundeskanzler Kohl nennt sie „haarsträubend"[386]. Stollmann sollte als Mann der Wirtschaft Stimmen am konservativen Rand gewinnen. Diese, rein populistische, Absicht seiner Nominierung wird offensichtlich von den Medien erkannt. Sie berichten sehr zurückhaltend über ihn.

---

[379] SPD: Arbeit, Innovation und Gerechtigkeit. 1998. S. 23.
[380] Hintze, Peter: Pressemitteilung der CDU vom 15.08.1998.
[381] Vgl. Pressemitteilungen der SPD vom 20.08.1998.
[382] Blüm, Norbert: Brief an die CDU/CSU-Fraktion vom 18.08.1998. Zitiert nach: Pressemitteilung der CDU vom 18.08.1998.
[383] Blüms Kombi-Lohn-Konzept. BILD vom 10.08.1998. S. 1f; Blüm: Wer mal einen einfachen Job macht, ist kein Versager. BILD vom 21.08.1998. S. 2.
[384] Wahlkampf-Knüller Kombilohn. Süddeutsche Zeitung Nr. 181 vom 08.08.1998. S. 25.
[385] Eine Brücke zur Beschäftigung. Frankfurter Allgemeine Zeitung Nr. 206 vom 05.09.1998. S. 15.
[386] Kohl nennt Stollmanns Äußerungen haarsträubend. Süddeutsche Zeitung Nr. 220 vom 24.09.1998. S. 2.

5.2.3 Einordnung und Ergebnisse

Zu Beginn der heißen Phase des Wahlkampfs befand sich die wirtschaftliche Entwicklung an einem Wendepunkt. Der bereits 1994 konstatierte typische Aufschwung des Wahljahres verlor an Dynamik und auf dem Arbeitsmarkt war lediglich eine leichte Verbesserung spürbar. Diese beruhte fast ausschließlich auf einer positiven Entwicklung in Westdeutschland. Die Situation ließ Interpretationen in jede beliebige Richtung zu. Die SPD greift das Thema Arbeitslosigkeit in massiver Weise auf, legt Konzepte vor und verspricht mit einfachen und griffigen Formulierungen eine enorme Verbesserung für die Zukunft. Der als Arbeitsminister vorgesehene Riester setzt beispielsweise auf eine „Förderung des Standorts Deutschland"[387]. Auf der anderen Seite lässt es die Situation, viel mehr als in den anderen beiden Wahlkämpfen, zu, dass die Regierung tatsächliche Erfolge auf dem Arbeitsmarkt melden kann. Die Union nutzt diese positive Tendenz, hat aber aufgrund der hohen absoluten Zahlen eine sehr schwache Argumentationsbasis.

Diese Pattsituation führt dazu, dass beide Parteien stark auf Randaspekte des Themas eingehen. Die SPD tut sich mit einem neuen Zahlen-Versprechen hervor und kündigt ein Existenzgründerprogramm an, das eine Million Arbeitsplätze bringen werde. Außerdem verspricht die Opposition, im Fall eines Wahlsiegs die Änderungen beim Kündigungsschutz und der Lohnfortzahlung im Krankheitsfall zurückzunehmen. Unpopuläre Maßnahmen des Gegners zurückzunehmen ist eine charakteristisch wirtschaftspopulistische Vorgehensweise und garantiert Zustimmung bei der eigenen Klientel. Als weiteres Randthema ist die Diskussion um den Kombi-Lohn zu sehen. Die Union versucht, diesen Vorschlag als effizientes Heilmittel erscheinen zu lassen. BILD betreibt diese Kampagne mit, während die Qualitätszeitungen sie einhellig verurteilen. Für die Union zündet das Thema nicht. Auch das mit dem Begriff Einfacharbeitsplatz besetzte Thema des Niedriglohnsektors kann sich nicht entfalten. Auch bei der SPD funktionieren wichtige Bestandteile der Strategie nicht. Stollmann sollte als Schattenminister für das Wirtschaftsressort Kompetenz vermitteln und verkörperte den wirtschaftlichen Teil der Neuen Mitte. Er sollte die Kommunikation mit Bezug zum Arbeitsmarkt glaubwürdiger erscheinen lassen: Ein Mann aus der Wirtschaft schafft Arbeitsplätze. In seinen Äußerungen bezog sich Stollmann während des Wahlkampfs regelmäßig auf das Thema Arbeitslosigkeit[388] und versuchte mit relativ liberalen Positionen verstärkt Wähler der Mitte zu gewin-

---

[387] Vgl. Riester, Walter: Pressemitteilung der SPD vom 03.09.1998.

[388] Vgl. Ein virtueller Minister. Süddeutsche Zeitung Nr. 139 vom 20.06.1998. S. 2; Stollmann sieht Chancen für neues Bündnis für Arbeit. Süddeutsche Zeitung Nr. 183 vom 11.08.1998. S. 1; Schröder setzt allein auf neue Arbeitsplätze. Süddeutsche Zeitung Nr. 191 vom 21.08.1998. S. 5.

nen. Die öffentliche Darstellung Stollmanns ist durchweg negativ und führt zu seinem Rückzug aus der Politik.

Die heiße Phase 1998 ist von einer inhaltlichen Sprachlosigkeit geprägt. Beide Seiten machen Vorschläge, die kaum aufgegriffen werden. Auf beiden Seiten gibt es einfache und gut erklärbare Modelle, die der Komplexität und dem Ausmaß des Problems in keiner Weise gerecht werden. Allein das Privileg des Angriffs bringt der SPD Vorteile ein. Am Ende des Wahlkampfs gründet sich dieser Vorteil vor allem auf die Kritik beim Thema Arbeitsbeschaffungsmaßnahmen in Ostdeutschland. Es gelingt der SPD, sie als wahlkampfbedingt und zugleich unwirksam darzustellen. Insgesamt ist die inhaltliche Argumentation noch stärker dem Ziel der Popularität untergeordnet als 1994. Inhaltliche Unterschiede bei den Maßnahmen erstrecken sich auf Randthemen. Einprägsamster Unterschied ist die dem Wahlkampf geschuldete, unterschiedliche Bewertung der Entwicklung auf dem Arbeitsmarkt.

5.3 Wahl

5.3.1 Thema Arbeitslosigkeit und Wahlentscheidung

Die starke Präsenz des Themas im Bundestagswahlkampf 1998 war begründet in der Entwicklung der vorausgehenden Jahre. „Das Thema Arbeitslosigkeit beherrschte die politische Agenda während der gesamten Legislaturperiode."[389] In Ostdeutschland war dies bereits seit 1990 so, ab Herbst 1993 durchgehend auch im Westen.[390] 1994 wurde die Kompetenz zur Lösung dieses Problems noch eher der Union zugeschrieben, und positive wirtschaftliche Aussichten nährten die Zustimmung zur Regierung. Dennoch fiel die Entscheidung bei der Bundestagswahl 1994 denkbar knapp aus, Union und FDP hatten zusammen lediglich 0,3 Prozentpunkte Vorsprung. Hatte die Union hier noch erfolgreich auf die ökonomische Karte setzen können, so verlor sie im Laufe der folgenden Legislaturperiode das Vertrauen der Wähler. Im Frühsommer 1998 kündigte sich ein vorsichtiger Wirtschaftsaufschwung an, teilweise herbeigeredet durch die wahlkämpfenden Parteien. Die Union konnte davon jedoch nicht profitieren. „Der Grund hierfür ist, daß in den Jahren 1996 und 1997, in denen sich die Beurteilung der wirtschaftlichen Situation in Deutschland nur wenig änderte, die Kompetenzzuschreibungen für die von der Union geführte Regierung ständig abnahmen, die zugunsten einer alternativen SPD-geführten Regierung zumindest im Jahre 1997

---

[389] Jung und Roth: Wer zu spät geht, den bestraft der Wähler. 1998. S. 8.
[390] Ebd.

deutlich zunahmen...“[391]. Die Union war in diesem Bereich bei weitem weniger
glaubwürdig als in den Wahlkämpfen zuvor. Die Gründe liegen unter anderem
im glücklosen Agieren von Finanzminister Waigel und dem Scheitern der Steuerreform.

Auch war die Situation auf dem Arbeitsmarkt im Jahr 1998 deutlich ange-
spannter als im Jahr 1994. Das Wirtschaftswachstum zwischen den Wahlen hatte
sich kaum auf den Arbeitsmarkt ausgewirkt. Im Wahljahr 1998 war die Mehrheit
der Bevölkerung der Meinung, dass keine Regierung unter Führung einer der
beiden großen Parteien in der Lage sei, die Arbeitslosigkeit erfolgreich zu bekämpfen. Eine relative Mehrheit ordnete der SPD diese Kompetenz eher zu als
der Union.[392] Wenn auch die Union vor der Wahl noch bei der allgemeinen Wirtschaftskompetenz aufholen und sogar leicht überholen konnte[393], lag die SPD bei
der Kompetenzzuschreibung in punkto Arbeitslosigkeit auch kurz vor der Wahl
vorne. Die auf die sogenannte Neue Mitte abzielende Strategie der SPD brachte
in verschiedensten Wählergruppen Zugewinne. Vor allem in der Gruppe der
Angestellten konnte die SPD ein überdurchschnittliches Plus verbuchen. Bei den
gewerkschaftlich organisierten Arbeitern bauten die Sozialdemokraten ihren
Vorsprung beträchtlich aus. Sogar bei den Selbstständigen verlor die Union zugunsten der SPD überdurchschnittlich stark an Zustimmung.

1998 wurde das Thema Arbeitslosigkeit von den Wahlberechtigten als besonders wichtig empfunden. Es führte in Umfragen die Rangliste der Themen
mit 91 Prozent Zustimmung an, 14 Prozentpunkte mehr als 1994.[394] Der SPD
gelang es vom Beginn des Wahlkampfes an, eine weitgehend einheitliche Strategie in allen Politikfeldern und Bereichen des Wahlkampfs durchzuhalten. Um
Kompetenz im wirtschaftlichen Bereich zu beweisen, präsentierte sie den partei-
losen Unternehmer Stollmann als Kandidaten für das Amt des Wirtschaftsminis-
ters. Der SPD gelang es, mit ihren Aussagen sowohl bei den mit Neuer Mitte
umschriebenen, wirtschaftlich und kulturell einflussreichen Gruppierungen zu
punkten, wie auch bei den traditionellen Wählergruppen der SPD. „Umspannt
wurde diese Doppelstrategie durch den Slogan ‚Innovation und Gerechtigkeit'.
Als zentrale Aufgabe, an der sich die SPD bei der Wiederwahl messen lassen
wollte, bezeichnete sie die Schaffung und Sicherung von Arbeitsplätzen.“[395]
Schröder kündigte an, die Arbeitslosenzahl unter 3,5 Millionen zu senken. Damit

[391] Jung und Roth: Wer zu spät geht, den bestraft der Wähler. 1998. S. 7.
[392] Ebd. S. 8.
[393] Ebd. S. 7.
[394] Vgl. Feist, Ursula/Hans-Jürgen Hoffmann: Die Bundestagswahlanalyse 1998: Wahl des Wechsels.
In: Zeitschrift für Parlamentsfragen. Heft 2/1999. S. 215-251. S. 223.
[395] Ebd.

gab er ein neues populistisches Arbeitsmarktversprechen, das bittere Folgen für seine Partei haben sollte.

Die Union war 1998 aufgrund schlechter Umfragewerte für die gesamte Regierung auf einen Stimmungsumschwung in letzter Minute angewiesen. Dabei sollten positive Signale aus der Wirtschaft und vom Arbeitsmarkt unterstützend wirken und wurden als große Wende kommuniziert. Dies war Teil der Wahlkampfstrategie.[396] Ab Mitte 1998 gaben freundliche Nachrichten über eine anziehende Konjunktur und sinkende Arbeitslosenzahlen dieser Linie neue Nahrung. Die Arbeitslosenquote fiel in Richtung der Vier-Millionen-Marke. „Um diesen positiven Tendenzen noch mehr Nachdruck zu verleihen, legte die Regierung Kohl für 600 Millionen D-Mark ein Arbeitsbeschaffungsprogramm auf."[397] Diese, später als „Wahlkampf-ABM" gewertete, Maßnahme senkte die Arbeitslosenzahl weiter ab. Auch die SPD versuchte, den Aufschwung für sich zu nutzen, indem sie behauptete, der absehbare Wechsel erzeuge positive Stimmung in der Wirtschaft. Sie will also, ohne jede Vertuschung, einen Aufschwung selbsttätig herbeireden.

Die auch zur Senkung der Arbeitslosigkeit geplante große Steuerreform muss für die Union als Misserfolg gelten: Sie scheiterte an der sozialdemokratischen Mehrheit im Bundesrat. So konnten wesentliche Maßnahmen zur Entspannung der Lage auf dem Arbeitsmarkt nicht durchgesetzt werden und Kohl gilt vielen Wählern als „Kanzler der Spaltung zwischen Arbeitsplatzbesitzern und Arbeitslosen"[398]. Auch die von der Union gesetzten Randthemen zünden nicht. Betrachtet man die Themen des Wahlkampfs 1998, so stand die Arbeitslosigkeit bei den Sachfragen durchweg im Zentrum der Auseinandersetzung. Der Wahlkampf wurde davon bei weitem stärker überlagert als 1994. Die Präsenz ist bei keinem der anderen Wahlkämpfe so stark wie 1998. Daneben unterlag die Diskussion insbesondere dem Motiv „16 Jahre sind genug". In Kombination mit der schwachen Position der Union beim Thema Arbeitslosigkeit wurde dies zum unüberwindbaren Problem.

5.3.2 Die Realität der folgenden Legislaturperiode

Nach dem erfolgten Regierungswechsel 1998 stehen zunächst die damit verbundenen personellen Änderungen im Mittelpunkt des öffentlichen Interesses. Angesichts grundsätzlicher Richtungsdiskussionen innerhalb von SPD und Grünen verliert die neue Bundesregierung schnell an Zustimmung. Schon bei der Land-

---

[396] Feist und Hoffmann: Die Bundestagswahlanalyse 1998. 1999. S. 225.
[397] Ebd.
[398] Ebd. S. 226.

tagswahl in Hessen im Frühjahr 1999 kann die Union auch aufgrund der Unzufriedenheit mit der Bundesregierung einen Sieg erringen. Vor diesem Hintergrund sind alle arbeitsmarktrelevanten Maßnahmen zu sehen, die die Regierung
Schröder einleitete. Zunächst wird das Wahlversprechen eingelöst und noch im
Dezember 1998 die Kürzung der Lohnfortzahlung im Krankheitsfall rückgängig
gemacht. Außerdem wird die von Kohl 1996 eingeführte Lockerung der Kündi-
gungsschutzbestimmungen zurückgenommen; ab Januar 1999 gilt das Gesetz
wieder für Betriebe ab fünf Mitarbeitern.

Bundesarbeitsminister Riester treibt in der Folge weitere arbeitsmarktrelevante Maßnahmen voran. So wird mit dem Gesetz zur Scheinselbständigkeit die
Sozialversicherungspflicht wesentlich ausgedehnt. Auf den Arbeitsmarkt hat dies
tendenziell negative Auswirkungen, denn nicht alle bisher selbständig Beschäftigten können dies bleiben oder werden von ihrem Arbeitgeber fest angestellt.
Am Ende der Legislaturperiode konterkariert der Hartz-Vorschlag von der Ich-
AG diese Maßnahme des glücklosen Arbeitsministers Riester. Zentrales Kom-
munikationsproblem der Bundesregierung beim Thema Arbeitslosigkeit und eine
große Hypothek für die Legislaturperiode ist das nicht zu haltende Versprechen
Schröders aus dem Wahlkampf, die Arbeitslosenzahl auf unter 3,5 Millionen zu
senken. Dieses Versprechen bekräftigt er kurz vor der Wahl noch einmal: "Wenn
wir es nicht schaffen, die Arbeitslosenquote signifikant zu senken, haben wir es
weder verdient wieder gewählt zu werden, noch werden wir wieder gewählt."[399]

Das Versprechen war zudem Teil der Karten-Kampagne der SPD. Schröder
lässt unter dem Motto „Ich gebe Ihnen neun gute Gründe, die SPD zu wählen.
Der zehnte heißt Kohl." kleine Karten mit Wahlkampfversprechen verteilen. Das
erste lautet: „Mehr Arbeitsplätze durch eine konzertierte Aktion für Arbeit, Innovation und Gerechtigkeit. Arbeitslosigkeit kann man bekämpfen." Die Versprechen können in der Realität der Legislaturperiode in keiner Weise verwirk-
licht werden. Insbesondere die konkreten Aussagen zu Zahlen rächen sich, wie
auch schon bei Kohl, im nachfolgenden Wahlkampf. Die Union erinnert 2002
immer wieder an dieses Versprechen.

5.4 Auswertung

Im Jahr 1998 ist die Arbeitslosigkeit, neben dem Motiv „16 Jahre sind genug"
der wichtigste Gegenstand des Wahlkampfs. In seiner Bedeutung hat das Thema
massiv gegenüber 1994 gewonnen. Das liegt vor allem an der faktisch sehr hohen Arbeitslosigkeit im Wahljahr, zum anderen aber auch an einer konsequent

---

[399] „Wir haben bessere Karten". Der Spiegel. Heft 39/1998. Quelle: www.spiegel.de am 17.03.2005.

auf das Thema zugeschnittenen Wahlkampfführung der Opposition. Die Bekämpfung der Arbeitslosigkeit als Ziel einer möglichen SPD-Regierung wird eng
mit der Person des SPD-Kandidaten Schröder verknüpft. Schröder, zu dem Zeitpunkt niedersächsischer Ministerpräsident, tritt als Mann der Wirtschaft auf und
spricht mit dem Kurs der Neuen Mitte auch wirtschaftlich erfolgreichere Wäh-
lerkreise an. 1998 ist die Arbeitslosigkeit erstmals unbestritten zentrales Thema
des Wahlkampfs und nie zuvor wurde es vergleichbar konsequent in die Positionierung eines Kandidaten eingebaut.

Die Dringlichkeit des Problems und der Kurs der Neuen Mitte bei der SPD
sorgen für eine Annäherung der beiden Parteien sowohl bei den Inhalten wie
auch bei der Bedeutungszuweisung des Themas. Die SPD sieht hier Angriffs-
möglichkeiten und legt deswegen den Schwerpunkt auf das Thema. Da die gesamte Legislaturperiode über die Arbeitslosigkeit schon wichtigstes Thema war,
muss sich die Union auf diesem Gebiet stellen. Bundeskanzler Kohl sieht sich im
Frühjahr 1998 sogar gezwungen, hier Misserfolge einzugestehen und für die
Zukunft Optimismus zu verbreiten. Es ist eine Verstärkung des öffentlichen
Drucks bei der Arbeitslosigkeitsfrage insgesamt zu beobachten.

Inhaltlich treffen sich die Parteien bei Konzepten, die sie offensichtlich beide für populär erachtet haben. Zentral ist die Verknüpfung der Begriffe Wachstum und Aufschwung mit Beschäftigung. Die SPD hatte im Jahr 1994 noch nicht
auf den Begriff Wachstum gesetzt, schwenkt jetzt aber darauf ein. Der Populis-
musbegriff Wachstum hat sich 1998 als propagiertes Wahlkampfziel beider Parteien durchgesetzt. Im Zuge dieser verstärkten Positionierung auf dem Feld Arbeitslosigkeit werden viele andere Bereiche in der Kommunikation dem Ziel der
Bekämpfung der Arbeitslosigkeit untergeordnet. Das gilt nach dem von Lafontaine betriebenen Scheitern der großen Steuerreform im Bundesrat insbesondere
für den Bereich der Fiskalpolitik. Die Union argumentiert bei der Höhe der Arbeitslosigkeit auch mit diesem Punkt und weist der SPD Schuld zu. Auch der
Bereich Bildung, Wissenschaft und Forschung wird verstärkt unter diesem Aspekt betrachtet. Hier ist ein Übergreifen des populären Themas auf weitere Arbeitsfelder zu beobachten.

Vorschläge zur Lösung des Arbeitslosigkeitsproblems sind, wie schon 1994
festgestellt, meist relativ einfach geartet. Die Opposition argumentiert ausführlich mit mehr Innovationen für Arbeitsplätze oder einer Förderung des Standorts
Deutschland. Auch müsse man in Deutschland einfach produktiver und besser
sein als die Konkurrenz und Arbeitslose sollten so schnell wie möglich in Beschäftigung gebracht werden. Dazu sei es eben notwendig, Arbeit statt Arbeitslosigkeit zu finanzieren. So lauten in kurzer Form einige Formulierungen und Vorschläge aus dem SPD-Wahlprogramm. Die Union muss als Regierungspartei
näher an tatsächlichen Inhalten argumentieren, bedient sich aber auch massen-

wirksamer Formulierung und meldet beispielsweise, die Job-Maschine laufe auf
vollen Touren. Darüber hinaus konzentrieren sich die Lösungsvorschläge auf
arbeitsmarktrelevante Randthemen. Die Union propagiert den Einfacharbeitsplatz und versucht bei gering Qualifizierten Stimmen zu gewinnen. Sie sollen
sich in Deutschland nicht ausgeschlossen fühlen. Das Thema findet kaum Wi-
derhall, zu sehr verhindern hohe Arbeitskosten einen florierenden Niedriglohnsektor, für deren Höhe die Union ja selbst mitverantwortlich ist.

Auch der Kombi-Lohn wird von der Union massiv im Wahlkampf kommuniziert, Arbeitsminister Blüm treibt dieses Projekt voran. BILD leistet Unterstützung, doch bei den Qualitätsmedien findet der Kombi-Lohn keine Zustimmung
und wird als Wahlkampftrick dargestellt. Das Thema Mittelstand als immer
wiederkehrendes Motiv in Bundestagswahlkämpfen spielt 1998 eine relevante
Rolle für die SPD. Ihr gelingt es, im Rahmen des Kurses der Neuen Mitte, dieses
Thema populär zu machen und hier kompetent zu erscheinen. „Für die SPD war
es 1998 ganz entscheidend, dass Gerhard Schröder auf diesem Feld etwas zuget-
raut wurde. Dass man auch vor wirtschaftspolitischen Positionen der SPD sich
nicht fürchtet, sondern ihm zutraut, gerade was den Mittelstand angeht, auch
vernünftige Programme aufzusetzen. Das war mit entscheidend 1998 für den
sehr, sehr deutlichen Wahlsieg."[400] Hier spielte auch die Positionierung von Jost
Stollmann als künftigen Wirtschaftsminister eine Rolle. Der Mann aus der Wirtschaft sollte glaubwürdig vermitteln, dass die SPD Arbeitplätze schaffen kann.
Er wurde als Problemlöser dargestellt, gewissermaßen als Deus ex Machina.

Das Motiv des Pakts ist auch 1998 präsent. Die SPD fordert einen Beschäftigungspakt und bedient so das Vorurteil, dass man ja etwas bewegen könnte,
wenn „Die da oben" mal zusammen handeln würden. Diese Idee war auch ein
Motiv der Karten-Kampagne der SPD unter dem Motto „Ich gebe Ihnen neun
gute Gründe, die SPD zu wählen. Der zehnte heißt Kohl"[401]. Das erste lautet:
„Mehr Arbeitsplätze durch eine konzertierte Aktion für Arbeit, Innovation und
Gerechtigkeit. Arbeitslosigkeit kann man bekämpfen."[402] Diese Kampagne erwies sich als Hypothek für die nachfolgende Legislaturperiode. „Die Sozialdemokraten (...) verteilten da Garantiekarten, Karten die Schröder heute besser
nicht mehr verteilt hätte. Da rutscht er auf jeder Karte aus, jede Karte ist eine
Bananenschale."[403] Besonders augenfällig ist 1998 das Herbeireden eines Wahljahresaufschwungs. Die Union kann mit einer Konjunkturbelebung argumentieren, die sich aber gegen Ende des Wahlkampfs wieder verflüchtigt. Es scheint,
als ob eine leichte Aufschwungtendenz sich in jedem Sommer eines Wahljahres

---

[400] Machnig, Matthias: Gespräch mit dem Autor am 20.02.2003.
[401] Werbekarte der SPD im Wahlkampf 1998.
[402] Ebd.
[403] Tiedje, Hans-Hermann: Gespräch mit dem Autor am 11.04.2003.

einstellen würde. Schröder reklamiert das Wachstum 1998 sogar als seinen Aufschwung und führt ihn auf die positiven Auswirkungen seiner Kandidatur zurück. Im Sommer ermöglicht die wirtschaftliche Entwicklung unterschiedliche Bewertungen durch die Parteien, weil die Dynamik des Aufschwungs etwas nachlässt. Insgesamt erscheint die Tendenz der Konjunktur entscheidender für die Kommunikation der Parteien als ihr Niveau. Mit der Tendenz lassen sich Hoffnungen oder negative Aussichten verbinden. Hoffnung steht auch bei Versprechen im Vordergrund, die 1998 erstmals eine wichtige Rolle spielen. Die Kohl zugeschriebene Aussage von der Halbierung der Arbeitslosenzahl war eine Belastung in diesem Wahlkampf, während Schröder sich mit seinem Versprechen die Zahl auf 3,5 Millionen zu senken, eine neue Hypothek schuf. Außerdem stellte die SPD eine Million Arbeitsplätze durch ein Existenzgründerprogramm in Aussicht.

Die Macht der absoluten Zahl ist Grund dafür, warum derartige Versprechen bei den wahlkämpfenden Parteien so beliebt sind. 1998 stand die Marke vier Millionen im Mittelpunkt. „Das war ja auch der Versuch der Union, vor der Bundestagswahl 98 partout die offizielle Arbeitslosenzahl unter 4 Millionen zu kriegen. Da ist alles mobilisiert worden, um das rauszurechnen, dass das unter vier Millionen ist. Da war ein richtiges Tauziehen um diese Frage."[404] Aus diesem Grund soll von der Regierung Kohl auch versucht worden sein, mittels massiver Arbeitsbeschaffungsmaßnahmen in Ostdeutschland die Arbeitslosenzahl zur Wahl hin zu senken. Die Diskussion darüber flammte in den letzten Wochen des Wahlkampfs auf und wird von einigen Medien mitgetragen.

Eine Einflussnahme der Regierungspartei auf die faktischen Grundlagen, über die im Wahlkampf diskutiert wird, ist als Möglichkeit zu sehen, populäre Kommunikation zu vereinfachen und Zustimmung zu erreichen. Hier könnte einer der wenigen Vorteile einer Regierungspartei gegenüber der Opposition auf dem Feld der Arbeitslosigkeitsfrage im Wahlkampf liegen. Schröder konnte sich 1998 als erfolgreicher Wirtschaftpolitiker profilieren und glaubhaft vermitteln, das Arbeitslosenproblem eher lösen zu können als die Regierung Kohl. Wahlkampfberater Machnig sieht diese Positionierung als entscheidend an: „Die SPD stand für Innovation und Gerechtigkeit. Innovation und Gerechtigkeit war ja nichts anderes als zu sagen: Wir sind die Partei, die wirtschaftliche Modernisierung und sozialen Zusammenhalt zusammendenken konnte."[405] Auch aus Sicht der Medien hatte Schröder Überzeugungsarbeit geleistet. „Schröders Versprechen, die Arbeitslosigkeit auf 3,5 Millionen zu drücken, hat einen sehr zentralen Stellenwert gehabt."[406]

---

[404] Tiedje, Hans-Hermann: Gespräch mit dem Autor am 11.04.2003.
[405] Machnig, Matthias: Gespräch mit dem Autor am 20.02.2003.
[406] Kister, Kurt: Gespräch mit dem Autor am 29.04.2004.

6 Der Bundestagswahlkampf 2002

6.1 Vorphase und Wahlkampfauftakt

6.1.1 Wirtschaftliche Ausgangslage

Das Wahljahr 2002 beginnt mit verhalten optimistischer Stimmung in der Wirtschaft. Die Lage auf dem Arbeitsmarkt ist angespannt, jedoch nicht so dramatisch wie zu Beginn des Jahres 1998. Mit knapp 4,29 Millionen arbeitslos Gemeldeten im Januar 2002 ist die absolute Zahl deutlich niedriger als mit über 4,82 Millionen im Januar 1998.[407] Die Stimmung in der deutschen Wirtschaft hellt sich im Januar 2002 deutlich auf, der Geschäftsklimaindex des Ifo-Instituts steigt spürbar an.[408] Trotz optimistischer Prognosen ist die Inlandsnachfrage jedoch schwach, die Entwicklung bei den Exporten ist ebenfalls rückläufig. Die im Februar erscheinenden Zahlen für das Gesamtjahr 2001 weisen einen geradezu treppenartigen konjunkturellen Abschwung bei gleichzeitig ansteigender Arbeitslosigkeit aus.[409]

Die Bundesregierung erklärt die Lage mit einer schwachen Weltkonjunktur, zeigt sich zu diesem Zeitpunkt optimistisch und prognostiziert, dass Deutschland zu einem Wachstum von drei Prozent zurückfinden werde.[410] Im März erhärtet sich die Vermutung, wonach der Tiefpunkt der konjunkturellen Entwicklung zum Ende des Jahres 2001 durchschritten worden sei. Der Ifo-Geschäftsklimaindex ist im März zum vierten Mal hintereinander gestiegen.[411] Die Arbeitslosenzahlen entwickeln sich im Februar wegen des milderen Wetters etwas günstiger und die Zahl der Kurzarbeiter steigt stark an. Diese Tatsache wird positiv gewertet, die Unternehmen erwarteten eine konjunkturelle Verbesserung und wollten trotz geringer Auslastung ihre Mitarbeiter in der Kurzarbeit halten, anstatt sie zu entlassen. Im April trüben sich die Aussichten ein und es entstehen erste Zweifel, ob der Tiefpunkt der konjunkturellen Krise bereits überstanden sei. Diese Situation bildet der sinkende Ifo-Geschäftsklimaindex ab. Allerdings sind im April die Erwartungen der Wirtschaft besser als die Einschät-

---

[407] Bundesanstalt für Arbeit. www.bundesanstalt.de am 18.10.2003.
[408] Vgl. Kauft, Leute, kauft. FAZ-Konjunkturbericht. Frankfurter Allgemeine Zeitung Nr. 32 vom 07.02.2002. S. 13.
[409] Vgl. Der Optimismus festigt sich. FAZ-Konjunkturbericht. Frankfurter Allgemeine Zeitung Nr. 57 vom 08.03.2002. S. 13.
[410] Vgl. Ebd.
[411] Vgl. Aufschwungzeichen und Risikosorgen. FAZ-Konjunkturbericht. Frankfurter Allgemeine Zeitung Nr. 77 vom 03.04.2002. S. 15.

zung der aktuellen Lage.[412] Ausgesprochen negativ entwickelt sich zu diesem Zeitpunkt der Arbeitsmarkt. Die Arbeitslosenzahl sinkt im April zwar um 132.000 auf 4,024 Millionen[413]. Das ist jedoch vor allem auf saisonale Einflüsse sowie auf Effekte des „Job-Aqtiv-Gesetzes" zurückzuführen.[414] Um diese Effekte bereinigt, steigt die Zahl der Arbeitslosen sogar um 6000[415]. Die Versuche, die Arbeitslosenzahl im Wahljahr möglichst niedrig zu halten, gelingen der Bundesregierung nicht. Im Folgemonat verbessert sich zwar die Stimmung leicht, der Export belebt die Umsätze der deutschen Wirtschaft. Dennoch steigt die Arbeitslosigkeit aufgrund der fortgesetzten Konjunkturschwäche und des Tarifkonflikts im Baugewerbe vergleichsweise stark an.[416]

Die weitere Entwicklung im Juni lässt unterschiedliche Interpretationsrichtungen zu, wie auch schon im Frühsommer 1998 beobachtet. Jede Partei kann die Daten nach ihrer Sicht der Dinge interpretieren. Zwar sind die Zukunftserwartungen etwas eingetrübt, andererseits verbessert sich die Einschätzung der aktuellen Lage.[417] Die ersten Sommerprognosen der Institute liegen weit auseinander. Es besteht kein Zweifel über eine konjunkturelle Verbesserung, Ausmaß und Zeitpunkt sind jedoch unklar.[418] Am Arbeitsmarkt ist keine Entlastung in Sicht, eine Besserung wird frühestens für das Jahr 2003 erwartet. Bereits zu diesem Zeitpunkt steht fest, dass sich die schlechte Situation in jedem Fall im Wahljahr nicht mehr verändern wird. Ausgehend von einer weniger drastischen Situation am Beginn des Wahljahres zeichnet sich im ersten Halbjahr eine in ihrer Tendenz für die SPD-Regierung ausgesprochen ungünstige Entwicklung ab. Die Konjunkturschwäche wirkt sich massiv auf den Arbeitsmarkt aus. Trotz verschiedener Maßnahmen, wie etwa dem Inkrafttreten des „Job-Aqtiv-Gesetzes", steigen die saisonbereinigten Zahlen kontinuierlich an. Damit kann die Union sich bereits vor Beginn der heißen Phase auf eine offene Flanke der Bundesregierung beim Thema Arbeitslosigkeit einstellen.

---

[412] Vgl. Schwacher Start. FAZ-Konjunkturbericht. Frankfurter Allgemeine Zeitung Nr. 107 vom 10.05.2002. S. 13.

[413] Bundesanstalt für Arbeit. www.bundesanstalt.de am 18.10.2003.

[414] Es meldeten sich Erwerbslose aus der Arbeitslosigkeit ab, die tatsächlich gar keine Beschäftigung gesucht hatten.

[415] Bundesbank. www.bundesbank.de am 18.10.2003.

[416] Vgl. Nur langsame Erholung. FAZ-Konjunkturbericht. Frankfurter Allgemeine Zeitung Nr. 134 vom 13.06.2002. S. 13.

[417] Ifo-Geschäftsklimaindex. In: Auf ohne viel Schwung. FAZ-Konjunkturbericht. Frankfurter Allgemeine Zeitung Nr. 156 vom 09.07.2002. S. 9.

[418] Vgl. Auf ohne viel Schwung. FAZ-Konjunkturbericht. Frankfurter Allgemeine Zeitung Nr. 156 vom 09.07.2002. S. 9.

6.1.2 Argumentationsentwicklung und Wahlprogramme

Da die Situation in der Öffentlichkeit zunächst weniger dramatisch wahrgenommen wird, steht die SPD nicht von Beginn an unter dem Druck, mit hoher Priorität eine Abwehrargumentation beim Thema Arbeitslosigkeit aufbauen zu müssen. So nimmt das Thema Arbeitslosigkeit in den Programmen zur Bundestagswahl 2002 zwar breiten Raum ein, steht aber nur bei der Union im Wahlprogramm an erster Stelle. Die Opposition setzt von Anfang an auf dieses Thema und sieht hier ein Angriffsfeld.

Während die Union im ersten Kapitel ihres Programms „Arbeit und Wohlstand für alle"[419] fordert, steht bei der SPD „Wirtschaft und Beschäftigung"[420] über Kapitel zwei und „Arbeitsmarkt"[421] über dem vierten. In einer Präambel versucht die SPD allerdings ihre Erfolge zu bilanzieren und bezeichnet Beschäftigung als „Aufgabe Nr. 1"[422] und Arbeit für alle als zentrales Ziel der Politik. So sei die Arbeitslosigkeit erfolgreich bekämpft worden und von knapp 4,28 Millionen im Durchschnitt des Jahres 1998 auf rund 3,85 Millionen im Jahr 2001 gesunken. Die Außeneinwirkungen der Weltwirtschaft hätten bremsend auf die Wirtschaft in Deutschland gewirkt, mit einem weltweiten Aufschwung werde Deutschland Arbeitsplätze sichern und schaffen. Es sei zudem weiter Ziel, den Trend zur illegalen Beschäftigung zu brechen. Ein Bündnis für Arbeit sei ferner unverzichtbare Plattform bei einem Ringen um Beschäftigung.[423] Die Indikatoren für Wirtschaftspopulismus, die Motive Pakt und Weltkonjunktur, aus den vorangegangen Wahlkämpfen tauchen wieder auf. Die eigentlichen Inhalte zum Thema folgen erst in Kapitel zwei, nach einer Abhandlung zu Außen- und Sicherheitspolitik. Im ersten Teil wird Deutschlands Rolle im internationalen Kontext gewürdigt und ein Bekenntnis zur Wehrpflicht abgelegt. Hier nimmt die SPD, vergleichbar mit der Erfolgsgeschichte Einheit der Union im Jahr 1994, die Gelegenheit wahr, die Regierungsarbeit positiv darzustellen.

Wahlprogramm der SPD
Die SPD habe 1998 einen Politikwechsel versprochen und die Schaffung von Arbeitsplätzen. Dies sei gelungen, die Beschäftigung habe in Deutschland einen historischen Höchststand erreicht und die Arbeitslosenzahl sei gesunken. Diese

---

[419] CDU: Leistung und Sicherheit. Zeit für Taten. Regierungsprogramm 2002 – 2006. Berlin 2002. S. 2.
[420] SPD: Erneuerung und Zusammenhalt – Wir in Deutschland. Regierungsprogramm 2002 – 2006. Berlin 2002. S. 3.
[421] Ebd.
[422] Ebd. S. 9.
[423] Vgl. SPD: Erneuerung und Zusammenhalt. 2002. S. 10.

Trendwende reiche aber nicht aus, jetzt müsse das Bündnis für Arbeit fortgeführt und eine starke und einige EU auch für dieses Ziel genutzt werden.[424] Die Union hat 1998 eine vergleichbare Abwehrkulisse aufgebaut. Hinzu kommt hier der Versuch, einen Teil der Verantwortung zur EU zu verschieben. Im Folgenden geht das Programm auf die Ziele der Wirtschaftspolitik ein: „Notwendig bleibt weiterhin eine kluge Kombination aus Angebots- und Nachfragepolitik (...)."[425] Dies kann als zentrale Aussage dieses Kapitels zum Thema gelten. Darunter versteht die SPD insbesondere öffentliche und private Investitionen, moderne Arbeitsmarktpolitik, Förderung des Mittelstands, Qualifizierung und Vermittlung am Arbeitsmarkt und eine Neuorganisation der Bundesanstalt für Arbeit. Ferner müsse das Wachstum gestärkt und die Steuer- und Abgabenlast reduziert werden. Wachstum wird in einem Zug mit übrigen arbeitsmarktpolitischen Maßnahmen genannt, wenngleich die SPD den Begriff wieder weniger offensiv handhabt als 1998.

In den folgenden Unterpunkten werden diese Forderungen weiter ausdifferenziert und münden in die gängigen Schlagworte. So müsse Deutschland trotz eines hoch entwickelten Dienstleistungssektors mit seiner industriellen Basis weiter wettbewerbsfähig bleiben und von günstigen Standortbedingungen und einer hochrangigen Forschung profitieren. „Mittelstand und Handwerk sind das Herz unserer Wirtschaft."[426] In diesem Bereich sollen die Bedingungen für Existenzgründungen verbessert werden und auch kleine und mittlere Unternehmen bräuchten Fühlungsnähe zu Forschung und Entwicklung.[427] Hier will die SPD an die 1998 erfolgreiche Positionierung über die Wirtschaftskompetenz für den Mittelstand anknüpfen und deckt die übliche Forderung nach Förderung des Mittelstands ab.

Nach Ausführungen zur Fiskalpolitik mit dem Ziel geringerer Neuverschuldung folgt ein für sich stehendes Kapitel zur Arbeitsmarktpolitik mit sehr allgemeinen Aussagen. „Zentrales Ziel der Beschäftigungs- und Arbeitsmarktpolitik ist die Vollbeschäftigung"[428] Dabei sei eine zeitgemäße Arbeitsmarktpolitik das wichtigste Instrument, sie trage dazu bei, Angebot und Nachfrage auf dem Arbeitsmarkt besser abzustimmen. Aussagen zum Niedriglohnsektor propagieren einen Kombi-Lohn nach dem Mainzer-Modell, der über einige wenige Fälle nie hinaus kam.[429] Wahlkampfrelevant ist vor allem, dass das „Job-Aqtiv-Gesetz" die Arbeitslosenstatistik verbessert hatte.

---

[424] Vgl. SPD: Erneuerung und Zusammenhalt. 2002. S. 20.

[425] Ebd.

[426] Ebd. S. 21.

[427] Vgl. ebd. S. 23.

[428] Ebd. S. 26.

[429] Eingeführt mit dem „Job-Aqtiv-Gesetz" vom 01.01.2002.

Als nächster, auf den Arbeitsmarkt bezogener, Schritt wird vor allem eine
verstärkte Qualifizierung gesehen. Mittels einer Offensive „Arbeit und Qualifizierung"[430] solle ein beschäftigungspolitischer Impuls und ein besserer Schutz
vor Arbeitslosigkeit erzeugt werden. Hier legt die SPD noch deutliche Schwerpunkte auf eine traditionell sozialdemokratische Ausrichtung der Argumente,
anders als in der später aufgelegten Agenda 2010.[431]

Die Hartz-Kommission wirft im Rahmen von Aussagen über eine grundle-
gende Reform und Modernisierung der Bundesanstalt für Arbeit (BA) ihre
Schatten voraus. Hier falle der Kommission „Moderne Dienstleistungen am
Arbeitsmarkt" eine entscheidende Rolle zu. Sie solle bis Sommer 2002 „konkrete
Vorschläge zur Umgestaltung und zur künftigen Arbeitsweise der BA"[432] vorle-
gen. Indirekt betrifft auch das anschließende Kapitel „Rechte der Arbeitnehmer"[433] das Thema Arbeitslosigkeit. Die Regierung Schröder habe zu Beginn der
Regierungszeit den „sozialen Frieden wiederhergestellt"[434]. Der Kündigungsschutz gelte wieder auch in kleinen Betrieben ab fünf Mitarbeitern, es gebe die
volle Lohnfortzahlung im Krankheitsfall und das Schlechtwettergeld. Außerdem
sei der Missbrauch geringfügiger Beschäftigungsverhältnisse und der
Scheinselbständigkeit reduziert, sowie die betriebliche Mitbestimmung gestärkt
worden. Die SPD verschweigt natürlich die nachteiligen Auswirkungen dieser
Reformen auf die Wirtschaft. Die Maßnahmen werden schon im August teilweise durch die Vorschläge der Hartz-Kommission konterkariert. Auch die Wirtschaftpolitik für den Osten wird im Folgenden wieder als Arbeitsmarkt- und
Beschäftigungspolitik dargestellt.[435]

Wahlprogramm der Union
Die Union beginnt ihr Wahlprogramm mit einer Abrechnung mit der Politik
Schröders in der zurückliegenden Legislaturperiode. In der Präambel greifen
CDU und CSU Bundesregierung und Bundeskanzler an: „Seine Bilanz ist desolat: mehr als vier Millionen Arbeitslose."[436]. Eine starke Wirtschaft sei die Voraussetzung für einen leistungsfähigen Staat. „Wir dürfen nicht länger zurückfal-
len im europäischen Vergleich in punkto Arbeitslosigkeit, bei den Wachstums-
zahlen und bei den Staatsfinanzen."[437] An die Präambel schließt sich das erste

---

[430] SPD: Erneuerung und Zusammenhalt. 2002. S. 27.
[431] Vgl. Kapitel 6.3.2.
[432] SPD: Erneuerung und Zusammenhalt. 2002. S. 28.
[433] Ebd.
[434] Ebd.
[435] Vgl. ebd. S. 39.
[436] CDU: Leistung und Sicherheit. 2002. S. 3.
[437] Ebd. S. 4.

Kapitel „Arbeit und Wohlstand für alle"[438] an, die Union stellt dieses Thema in ihrem Programm nach vorne. Deutschland müsse die „rote Laterne des europäischen Wirtschaftszuges"[439] abgeben, dafür habe die Union das Programm „3 x 40" entwickelt. Als erstes müssten Bürokratie, Steuer- und Abgabenlast abgebaut werden, damit mehr Raum für Eigenverantwortung und Privatinitiative entstehen könne. So solle die Staatsquote dauerhaft unter 40 Prozent gesenkt werden. Auch der Spitzensteuersatz müsse künftig unter 40 Prozent liegen, um den Bürgern mehr wirtschaftliche Entfaltungsfreiheit zu geben. Als weiteren Punkt für eine dynamischere Wirtschaftsentwicklung müssten Sozialversicherungsbeiträge von Arbeitnehmern und Arbeitgebern auf weniger als 40 Prozent begrenzt werden. Im nachfolgenden Punkt zur Fiskalpolitik fordert die Union mehr Anreize für Leistung und ein einfacheres und gerechteres Steuersystem mit niedrigeren Steuersätzen. Dies sind inhaltlich wenig überraschende Forderungen, die aber mit „3 x 40" auf eine populäre Formel zugeschnitten sind und sich direkt auf die Themen Wachstum und Arbeit beziehen.

Das Kapitel zum Arbeitsmarkt steht unter dem Leitwort „Chancen fördern, Hemmnisse abbauen"[440]. Auch hier bilanziert die Union zunächst die Politik der Bundesregierung. Rund sechs Millionen Arbeitslose habe sie zu verantworten, davon vier Millionen offiziell gezählte und 1,8 Millionen nicht registrierte. Trotz Wachstumsimpulsen aus dem Ausland seien in Deutschland keine Arbeitsplätze geschaffen worden. Im Jahr 2001 habe die Bundesrepublik erstmals über dem EU-Durchschnitt bei der Arbeitslosigkeit gelegen. Die Zahl der Beschäftigten sei aus statistischen Gründen gestiegen, weil durch eine Rechtsänderung geringfügige Beschäftigungsverhältnisse mit einbezogen wurden. Das Argument der Weltkonjunktur dient auch 2002 beiden Seiten. Die Union stellt vorhandene Impulse heraus, die SPD die generelle Schwäche als Grund für das mangelnde Wachstum in Deutschland dar.

Die Union zählt viele bekannte Bereiche auf: Scheinselbstständigkeitsgesetz aufheben, 400-Euro-Jobs einführen und pauschal mit 20 Prozent besteuern sowie zusätzliche Anreize im Niedriglohnsektor schaffen. Diese relativ konkreten Vorschläge sieht die Union als Brücke in die Beschäftigung.[441] Das Kündigungsschutzrecht müsse transparenter werden und der Gesetzgeber würde im Falle einer unionsgeführten Bundesregierung mehr Spielraum für „betriebliche Bündnisse für Arbeit"[442] schaffen. Diese Aussage zielt eindeutig auf die unternehmerisch denkende Unionsklientel ab. Ähnlich funktioniert das Argument vom „In

---

[438] CDU: Leistung und Sicherheit. 2002. S. 6.
[439] Ebd.
[440] Ebd. S. 10.
[441] Vgl. Ebd. S. 11.
[442] Ebd. S. 12.

die Pflicht nehmen" der Arbeitslosen. „Wer arbeitet, soll mehr in der Tasche haben, als wenn er nicht arbeitet. Staat und Gesellschaft sollen die Empfänger von Sozialtransfers fördern und fordern – denn Rechte und Pflichten gehören zusammen."[443]

Nun folgen die bekannten Aussagen zu Mittelstand und Existenzgründern. Ein Abbau von Bürokratie könne Deutschlands Leistungsfähigkeit in der Wirtschaft stärken. Die rot-grüne Koalition habe noch mehr Bürokratie aufgebaut; als Beispiele dienen die Ökosteuer, das 630-DM-Gesetz und das Gesetz zur Bekämpfung der Scheinselbständigkeit. Auch für den Osten ist eine spezielle Mittelstandoffensive angedacht, die neue Arbeitsplätze schaffen solle.[444]

Die Wahlprogramme im Vergleich
Der Vergleich der beiden Wahlprogramme spiegelt vor allem die unterschiedliche Bedeutung wieder, die Regierung und Opposition dem Thema beimessen. Die Union setzt im Wahlkampf 2002 vornehmlich auf Arbeitslosigkeit, um die Regierung hier anzugreifen. Die die Wirtschafts- und Arbeitsmarktpolitik betreffenden Abschnitte werden mit einer kritischen Bilanz der Arbeit der Bundesregierung eingleitet[445]. Das erste Kapitel „Arbeit und Wohlstand für alle"[446] erfasst alle wesentlichen Vorschläge der Union zur Bekämpfung der Arbeitslosigkeit, das folgende Kapitel „Im Osten was Neues"[447] enthält einige Spezifikationen für den Arbeitsmarkt Ostdeutschlands. Die SPD widmet erst das zweite Kapitel ihres Programms dem Thema „Wirtschaft und Beschäftigung"[448], während sich das vorausgehende mit dem für sie erfolgreicheren Bereich der Außenpolitik beschäftigt. Davon abgetrennt finden sich im vierten Kapitel programmatische Äußerungen zur Arbeitsmarktpolitik. Diese Anordnung lässt darauf schließen, dass die Opposition das Thema als Profilierungsfeld bewertet und die SPD als Regierungspartei daraus wenig Kapital für den Wahlkampf aus etwaigen Erfolgen auf dem Arbeitsmarkt schlagen kann. Dieses Vorgehen ist vergleichbar mit dem der Union im Wahlkampf 1994. Regierungsparteien sehen sich offensichtlich angesichts ihrer Misserfolge gezwungen, das Thema Arbeitslosigkeit zurückzustellen.

Inhaltlich unterscheiden sich die Programme in einigen grundsätzlichen Bewertungen. Die SPD sieht die geleistete Arbeit naturgemäß als positiv und erfolgreich an. Insbesondere die Rücknahme der von der Unionsregierung zuvor

---

[443] CDU: Leistung und Sicherheit. 2002. S. 13.
[444] Vgl. ebd. S. 14ff.
[445] Vgl. z.B. Präambel des Unionsprogramms. Ebd. S. 3.
[446] Ebd. S. 6.
[447] Ebd. S. 25.
[448] SPD: Erneuerung und Zusammenhalt. 2002. S. 20.

beschlossenen Kürzung der Lohnfortzahlung im Krankheitsfall und die Einschränkungen beim Kündigungsschutz werden als arbeitnehmerfreundliche Erfolge dargestellt. Darüber hinaus dienten die eigenen Gesetzesänderungen bei
den 630-DM-Jobs, der Scheinselbständigkeit und der betrieblichen Mitbestimmung der sozialen Gerechtigkeit. Die Union bewertet die angeführten Punkte als
wirtschaftsfeindlich und gegen neue Arbeitsplätze gerichtet. Sie kündigt hier
Veränderungen an. Gemeinsam ist beiden Programmen die Ankündigung einer
Steuerreform, eine verstärkte Förderung von Mittelstand und Forschung sowie
eine Reform der Bundesanstalt für Arbeit. Hier verweist die SPD auf die erwarteten Vorschläge der Hartz-Kommission, was einen eindeutigen Zusammenhang
der Einsetzung der Kommission mit dem Wahlkampf belegt. Insgesamt sind die
Wahlprogramme eine Sammlung der bekannten und gängigen Forderungen, die
die Parteien für populär halten.

6.1.3 Medienarbeit der Parteien und Klima der Berichterstattung

Die massive Arbeitslosigkeit ist in den Medien von Anfang des Jahres an ein
populäres Thema. Das Klima ist vergleichbar mit dem der ersten Monate der
vorausgegangenen Wahljahre. Es wird ein „Schock"[449] beklagt und die Frage
gestellt „Kanzler, was nun?"[450], wenngleich die absolute Arbeitslosenzahl im
Januar 2002 deutlich niedriger liegt als im Vergleichsmonat des Jahres 1998. Die
düstere Stimmung beherrscht übereinstimmend die Medien in den ersten drei
Monaten des Jahres. Vor diesem Hintergrund finden die Wahlkampfaktivitäten
der Parteien statt. Die beschriebene Programmatik nimmt im Wesentlichen die
später im Wahlkampf greifenden Konfliktlinien vorweg. Insbesondere die von
Rot-Grün rückgängig gemachten Veränderungen der Regierung Kohl, beispielsweise beim Kündigungsschutz, sowie auch die in der zurückliegenden Legislaturperiode durchgeführten Gesetzesänderungen bei den Punkten Scheinselbständigkeit und 630-DM-Jobs werden von beiden Parteien in den Vordergrund gestellt.

    Aus Anlass der Veröffentlichung der Arbeitsmarktdaten versucht die SPD
im Februar unter dem Motto „Aktiv ran an die Jobs"[451] das Thema zu besetzen
und wirft Stoiber vor, er liege im Niedriglohnsektor „daneben"[452]. In den folgenden Wochen beherrscht eine Diskussion mit der Wirtschaft um die Schaffung
von Arbeitsplätzen und ein Streit um die Vermittlungsstatistiken der Bundesan-

---

[449] Januar-Schock! BILD vom 31.01.2002. S. 2.
[450] 4.290.000 Arbeitslose! Kanzler, was nun? BILD vom 06.02.2002. S. 1f.
[451] Müntefering, Franz: Pressemitteilung der SPD vom 06.02.2002.
[452] Müntefering, Franz: Pressemitteilung der SPD vom 08.02.2002.

stalt für Arbeit die Agenda. Aus Sicht der Union versucht die Regierung den „Skandal in der BA"[453] zu vertuschen, Bundesarbeitsminister Riester ducke sich in dieser Angelegenheit[454]. In den Medien wird die Debatte bereitwillig aufgegriffen. Unter der Überschrift „So dreist tricksen die Arbeitsämter"[455] wird berichtet, Arbeitsämter hätten die Bilanz ihrer erfolgreichen Vermittlungen geschönt. Der Vorwurf erweist sich als richtig und führt zum Rücktritt des Präsidenten der Bundesanstalt für Arbeit, Jagoda. Die SPD sieht in punkto Arbeitsvermittlung bei den Arbeitgebern ein Ablenken vom eigenen Versagen[456] und fordert die Wirtschaft auf, Arbeitsplätze zu liefern[457]. Insgesamt verläuft die Vermittlungsaffäre für die SPD relativ ungünstig und ermutigt die Union, auf dem Feld Arbeitslosigkeit weiter anzugreifen.

Gleichzeitig mit dem Antritt des neuen BA-Chefs Florian Gerster und anlässlich der Arbeitsmarktdaten aus dem März 2002 wird eine leichte konjunkturelle Erholung prognostiziert, die von der Süddeutschen Zeitung auch in Zusammenhang mit einem „Hoffnungsschimmer für den Arbeitsmarkt"[458] gesehen wird. Die Union greift weiter an, bezeichnet Schröder als „Pleitekanzler"[459] und bezieht sich damit auf die angestiegene Zahl der Unternehmenspleiten in der Bundesrepublik. Die SPD wirft der Union vor, sie wolle mehr Arbeitslose als tatsächlich vorhanden sind, um daraus Kapital für den Wahlkampf schlagen zu können.[460] Diese Aussagen belegen die Fixierung beider Parteien auf die absolute Zahl der Arbeitlosen im Wahlkampf. Eine Diskussion um die Konjunkturentwicklung überlagert für kurze Zeit die Debatte um die Arbeitslosigkeit. Die SPD sieht im April „Schwung"[461] in der Konjunktur und wirft Stoiber vor, sie schlecht zu reden. Anlässlich des Frühjahrsgutachtens spricht die Union dagegen von einem „Armutszeugnis"[462] für die Bundesregierung.

Die laue Konjunkturbelebung wirkt sich jedoch nicht auf die Zahl der Arbeitslosen aus, im Mai sehen auch die Experten „keine Besserung"[463]. BILD nimmt mit der Schlagzeile „Es wird und wird nicht besser"[464] die Stimmung in der Medienberichterstattung über den Arbeitsmarkt bis zur Wahl vorweg. Im

---

[453] Meyer, Laurenz: Pressemitteilung der CDU vom 08.02.2002.
[454] Vgl. Meyer, Laurenz: Pressemitteilung der CDU vom 15.02.2002.
[455] So dreist tricksen die Arbeitsämter. BILD vom 14.02.2002. S. 1.
[456] Müntefering, Franz: Pressemitteilung der SPD vom 14.02.2002.
[457] Müntefering, Franz: Pressemitteilung der SPD vom 22.02.2002.
[458] Erster Hoffnungsschimmer für den Arbeitsmarkt. Süddeutsche Zeitung Nr. 81 vom 08.04.2002. S. 21.
[459] Meyer, Laurenz: Pressemitteilung der CDU vom 09.04.2002.
[460] Müntefering, Franz: Pressemitteilung der SPD vom 09.04.2002.
[461] Müntefering, Franz: Pressemitteilung der SPD vom 14.04.2002.
[462] Meyer, Laurenz: Pressemitteilung der CDU vom 09.04.2002.
[463] Vier Millionen Arbeitslose. Süddeutsche Zeitung Nr. 104 vom 06.05.2002. S. 23.
[464] Arbeitslosigkeit: Es wird und wird nicht besser! BILD vom 08.05.2002. S. 1.

Mai fordert die Union angesichts verhaltener Arbeitsmarktdaten aus Nürnberg eine verstärkte Deregulierung des Arbeitsmarktes[465]. Schon in diesem Monaten zeichnet sich ab, dass eine Besserung in der Stimmung vor der Wahl wohl nicht mehr zu erreichen ist. Eine zeitgleiche Äußerung beider Parteien erfolgt wieder im Juni anlässlich der Veröffentlichung der Arbeitslosenzahlen aus dem Mai. Die SPD tritt die Flucht nach vorne an und lädt zu einer Pressekonferenz. Generalsekretär Müntefering und Bundesarbeitsminister Riester erläutern ihre Pläne für eine bessere Nutzung von Beschäftigungschancen in Deutschland. Die Union sieht die soziale Balance in Gefahr und bewertet ihre Äußerung als „Weckruf"[466] zum Problem der Arbeitslosigkeit. Zur gleichen Zeit stellt Wirtschaftsminister Müller sein Programm für den Mittelstand vor, das die Union als „Aktionismus"[467] bezeichnet und fordert, den Mittelstand „wieder in das Zentrum zu rücken"[468]. Mit dem bewährten Thema Mittelstand will die SPD an ihre Erfolge aus dem Jahr 1998 anknüpfen. Die nachfolgenden Monate werden im Wesentlichen von der Diskussion um die Hartz-Kommission beherrscht.

6.1.4 Einordnung und Ergebnisse

Die Vorphase des Wahlkampfs 2002 ist durchweg von negativer Stimmung gekennzeichnet. Eine schwache konjunkturelle Entwicklung verbunden mit einer weitgehend ausbleibenden Frühjahrsbelebung auf dem Arbeitsmarkt sind Ausgangsbasis der Argumentation der Parteien. Parallel entwickelte sich der sogenannte Vermittlungsskandal bei der Bundesanstalt für Arbeit, der das Klima weiter zum Nachteil der Regierung belastete. Die Argumentation der Union nutzt die Arbeitsmarktsituation und konzentriert sich auf von der Bundesregierung zu verantwortende Rahmenbedingungen. Sie muss von Maßnahmen der Kohl-Regierung weitgehend ablenken, um der SPD-geführten Bundesregierung die Schuld zuweisen zu können. Die großen Linien der Argumentation bieten bei der Union wenig Überraschendes. Der Begriff Wachstum wird weiter aktiv in den Mittelpunkt gestellt. Er hat sich offensichtlich als populär und werbewirksam erwiesen. Die SPD ist hier zurückhaltender als 1998, sie stellt die soziale Gerechtigkeit verstärkt in den Mittelpunkt und weniger die liberalen Tendenzen der Neuen Mitte. In den Vordergrund stellt sie eine Verbindung aus Angebots- und Nachfragepolitik und nennt Wachstum im Zusammenhang mit verschiedenen arbeitsmarktpolitischen Maßnahmen.

---

[465] Meyer, Laurenz: Pressemitteilung der CDU vom 07.05.2002.
[466] Ebd.
[467] Späth, Lothar: Pressemitteilung der CDU vom 24.06.2002.
[468] Merkel, Angela: Pressemitteilung der CDU vom 26.06.2002.

Auch 2002 bemühen die Parteien bereits in der frühen Phase die Weltkonjunktur als Begründung für Entwicklungen in Deutschland. Schröder deutet die hohe Arbeitslosigkeit als Folge der schwachen Weltkonjunktur, während die Union von weltwirtschaftlichen Impulsen spricht, die die Bundesregierung nicht genutzt habe. Jeder nutzt dieses Argument für seine Belange, die Weltkonjunktur als Motiv ist offensichtlich beliebig interpretierbar. Die Union sieht Impulse, die SPD bewertet die generelle Schwäche als Grund für das mangelnde Wachstum in Deutschland. Pakte als Lösung des Arbeitslosigkeitsproblems werden auch 2002 als einfache wie vorurteilsbedienende Lösung präsentiert. Die SPD sieht das Bündnis für Arbeit als unverzichtbare Plattform für mehr Beschäftigung. Auch die EU müsse für dieses Ziel genutzt werden. Hier versucht die SPD, ihre Verantwortung zu relativieren und diesen Vorgang gleichzeitig positiv zu besetzten. Auch faktische Grundlagen werden vor der Wahl beeinflusst. Das „Job-Aqtiv-Gesetz" hatte die Beschäftigungsstatistik verbessert, da jetzt geringfügige Beschäftigungsverhältnisse erfasst werden. Außerdem sind viele Arbeitslose gezwungen worden, sich abzumelden, da sie gar keine Beschäftigung gesucht hatten. Eine größere Rolle als in den vorausgegangenen Wahlkämpfen spielt der Vorwurf des Schlechtredens. Die SPD wirft der Union vor, sie wolle mehr Arbeitslose als tatsächlich vorhanden sind, um daraus Kapital für den Wahlkampf schlagen zu können. Vergleichbares findet sich beim Thema Konjunktur. Eine auf beiden Seiten beliebte Kommunikationsweise: Mit dem Vorwurf kann jedes Argument entkräftet werden. Die Lösung sucht die Union schließlich in dem Motto „Die können es nicht", um aus der Populismusfalle des Schlechtredens herauszukommen.

In ihrer programmatischen Ausrichtung haben beide Parteien einen deutlichen Schwerpunkt auf Randthemen gelegt. In der Kritik steht vor allem das von der Bundesregierung erlassene Gesetz zur Scheinselbstständigkeit und die Neuregelungen bei den 630-DM-Jobs. Die Union sieht hier verlorene Arbeitsplätze und eine verstärkte Schwarzarbeit. Im Falle eines Wahlsieges will die Union 400-Euro-Jobs schaffen und sie pauschal mit 20 Prozent besteuern. Die zurückgenommenen Maßnahmen der Regierung Kohl, wie die Kürzung der Lohnfortzahlung im Krankheitsfall und die Einschränkungen beim Kündigungsschutz werden von der SPD als Erfolge für eine Besserstellung der Arbeitnehmer dargestellt. Die Union sieht dies als wirtschaftsfeindlich und kündigt Veränderungen an. Die bereits in der Programmatik angelegte Auseinandersetzung zwischen Arbeitnehmerfreundlichkeit und Arbeitsplatzfreundlichkeit wird in der heißen Phase des Wahlkampfs immer wieder präsent sein und sehr stark auf diese beiden Motive reduziert werden. Mittelstandsförderung als beliebtes Wahlkampfargument kommt auch 2002 wieder zu Ehren. Beide Parteien fordern, den Mittelstand mehr zu beachten und ihn ins Zentrum zu stellen. 1998 hatte sich die

SPD auf diesem Feld auf Kosten der Union profilieren können. Daran soll ange-
knüpft werden, während die Union selbst dieses Feld wieder besetzen will.

Einige Dinge, die später von der Hartz-Kommission vorgeschlagen werden,
sind bereits frühzeitig in den Programmen angesprochen, allerdings nicht immer
in der selben Tendenz. Die Union fordert beispielsweise ein Zusammenführen
von Arbeitslosen- und Sozialhilfe. Die SPD geht damit sehr zurückhaltend um,
weil sie den Vorschlag offensichtlich für schwer vermittelbar hält. Das Gesetz
gegen den Missbrauch der Selbständigkeit wird im Wahlprogramm der SPD
noch als arbeitnehmerfreundliche Errungenschaft gefeiert. Die Hartz-
Kommission wird dieses Gesetz mit dem Vorschlag der Ich-AG ad absurdum
führen.

6.2 Heiße Phase des Wahlkampfs

6.2.1 Wirtschaftliche Situation

Die wirtschaftliche Situation zu Beginn der heißen Wahlkampfphase ist sehr
ungünstig für die regierende SPD. Anfang August steht fest, dass mit einem
Aufschwung vor der Wahl nicht mehr zu rechnen ist. Die Stimmung bei den
Unternehmen hat sich verschlechtert, der Ifo-Geschäftsklimaindex für die ge-
werbliche Wirtschaft fiel im Juli zum zweiten Mal nacheinander. Das heißt, die
Geschäftserwartungen der Unternehmen haben sich eingetrübt.[469] Die Bundesregierung hatte auf eine Verbesserung auf dem Arbeitsmarkt in der Folge des konjunkturellen Aufschwungs gesetzt.

Die lange angekündigte Belebung der deutschen Wirtschaft wird erst gegen
Ende des Jahres einsetzen und relativ schwach ausfallen. Auf den Arbeitsmarkt
wirkt sich der Aufschwung, wenn überhaupt, erst sehr spät aus. Damit ist klar,
dass die Bundesregierung ohne jede Aussicht auf Besserung auf dem Arbeitsmarkt in den Wahltag gehen muss. Im August 2002 liegt die absolute Zahl der
gemeldeten Arbeitslosen bei knapp 4,02 Millionen im Vergleich zum August
2001 mit rund 3,79 Millionen.[470] Im September häufen sich die Ankündigungen
von Arbeitsplatzabbau in den verschiedenen Branchen, die Stimmung in der
Wirtschaft verschlechtert sich weiter.[471] Die dramatische Situation bedeutet eine
schwere Hypothek für die SPD, die die Union versucht zu nutzen. Zugleich ver-

---

[469] Vgl. Am Tropf der Ausfuhr. FAZ-Konjunkturbericht. Frankfurter Allgemeine Zeitung Nr. 188
vom 15.08.2002. S. 11.
[470] Bundesanstalt für Arbeit. www.bundesanstalt.de am 18.10.2003.
[471] Vgl. Lähmung nach der Wahl. FAZ-Konjunkturbericht. Frankfurter Allgemeine Zeitung Nr. 227
vom 30.09.2002. S. 13.

stärkt diese Dramatik aber auch die Wahrnehmung der Hartz-Kommission und die Erwartungen an sie.

6.2.2 Medienarbeit der Parteien und Klima der Berichterstattung

Die schlechte Stimmung spiegelt sich auch in der Berichterstattung der Medien wider. Insbesondere die Juni-Zahlen vom Arbeitsmarkt werden als außergewöhnlich hoch und nachteilig für die Bundesregierung dargestellt: „Die Hoffnung Schröders erfüllt sich nicht: Deutlich mehr Arbeitslose."[472] In dieser frühen aber wichtigen Phase des Wahlkampfs sind derartige Zahlen verheerend, wenngleich der Bundeskanzler die weltweite Konjunkturschwäche für die hohen Zahlen verantwortlich macht. Ab etwa Anfang Juli beherrscht bis zum Wahltag die Hartz-Kommission wesentlich die politische Diskussion wie auch die Berichterstattung zum Thema Arbeitslosigkeit. Früh konstatiert die SPD, Hartz gehe „in die richtige Richtung"[473] und sieht die Vorschläge der Kommission als „große Chance für ein sozialdemokratisches Programm"[474]. In den Folgewochen äußert sich die SPD zurückhaltender zu Hartz und überlässt die Kommunikation den Mitgliedern des Kabinetts. Die Union bewertet das Hartz-Papier als „Dokument der Untätigkeit"[475] und sieht mangelnde Effizienz bei der Umsetzung[476]. Die SPD dagegen befürwortet den „Fahrplan Hartz"[477] und auch Vertreter des linken Flügels sehen „neue Chancen"[478] in den Vorschlägen der Hartz-Kommission, wenngleich er die Einsetzung der Hartz-Kommission später massiv kritisiert.[479]

Auch die Medien bringen die Hartz-Kommission in deutlichen Zusammenhang mit dem Wahlkampf. Die Süddeutsche Zeitung vergleicht in einer Serie über Wahlkampfthemen die Ansätze und Kandidaten der beiden Parteien. Der Kampf um das richtige Konzept für den Arbeitsmarkt wird als Kampf zwischen Bundesarbeitsminister Riester und dem designierten Superminister für Arbeit und Wirtschaft in Stoibers Kabinett, Späth, dargestellt. „Der frühere Karriere-Gewerkschafter Riester ist in der Defensive, und die dürftige Arbeitsmarktbilanz seiner Amtsperiode lastet auf ihm."[480] Da habe der Kanzler ihm mit Hartz einen

---

[472] Die Hoffnung Schröders erfüllt sich nicht: Deutlich mehr Arbeitslose. Frankfurter Allgemeine Zeitung Nr. 157 vom 10.07.2002. S. 1.
[473] Müntefering, Franz: Pressemitteilung der SPD vom 24.06.2002.
[474] Schröder, Gerhard: Pressemitteilung der SPD vom 29.06.2002.
[475] Meyer, Laurenz: Pressemitteilung der CDU vom 16.08.2002.
[476] Vgl. Späth, Lothar: Pressemitteilung der CDU vom 10.09.2002.
[477] Müntefering, Franz: Pressemitteilung der SPD vom 22.07.2002.
[478] Schreiner, Ottmar: Pressemitteilung der SPD vom 16.08.2002.
[479] Schreiner, Ottmar: Gespräch mit dem Autor am 29.04.2004.
[480] Alles auf Hartz. Süddeutsche Zeitung Nr. 175 vom 31.07.2002. S. 8.

erfolgreichen Manager an die Seite gestellt, der die Probleme auf dem Arbeitsmarkt lösen solle.

Im Juli wird das erste Zeitungsduell zwischen den Kandidaten in den Medien umfassend abgehandelt. Auch die Arbeitsbeschaffungsmaßnahmen aus dem
Wahlkampf 1998 sind ein Thema. Schröder: „In diesem Zeitpunkt, im Mai/Juni
1998 hatte die alte Bundesregierung im Vorfeld der Wahlen 98 mehr als 400.000
sogenannte Arbeitsbeschaffungsmaßnahmen finanziert und durchgesetzt. Ge-
genwärtig sind es noch 182.000." Stoiber: „Es gibt nirgendwo (in der EU, Anm.
d. Autors) eine höhere Arbeitslosigkeit als in den neuen Ländern."[481] Auch die
nachfolgenden Duelle in Zeitungen, Fernsehen und vor dem Bundestag generieren neue Berichterstattung, die sich auch auf das Thema Arbeitslosigkeit bezieht.
Insbesondere Unionskandidat Stoiber wird als Verfechter dieses Themas gesehen.

Währenddessen verschlechtert sich in den Sommermonaten die Situation auf
dem Arbeitsmarkt weiter, zudem sind die Konjunkturaussichten verhalten. Die
Opposition bewertet den vorgelegten Wirtschaftsbericht als „Abschiedsbilanz"[482]
Schröders. Die SPD hält daran fest, dass nur sie den Arbeitsmarkt reformieren
könne[483] und kommentiert die Entwicklung zurückhaltend. Immerhin betreibe sie
keinen ABM-Bluff, so die Regierungspartei, anlässlich der „saisonbedingt"[484]
erfolgten Erhöhung der Arbeitslosenzahlen im Juli. Der August bringt neue
Schreckensmeldungen vom Arbeitsmarkt, die von den Medien als weitgehend
negativ für die Wahlaussichten der rot-grünen Koalition gewertet werden. „Neuer Schock! Arbeitslosigkeit steigt über 4 Millionen."[485] Zu diesem Zeitpunkt
treten vermehrt Experten auf, die eine Besserung im Wahljahr verneinen: „Der
Tiefpunkt in der Entwicklung des AM ist noch nicht erreicht."[486] Die Frankfurter
Allgemeine Zeitung stellt erneut die Positionen der Parteien gegenüber. Die
Opposition wertet die Arbeitslosigkeit als „Abgesang"[487] der Regierung, während die Bundesregierung die Weltkonjunktur als Grund dafür anführt. In der
Folge wird die Situation auf dem Arbeitsmarkt zwar einmütig als schlecht be-
wertet, das Bild in den Medien zu diesem Thema beherrscht jedoch die Hartz-
Kommission.

Anfang August werden nach und nach verschiedene Vorschläge der Kommission bekannt und diskutiert, Opposition und Bundesregierung sehen einen

---

[481] Schröder gegen Stoiber: Streit um die Ausländer. BILD vom 09.07.2002. S. 2f.
[482] Merkel, Angela: Pressemitteilung der CDU vom 16.07.2002.
[483] Pressemitteilung der SPD vom 15.07.2002.
[484] Müntefering, Franz: Pressemitteilung der SPD vom 07.08.2002.
[485] Neuer Schock! BILD vom 07.08.2002. S. 1.
[486] Wirtschaftsforscher: Aufschwung in Gefahr. BILD vom 02.08.2002. S. 1.
[487] Mehr als vier Millionen Arbeitslose im Juli. Frankfurter Allgemeine Zeitung Nr. 182 vom
08.08.2002. S. 1.

„falschen Ansatz"[488] beziehungsweise den „großen Wurf"[489]. Am 16. August präsentiert Hartz die Kommissionsvorschläge der Öffentlichkeit. BILD prägt in Zusammenhang mit der Tätigkeit der Hartz-Kommission den Begriff der Radikalkur und stellt unter der Überschrift „Radikalkur geplant! Bald keine Stütze mehr für Drückeberger?"[490] die Ergebnisse der Kommission vor. Die Frankfurter Allgemeine Zeitung berichtet, dass die Bundesregierung bei der Umsetzung der Reform „eigene Vorschriften wieder ändern"[491] müsste. Wenig Anklang in der kompletten Berichterstattung des Wahlkampfs findet dagegen die von der Union entworfene Programmatik des „3 x 40". Am Rande der Debatte werden die Zukunft des Bündnisses für Arbeit und der Kündigungsschutz diskutiert.

Als genuine wirtschaftliche Vorkommnisse überschatten zwei Ereignisse den Bundestagswahlkampf des Jahres 2002 und rufen die wahlkämpfenden Parteien auf den Plan. Im Juli gerät der Chef der Deutschen Telekom, Sommer, wegen der Rekordverluste seines Unternehmens und des niedrigen Börsenkurses in die Kritik. Die Aktien der Telekom galten zuvor als Volksaktien, und die Führung des privatisierten Unternehmens war bei den verschiedenen Börsengängen von der Bundesregierung unterstützt worden. Als Großaktionär hatte der Bund zu diesem Zeitpunkt entscheidende Mitspracherechte bezüglich der personellen Zusammensetzung des Telekom-Managements. So konnte die Opposition die Kritik am Telekom-Chef nutzen, um die Regierung als „dilettantisch"[492] zu bezeichnen und Deutschland als „vor der Welt blamiert"[493] darzustellen. Im September droht nach dem Rückzug des Investors France Telecom dem Mobilfunkanbieter Mobilcom AG die Insolvenz. Die Bundesregierung greift ein und übernimmt Bürgschaften, um massive Arbeitsplatzverluste kurz vor der Wahl zu vermeiden. Wirtschaftsminister Müller verhandelt mit der Mobilcom-Führung über die Zukunft des Unternehmens. Die Rettung der Mobilcom stößt auf die Kritik der Union.[494] Dass letztlich doch 2000 Stellen gestrichen werden, wird erst wenige Tage nach der Wahl bekannt.

---

[488] Späth, Lothar. In: Schröder: Großer Wurf. Frankfurter Allgemeine Zeitung Nr. 186 vom 13.08.2002. S. 1.
[489] Schröder. In: Ebd.
[490] Radikalkur geplant! BILD vom 17.08.2002. S. 1.
[491] 13 Module gegen Arbeitslosigkeit. Frankfurter Allgemeine Zeitung Nr. 190 vom 17.08.2002. S. 2.
[492] Merkel, Angela: Pressemitteilung der CDU vom 15.07.2002.
[493] Meyer, Laurenz: Pressemitteilung der CDU vom 17.07.2002.
[494] Späth, Lothar: Pressemitteilung der CDU vom 17.09.2002.

6.2.3 Einordnung und Ergebnisse

Im Wahljahr 2002 ist die Lage auf dem Arbeitsmarkt dramatisch und eindeutig zugleich. Die vor allem von der Bundesregierung erhoffte konjunkturelle Belebung bleibt aus und die Arbeitslosenzahl steigt ungehemmt an. In dieser Situation verliert die Argumentation der SPD jede Grundlage und so wird auch der Verweis Schröders auf die Weltkonjunktur weitgehend überhört. Auch der Hinweis auf saisonale Gründe kann als Ausflucht gewertet werden. Die Union greift mit allen Mitteln an und wirft der Regierung Versagen und eine falsche Politik auf allen Gebieten vor. Eine wichtige Rolle spielt Schröders Versprechen aus dem Wahlkampf 1998, die Arbeitslosenzahl auf 3,5 Millionen zu senken und sich daran messen lassen zu wollen.

Inhaltliche Vorschläge der Union beziehen sich vor allem auf Randthemen wie die propagierten 400-Euro-Jobs. Die Lösungsvorschläge sind entweder sehr allgemein, wie die geforderte Senkung der Lohnnebenkosten, um auf diese Weise mehr Beschäftigung zu schaffen, oder aber sind stark vereinfachend und bedienen Randthemen. Trotzdem gelingt es Stoiber weitgehend, die öffentliche Unzufriedenheit mit der Arbeitsmarktsituation zur Mobilisierung seiner Wähler zu nutzen. Die SPD stellt Bezüge zu 1998 her und beteuert, sie betreibe keinen Wahlkampf mit ABM-Stellen in Ostdeutschland. Stoiber versucht sich immer wieder als für Ostdeutschland kompetent zu positionieren und kritisiert die besonders hohe Zahl neuer Arbeitsloser im Osten.

Als Versuch, Führungsfähigkeit auf dem Arbeitsmarkt zu zeigen, muss das Einsetzen der Hartz-Kommission gewertet werden. Insbesondere Zeitpunkt und Inszenierung der Präsentation der Vorschläge Mitte August deuten auf eine populistische Absicht hin. Im Rahmen der Hartz-Vorschläge erfolgt ein neues Versprechen: Die Senkung der Arbeitslosenzahl um zwei Millionen. Offensichtlich hält die SPD derartige Zahlen immer noch für kommunizierbar. Auch die Hartz-Kommission kann aber der Union den Kompetenzvorsprung beim Thema Arbeitslosigkeit nicht wieder abnehmen.

Im Wahlkampf 2002 treten die beiden beschriebenen unternehmensbezogenen Ereignisse auf, die Beispiele für auf konkrete Fälle bezogenen Wirtschaftspopulismus sind. Der Rücktritt von Telekom-Chef Sommer wird von der Union für Angriffe gegen die SPD genutzt. Die Bundesregierung sei mit Schuld am Debakel der T-Aktie, nachdem sie die Bevölkerung zum Investment verführt habe. Dies muss als wahltaktischer Angriff gelten, denn auch Unionsfinanzminister Waigel hatte den Börsengang der Telekom betrieben. Auch das Beispiel Mobilcom geht in der öffentlichen Wahrnehmung zu Lasten der SPD. Wenige Wochen vor der Wahl greift in einer überhasteten Aktion die Bundesregierung bei dem Mobilfunkbetreiber mit Bürgschaften ein, um Arbeitsplätze zu retten.

Erst nach der Wahl wird bekannt, dass 2000 Stellen gestrichen werden. Dies mag Teil der Abmachung gewesen sein. Insgesamt richtet die Union ihren Wahlkampf klar auf das Thema Arbeitslosigkeit aus. Stoiber greift es immer wieder auf und drängt die SPD in eine Abwehrhaltung. Die starke Ausrichtung auf das Thema Arbeitslosigkeit ist auch auf den Kandidaten Stoiber zugeschnitten. Er versucht, Schröder als Show-Kanzler dazustellen und selbst als hart arbeitender Wirtschaftsfachmann aufzutreten. Zum Nachteil der Union wird die Thematik ab der zweiten Augusthälfte von der Diskussion über die Elbe-Flut und den Irak-Konflikt überlagert.

6.3 Wahl

6.3.1 Thema Arbeitslosigkeit und Wahlentscheidung

Der knappe Sieg von Rot-Grün bei der Bundestagswahl 2002 hat seinen Ursprung in der dramatischen Wende des vorausgehenden Wahlkampfs. Die Union hatte lange Zeit einen „erfolgreichen Wirtschaftswahlkampf"[495] geführt, obwohl während der Legislaturperiode die Arbeitslosigkeit nicht das entscheidende Thema war. Die Spendenaffäre der Union und die Terroranschläge vom 11. September 2001 und ihre Folgen überschatten die erste Regierungsperiode Schröder. Die Erwartungen an die rot-grüne Regierung sind hoch, insbesondere auch bei der Verbesserung der Arbeitsmarktlage. Zumal Bundeskanzler Schröder zu Beginn der Regierungszeit versprochen hat, die Arbeitslosenquote signifikant zu senken, ansonsten „haben wir es weder verdient, wieder gewählt zu werden, noch werden wir wiedergewählt werden"[496].

Verschiedene arbeitsmarktrelevante Maßnahmen, wie vor allem die Neuregelung der 630-DM-Jobs und das Gesetz gegen den Missbrauch der Scheinselbständigkeit, bringen der Regierung Skepsis ein. Darüber hinaus lassen schwache Konjunkturaussichten und steigende Arbeitslosenzahlen im Verlauf des Jahres 2001 die Zustimmung zur Bundesregierung weiter sinken. „Die Union sah eine Chance, die Regierung mit einem Wirtschaftswahlkampf in die Knie zu zwingen."[497] Zudem sehen im Jahr 2002 84 Prozent der Bevölkerung die Bewältigung der Arbeitslosigkeit als dringendste Aufgabe der Politik an.[498] So kann die Union aus der dramatischen Entwicklung auf dem Arbeitsmarkt während des Wahl-

---

[495] Roth, Dieter/Matthias Jung: Ablösung der Regierung vertagt: Eine Analyse der Bundestagswahl 2002. In: Aus Politik und Zeitgeschichte. Heft 49-50/2002. S. 3-17. S. 3.

[496] „Wir haben bessere Karten". Der Spiegel. Heft 39/1998. Quelle: www.spiegel.de am 17.03.2005.

[497] Roth und Jung: Ablösung der Regierung vertagt. 2002. S. 6.

[498] Vgl. Hilmer: Bundestagswahl 2002. 2003. S. 211.

kampfs des Jahres 2002 weiteres Kapital schlagen. Auch die Berufung von Lothar Späth als Superminister für Wirtschaft und Arbeit in das Schattenkabinett trifft auf Zustimmung.

Die SPD setzt zunächst eine verstärkte Personalisierung dagegen, die im Zuschnitt des Wahlkampfs auf die Kanzlerfrage auf die Frage „Er oder ich" gipfelt. Erst mit der Präsentation der Vorschläge der Hartz-Kommission kann sich die Regierungspartei in punkto Arbeitslosigkeit wieder positiver darstellen und den erfolgreichen Angriffen der Union etwas entgegensetzen. Die komplette ökonomische Situation wie auch die Entwicklung der Arbeitslosenzahl begünstigt die Union. Die Mehrheit der Wähler traut zwar vor der Wahl keiner Partei zu, diese Probleme zu lösen. Relativ überwog jedoch das Vertrauen in die Union[499]. Dies, das hat die Wahlentscheidung deutlich gemacht, reicht allerdings nicht aus. Die SPD liegt in den meisten anderen Feldern vorne. Die Flutkatastrophe und die Diskussion um einen möglichen Irak-Krieg überlagern schließlich das Thema Arbeitslosigkeit zusätzlich zum Nachteil der Union. Bei beiden Anlässen konnte die Bundesregierung Handlungs- und Führungsfähigkeit zeigen. Auch bei der Frage nach den persönlichen Fähigkeiten von Stoiber und Schröder, wird Stoiber ausschließlich auf dem ökonomischen Feld und bei der Fähigkeit Arbeitsplätze zu schaffen, besser bewertet.[500] Bei den wichtigsten Sachfragen, Wirtschaft und Beschäftigung, liegt die Union in Führung, während Kanzler und Außenminister als Personen mehr Ansehen genießen[501].

Festzuhalten ist auch eine fortschreitende Auflösung der traditionellen Wählermilieus, insbesondere des der SPD zugewandten Arbeitermilieus. 1998 hat die SPD bei den Arbeitern mit Gewerkschaftsbindung noch einen Vorsprung von 18 Prozentpunkten, 2002 sind es nur noch sieben Prozentpunkte gegenüber dem Durchschnitt[502]. Eine Tendenz, die einen auf Sachfragen bezogenen Wirtschaftspopulismus begünstigt, da die Wähler Sachfragen einen größeren Stellenwert einräumen.

6.3.2 Die Realität der folgenden Legislaturperiode

Die schwache Wirtschaftsentwicklung setzt sich auch ab Herbst 2002 fort, das Ergebnis der Bundestagswahl belastet die Konjunktur sogar zusätzlich. Die Wiederwahl der Regierung aus SPD und Grünen hat viele Unternehmern, vor allem

---

[499] Vgl. Roth und Jung: Ablösung der Regierung vertagt. 2002. S. 11.

[500] Ebd. S. 14.

[501] Vgl. Hartenstein, Wolfgang/Rita Müller-Hilmer: Die Bundestagswahl 2002: Neue Themen – neue Allianzen. In: Aus Politik und Zeitgeschichte. Heft 49-50/2002. S. 18-26. S. 26.

[502] Vgl. Roth und Jung: Ablösung der Regierung vertagt. 2002. S. 16.

auch im Mittelstand, entmutigt. „Am Tag nach der Wahl war der deutsche Aktienindex DAX auf den niedrigsten Stand seit Anfang 1997 gefallen."[503] Eine nachfolgende Steuerdebatte und die Ankündigung von Steuererhöhungen lassen die Zustimmungswerte der Regierung Schröder massiv abrutschen. Starke Kritik bringt der Regierung in diesem Zusammenhang die katastrophale Haushaltslage ein, von der sie vor der Wahl nichts gewusst haben will. „Die katastrophale Haushaltslage, da ist es gelungen, dieses zu verschleiern. (...) Im Augenblick sitzen sie bis zum Hals in der Tinte. Jetzt sitzen sie auf den Ergebnissen dieser Volksveräppelung da und in drei Jahren ist wieder Wahl."[504] Diese Problematik führt schließlich zur Einsetzung des sogenannten Lügenausschusses im Bundestag. Eine der Ideen der Union aus dem Wahlkampf wird schließlich von der Regierung Schröder umgesetzt, da sie ihre Popularität erkennt. Sie ernennt einen Superminister für Wirtschaft und Arbeit.

Im Verlauf der Legislaturperiode steigt die Zahl der Arbeitslosen weiter an. Zum Jahreswechsel 2004/2005 wird, bedingt durch Hartz IV, die Fünf-Millionen-Marke überschritten. Die SPD legt zunächst im Jahr 2003 die relativ liberale Reform-Agenda 2010 auf und widerspricht damit Teilen des eigenen Wahlprogramms, das doch eher traditionell sozialdemokratische Züge aufwies. Dies kritisieren vor allem Vertreter der SPD-Linken: „Die Agenda 2010, ein halbes Jahr später formuliert, stand in wesentlichen Eckpunkten in völligem Widerspruch zum Wahlprogramm."[505] Auch die Umsetzung der Hartz-Vorschläge, insbesondere die unter dem Begriff Hartz IV diskutierte Zusammenlegung von Arbeitslosen- und Sozialhilfe, erregt den Widerspruch breiter Bevölkerungsschichten wie auch aus den eigenen Reihen der SPD. Der entstehende Druck führt zur Übergabe des Parteivorsitzes an Franz Müntefering und nach einigen von der SPD verlorenen Landtagswahlen zu vorgezogenen Bundestagswahlen im Herbst 2005.

6.4 Auswertung

Die Union setzt konsequent auf das extrem populäre Thema der Arbeitslosigkeit, das in seiner Massenwirksamkeit 2002 eine neue Dimension erreicht hatte. Auch wenn das Thema von der Bevölkerung in Umfragen stets als sehr wichtig eingestuft wird, gab es nie zuvor ein vergleichbares Maß an persönlicher Betroffenheit und Angst in Bezug auf das Thema Arbeitslosigkeit. „Der Unterschied in diesem

---

[503] Lähmung nach der Wahl. FAZ-Konjunkturbericht. Frankfurter Allgemeine Zeitung Nr. 227 vom 30.09.2002. S. 13.
[504] Tiedje, Hans-Herrmann: Gespräch mit dem Autor am 11.04.2003.
[505] Schreiner, Ottmar: Gespräch mit dem Autor am 29.04.2004.

Jahr ist, dass ein Großteil der Mitte der Gesellschaft plötzlich persönlich auch als Arbeitsplatzbesitzer verunsichert waren über die weitere ökonomische Entwicklung und ob sie mittelfristig eigentlich noch Beschäftigung haben. Das war eigentlich das psychologische Problem."[506] Diese große Popularität des Themas konnte die Union für sich nutzen. Ihr traute die Bevölkerung am ehesten zu, die Arbeitslosenproblematik erfolgreich zu bekämpfen. Wahlkampfberater Spreng behauptet, „dass die Kompetenz für die Schaffung von Arbeitsplätzen längst an die CDU/CSU übergegangen ist. Selbst bis zum Ende des Wahlkampfes 2002, als Stoiber dann aus anderen Gründen noch verloren hat. Selbst bis zu diesem Ende galt Stoiber und die CDU/CSU als kompetenter für die Schaffung von Arbeitsplätzen und Wirtschaftswachstum. Die SPD ist für Arbeit nicht mehr kompetent".[507] Analog dazu ist die Entwicklung des Begriffs des Wachstums in den Wahlkämpfen zu sehen. Er ist so populär geworden, dass ihn die SPD adaptiert hat.[508] Auch im Jahr 2002 setzen beide Parteien auf den Begriff, wenn auch die Union wieder stärker als die SPD.

Stoiber kann sich als Wirtschaftsfachmann mit Angriffen auf die Regierung und nachvollziehbaren, einfachen Lösungsvorschlägen positionieren. Stoiber stellte sich erfolgreich als hart arbeitenden Kandidaten dar, der ehrlich besorgt um die hohe Arbeitslosigkeit zu wirken versuchte, um einen Gegensatz zur als Show dargestellten, medialen Wirksamkeit des amtierenden Bundeskanzlers zu bilden. Darüber hinaus konnte die Union mit Späth einen kompetenten Wirtschaftspolitiker präsentieren, der als Superminister die Ressorts Wirtschaft und Arbeit übernehmen sollte. Der Zuschnitt der populären Thematik auf glaubwürdige Vertreter gelang der Union.

Als wichtigste Abwehrmaßnahme und Kristallisationspunkt der Thematik im Wahlkampf 2002 muss die Diskussion um die Hartz-Kommission gewertet werden. Zeitpunkt und Inszenierung lassen eindeutig auf eine populistische Absicht Schröders schließen. Eine offiziell unabhängige Kommission unter dem als Fachmann geltenden Arbeitsdirektor von Volkswagen, Hartz, stellt gut fünf Wochen vor der Wahl umfangreiche Vorschläge zur Reduzierung der Arbeitslosigkeit vor. Die feierliche Übergabe der Vorschläge in Berlin sollte Führungs- und Handlungsfähigkeit der Bundesregierung auf diesem Feld demonstrieren und Boden gegenüber der Union gut machen. Der Stellenwert der Kommission im Wahlkampf wird sehr unterschiedlich eingeschätzt. Scharping glaubt, sie habe für die Glaubwürdigkeit sozialdemokratischer Argumentation und für die Darstellung des Willens, auch tatsächlich etwas durchzusetzen, eine erhebliche

---

[506] Machnig, Matthias: Gespräch mit dem Autor am 20.02.2003.
[507] Spreng, Michael: Gespräch mit dem Autor am 19.04.2004.
[508] Vgl. Kapitel 7.

Rolle gespielt.[509] Der SPD-Linke Schreiner hält die Glaubwürdigkeit aufgrund der populistischen Vorgehensweise dagegen für nicht gegeben: „Ich glaube, es hat ein Übermaß an Inszenierung stattgefunden. (...) Da war zu viel Weihrauch, (...) und das hat mit dazu beigetragen, dass das nicht besonders glaubwürdig war."[510] Auch inhaltlich stoßen die Vorschläge auf Widerstand der Linken, Schreiner hat von volkswirtschaftlichem Expertengeist bei den ganzen Hartz-Gesetzen wenig gesehen.[511] Dies kann als Hinweis auf eine populistische Vorgehensweise bei der Hartz-Kommission gewertet werden. SPD-Wahlkampfberater Machnig sieht wie Scharping eine zentrale Funktion der Kommission innerhalb des Wahlkampfs, die „über einige Wochen die politische Debatte, wie ich finde, bestimmt hat"[512]. Dagegen spricht die Unionsseite der Kommission wiederum ihre Wirkung ab, bestätigt aber zugleich die wichtige Rolle innerhalb der Debatte. Die höhere Wirtschafts- und Arbeitsmarktkompetenz der Union sei dadurch nicht beschädigt worden. Der Wahlkampf habe die Wende erst durch die Flut und dann durch das Irak-Thema genommen.[513]

Diese Sicht der Dinge teilen auch die befragten Journalisten. FAZ-Korrespondent Feldmayer sieht die Hartz-Kommission als „Rohrkrepierer"[514]. Der Redaktionsleiter der Süddeutschen Zeitung in Berlin, Kister, bestätigt allerdings die Wirkungsweise der Kommission: „Es war sicherlich ein Vorteil in dem Sinne, dass Schröder die Hartz-Kommission zu einem Zeitpunkt eingesetzt hat, (...) wo ihre Einsetzung (...) im Wahlkampf wirksam wurde."[515] Wenn auch die Wirkung umstritten ist, so ist doch klar geworden, dass die Kommission Wahlkampfzwecke erfüllen sollte und von der SPD entsprechend terminiert und inszeniert worden ist.

Die populistische Absicht vieler Vorschläge belegt im Wahlkampf 2002 eindrucksvoll auch der Trick des Finanzierungsvorbehalts seitens der Union. Die Partei stellte ihre Programmatik unter den Vorbehalt eines Kassensturzes, da sie als Opposition ja nicht über Finanzlage im Detail unterrichtet sei. Diese Vorgehensweise erlaubt natürlich eine freie Gestaltung gefälliger Vorschläge, wenn sie nach der Wahl unter Verweis auf den Finanzierungsvorbehalt kassiert werden können. Auch die SPD als Regierungspartei hatte im Wahlkampf aus taktischen Gründen die Haushaltslage weitgehend ausgeblendet, unter Verweis auf die Prognosen der Wirtschaftsforschungsinstitute. Machnig: „Damit sind natürlich ein paar Dinge unter Druck geraten, die eigentlich zur Programmatik der SPD

---

[509] Scharping, Rudolf: Gespräch mit dem Autor am 26.05.2004.
[510] Schreiner, Ottmar: Gespräch mit dem Autor am 29.04.2004.
[511] Ebd.
[512] Machnig, Mathias: Gespräch mit dem Autor am 20.02.2003.
[513] Spreng, Michael. Gespräch mit dem Autor am 19.04.2004.
[514] Feldmayer, Karl: Gespräch mit dem Autor am 03.06.2004.
[515] Kister, Kurt: Gespräch mit dem Autor am 29.04.2004.

gehörten. Zum Beispiel die Frage ausgeglichener Haushalt 2006."[516] Der frühere Wahlkampfberater der Union Tiedje formuliert drastischer: „Wenn die Haushaltsdaten echt auf den Tisch gekommen wären, also wenn sie gesagt hätten, die Krankenversicherungskosten steigen, die Arbeitslosigkeit wird sich katastrophal entwickeln, dann wäre Schröder weggewählt worden, trotz Flut und Frieden. Aber da es gelungen ist, das durchzuflunkern bis zum Schluss." Dieser Umstand der nach Meinung der Union im Wahlkampf beschönigten Haushaltslage führte nach der Wahl zur Einsetzung eines Untersuchungsausschusses im Bundestag. Beide Fälle belegen, dass Vorschläge um ihrer Popularität willen von den Parteien gemacht werden, zumindest ohne zu wissen, ob sie finanzierbar sind.

Eine besonders präsente Rolle spielten die Randthemen mit Arbeitsmarktbezug, wie die von Stoiber propagierten 400-Euro-Jobs mit pauschaler Besteuerung oder das umstrittene Gesetz zur Scheinselbständigkeit. Beide Themen geben Anlass zu populärer Kritik an der Bundesregierung, da sie viele Menschen direkt betreffen und deshalb im Wahlkampf von der Union zur ihrem Vorteil verwertet werden konnten. Die SPD beruft sich ihrerseits auf die arbeitnehmerfreundliche Rücknahme der Kürzung der Lohnfortzahlung im Krankheitsfall wie auch auf die Einschränkungen beim Kündigungsschutz. Die von der Union betriebenen Aspekte haben aber bei weitem mehr Zugkraft und werden von ihr auch erfolgreich als einfache Lösungsmöglichkeiten dargestellt. Beim Thema Mittelstand versuchen beide Parteien ihr Glück mit Förderungsvorschlägen, sie spielen aber in der Diskussion keine mit 1998 vergleichbare Rolle.

Auch im Wahljahr 2002 haben Zahlenversprechen in Bezug auf die Senkung der Arbeitslosigkeit Konjunktur. Die Union nutzt offensiv die 3,5-Millionen-Prognose Schröders aus dem Jahr 1998. „Da hatten wir ein Telefon eingerichtet mit Endlos-Schleife, wo man sich diesen Satz immer wieder anhören konnte."[517] Währenddessen wird im Rahmen der Hartz-Vorschläge eine neue Zahl versprochen: Man rechne mit einer Senkung der Arbeitslosenzahl um zwei Millionen, wenn die Vorschläge umgesetzt werden. Offensichtlich ein neues Versprechen, das nicht realisierbar war und an das die beteiligten Parteien nicht erinnert werden wollen.

Das Argument der Weltkonjunktur dient der Regierung Schröder im Frühsommer als Erklärung der hohen Arbeitslosigkeit. Schon in den Programmen hatten beide Parteien das Thema aufgegriffen, die SPD will bei einem Anspringen der Weltkonjunktur Arbeitsplätze schaffen, die Union wirft ihr vor, es trotz vorhandener Impulse nicht getan zu haben. Das Kommunikationsphänomen ist offensichtlich eine feste Größe in der Wahlkampfführung, das in jede beliebige Richtung interpretiert werden kann.

---

[516] Machnig, Mathias: Gespräch mit dem Autor am 20.02.2003.
[517] Spreng, Michael: Gespräch mit dem Autor am 19.04.2004.

Der Pakt als Motiv von Wirtschaftspopulismus tritt auch in diesem Wahl-jahr in den Programmen auf. Das Bündnis für Arbeit hat für die SPD einen ho-hen Stellenwert. Sie versucht auch die EU für die Lösung des Problems mit ins Boot zu holen. Das Motiv ist das vergleichbar: Andere sollen handeln, wir orga-nisieren das und profilieren uns damit. Eine erfolgreiche Beeinflussung der fakti-schen Arbeitslosenzahlen ist, wie auch 1998 beim Thema ABM, erkennbar. Die SPD bessert mittels gesetzgeberischer Maßnahmen die Beschäftigungsstatistik um die geringfügig Beschäftigten auf. Dies feiert sie auch in ihrem Wahlpro-gramm. Die Union stellt die Arbeitslosigkeit dramatisch dar: zu den offiziell erfassten kämen noch einmal 1,8 Millionen nicht gemeldete Arbeitslose. Eine klare Dramatisierung und Übertreibung der Lage, auf die die SPD wiederum mit einem populistischen Vorwurf reagiert: Die Union wolle mehr Arbeitslose als tatsächlich vorhanden seien.

Genuine Ereignisse in der Wirtschaft bieten den Parteien zweimal Gelegen-heit in zustimmungssuchender Weise aufzutreten. Die Union kritisiert den Nie-dergang der Aktien der Deutschen Telekom und unterstellt eine Mitschuld der Bundesregierung, während die SPD in Holzmann-Manier[518] beim Mobilfunkan-bieter Mobilcom mittels einer Staatsbürgschaft Arbeitsplätze rettet. Wirtschafts-populismus manifestiert sich also auch bei unabhängig von der Wahlkampfstra-tegie der Parteien auftretenden Ereignissen. Die Einzelfälle dienen den Parteien als Symbole für eine erfolgreiche Wirtschaftspolitik.

Am Ende hatte die SPD die Schlacht um die Arbeitslosigkeit zwar verloren, den Krieg entschieden jedoch andere Themen. Es gab keine Mehrheit für ein ökonomisches Programm der Regierungsparteien, sagt Wahlkampfberater Machnig. Es hat „eine soziokulturelle Mehrheit gegen Stoiber gegeben, aber keine Mehrheit zu einem ökonomischen Programm auf der Seite von Rot-Grün. Das ist in gewisser Weise die Hypothek dieses Wahlsieges." Auch deshalb sei die SPD nach der Wahl derart unter Druck geraten. Schließlich hatte der Wirt-schaftspopulismus im Jahr 2002 eine neue Plattform gefunden: Das TV-Duell. Hier kann noch zugespitzter, noch vereinfachter, mit einer bisher nicht da gewe-sen großen Zahl an Wählern kommuniziert werden. „Da haben bei jeder Sendung jeweils 15 Millionen Menschen zugeschaut. Und dann müssen sie einen Multi-plikatoreffekt von zwei bis drei oben drauf rechnen, weil am nächsten Tag ist das noch mal intensiv nachdiskutiert worden, im Betrieb, in der Schule."[519] Bei den TV-Duellen wurde Schröder in Vergleich zu Stoiber eine größere Wirkung zuge-schrieben.

---

[518] Die Bundesregierung hatte sich 1999 für das insolvente Bauunternehmen Holzmann engagiert. Das Unternehmen meldete wenig später trotzdem Insolvenz an.
[519] Machnig, Mathias: Gespräch mit dem Autor am 20.02.2003.

7 Ergebnisse: Wirtschaftspopulismus in Bundestagswahlkämpfen

Die Rekonstruktion der Wahlkämpfe dokumentiert und belegt Fälle und Ausprägung von Wirtschaftspopulismus in der Bundesrepublik Deutschland. Die dargestellten Zusammenhänge zwischen wirtschaftlicher Lage, Medienberichterstattung und der Stimmung in der Öffentlichkeit ermöglichten Analyse und Bewertung des Agierens der Parteien. Die konkreten Einzelfälle der untersuchten Bundestagswahlkämpfe sind Beispiele für die verschiedenen Kriterien, in denen sich Wirtschaftspopulismus manifestiert. Anhand dieser Beispiele sind inhaltliche Kriterien von Wirtschaftspopulismus und charakteristische Kommunikationsweisen, wie sie in der Definition beschrieben sind, wahlkampfübergreifend zusammengefasst.

7.1 Inhaltliche Kriterien von Wirtschaftspopulismus

7.1.1 Überbetonen von Wachstum als Ziel der Wirtschaftspolitik

Der Begriff des Wachstums, eigentlich Wirtschaftswachstums, wird in den Wahlkämpfen überbetont und hat im Untersuchungszeitraum eine starke Aufwertung erfahren. Wachstum meint ein langfristiges Ansteigen des Bruttoinlandsproduktes, also der Leistungen einer Volkswirtschaft. Die Parteien haben Wachstum als populäres Ziel der Wirtschaftspolitik überhöht und überbetont. Dabei wird postuliert, dass Wachstum die Voraussetzung für das Entstehen von Arbeitsplätzen sei. Die Parteien versuchen dem Wähler zu vermitteln, Wachstum sei mit Wohlfahrtssteigerung für alle gleichzusetzen. Die Überbetonung von Wachstum ist populistisch, da die Parteien hier Wohlstand versprechen, dessen Erreichen nicht unbedingt realistisch ist und sich nicht automatisch durch mehr Wachstum einstellt. „Zum einen bedeutet Wachstum nicht unbedingt eine Steigerung der Lebensqualität des einzelnen, da Umweltbelastungen und soziale Folgekosten anfallen können; zum anderen kann man angesichts der Begrenztheit natürlicher Ressourcen an die ,Grenzen des Wachstums' (...) stoßen."[520] Dessen ungeachtet hat sich in den Bundestagswahlkämpfen der 90er Jahre bis hin zu dem im Jahr 2002 der Begriff Wachstum als inhaltlicher Bestandteil von Wahlkampfstrategien der Parteien etabliert.

---

[520] Busch, Andreas: Wachstum/Wachstumspolitik. In: Nohlen und Schultze: Lexikon der Politikwissenschaft. 2002. (Band 2). S.1083f.

Im Jahr 1994 vertritt die SPD noch die Ansicht, Wachstum allein reiche nicht aus, um Arbeitsplätze zu schaffen und stellt eine Verantwortlichkeit des Staats für die Schaffung von Arbeitsplätzen in den Vordergrund. Die SPD versteht einen Arbeitsplatz als Grundrecht des Menschen und propagiert ein Recht auf Arbeit. Die Union platziert bereits in diesem Wahlkampf den Begriff des Wachstums als populäres Ziel der Wirtschaftspolitik. Arbeit wird vor allem in ihrer ökonomischen Funktion als Broterwerb gesehen. Die Unterschiede in diesem Wahlkampf: Die SPD glaubt, dass eine präsente Rolle des Staats bei der Lösung der Arbeitslosenproblematik bei ihren Wählern gut ankomme und argumentiert mit der Tendenz „Wachstum schafft keine Arbeitsplätze", wovon sie später abrückt. Die Union betont Wachstum als zentrales Ziel.

Wachstum wird in der Kommunikation beider Parteien stets mit Beschäftigung in Zusammenhang gebracht: „Mehr Beschäftigung durch Wachstum" oder „Wachstum ist die Voraussetzung für mehr Beschäftigung" sind die Motive. Nach 1994 war auch die SPD auf diese Linie eingeschwenkt. Wachstum wird als populärer Ausdruck einer dynamischen gesellschaftlichen Entwicklung mit dem Ziel eines möglichst schichtenübergreifenden Wohlstands in ganz Deutschland genutzt, der in seiner Popularisierungskraft auf eine andere Klientel zugeschnitten ist. Der Appell versucht eine Aufbruchstimmung zu erzeugen und beschwört die Menschen anzupacken, während die SPD mit dem Staat als Beschützer der Schwachen wirbt.

Bereits im nachfolgenden Bundestagswahlkampf 1998 treffen sich beide Parteien bei der Formel Wachstum und Beschäftigung. Auch die Strategen der SPD scheinen den Begriff nun als populär erkannt zu haben und nehmen ihn jetzt mit auf. Beide Parteien werben also mit Aufschwung beziehungsweise Wachstum und Beschäftigung. Dies ist als eine Annäherung bei einer als populär erkannten Begrifflichkeit zu sehen. Es ist der Union gelungen, Wachstum als uneingeschränkt populäres Ziel der Wirtschaftspolitik zu kommunizieren. Das Thema wird weiter popularisiert und zugespitzt. Dies hat zur Folge, dass es als nicht mehr zu hinterfragendes Allgemeingut akzeptiert wird und man sich mit den Voraussetzungen für den Übertrag von wirtschaftlichem Wachstum auf das tatsächliche Entstehen von Beschäftigung nicht mehr auseinandersetzt. Die Parteien treffen sich also beim Kleinsten als zugkräftig erkannten Nenner und betonen ihn unisono. Allein dieses Propagieren verleiht dem Begriff, unabhängig vom Inhalt, eine zusätzliche Popularität.

2002 hat sich der Begriff Wachstum als zentraler Teil des Rezepts gegen die Arbeitslosigkeit durchgesetzt. Hier handelt es sich um einen populistischen Erfolg der Union, mit dem Ergebnis, dass auch die SPD einem Ziel an sich liberaler Wirtschaftspolitik uneingeschränkt zustimmt und es sich in ihrer Kommunikation zu eigen macht. Die SPD passt sich in diesem Punkt an. Der Wahlkampfberater der Union beschreibt dies so: „Ich glaube, die Leute wissen, dass Wachstum die Voraussetzung ist für Arbeitsplätze. (...) In der SPD gibt es, glaube ich, nur noch Restbestände von Wachstumsgegnern. Auch in der SPD hat sich inzwischen schon die Meinung durchgesetzt, dass bei steigenden Arbeitslosenzahlen und einer schrumpfenden erwerbstätigen Bevölkerung ohne Wachstum die Sozialsysteme zusammenbrechen. Insofern ist das, glaube ich, allgemeinverbindlich."[521] Wenn das Ziel, Wachstum zu generieren aber inhaltlich nicht mehr in Frage zu stellen ist, dann handelt es sich bei seinem Propagieren umso mehr um populistisches Agieren. Ein allgemeinverbindliches, selbstverständliches Ziel der Politik dem Wähler als Lösungsvorschlag zu präsentieren, ist ein kommunikativer, also populistischer Griff, aber kein inhaltlicher Lösungsvorschlag.

Das Propagieren von Wachstum als Ziel der Wirtschaftspolitik und die intensive öffentliche Diskussion über die wirtschaftliche Entwicklung in den Wahlkämpfen führt zu einem regelmäßigen kurzzeitigen Anziehen der Konjunktur in den Sommermonaten der Wahljahre. Die Vorschläge der Parteien und die damit verbundene Hoffnung auf bessere Rahmenbedingungen für die Wirtschaft führen zu einer Belebung der wirtschaftlichen Aktivitäten in den Wahljahren. In vielen Fällen steht dies sicher auch in Verbindung mit der Hoffnung auf einen Regierungswechsel. Die nach allen Seiten und insbesondere was die Zukunft angeht positive, also auch häufig wirtschaftsfreundliche, Kommunikation der Parteien, der auf Wachstum und Beschäftigung abzielende Wirtschaftspopulismus, erzeugt über die Belebung der wirtschaftlichen Aktivitäten eine Sonderkonjunktur. Sicher wird diese Entwicklung auch durch saisonale Gründe begünstigt, ein leichtes Aufleben der wirtschaftlichen Entwicklung ist in jedem Sommer zu beobachten. Bei allem, was darüber hinaus geht, handelt es sich um eine herbeigeredete Stimmung, die auf wirtschaftspopulistisches Agieren der Parteien zurückzuführen ist. Das Herbeireden eines Wahljahresaufschwungs ist in gewisser Weise eine sich selbst erfüllende Prophezeiung.

Der Wahlzeitpunkt in den Herbstmonaten September oder Oktober begünstigt eine populistische Interpretation der Entwicklung auf dem Arbeitsmarkt, die jedoch in Wahrheit nur saisonale Gründe hat. Scharping bestätigt derartige Vorteile für Regierungsparteien. Da frage man sich, „ist der Oktober mit seinen in der Regel relativ guten September-Arbeitsmarktzahlen nicht ein geeigneterer Termin als beispielsweise ein anderer Monat, von dem man weiß, dass die Arbeitslosenzahlen eher höher sind".[522] Ein besonders anschaulicher Beleg für die Existenz des Wahljahresaufschwungs ist eine Äußerung des SPD-Kandidaten Schröder im Wahlkampf 1998. Schröder nahm den Aufschwung der Sommermonate explizit als Resultat seiner Kandidatur in Anspruch. Er resultiere aus der

---

[521] Spreng, Michael: Gespräch mit dem Autor am 19.04.2004.
[522] Scharping, Rudolf: Gespräch mit dem Autor am 26.05.2004.

Hoffnung auf einen Regierungswechsel. Oppositions- wie Regierungsparteien versuchen also, einen Aufschwung herbeizureden und ihn als Ergebnis ihres eigenen Handelns darzustellen.

Die Betonung des Ziels Wachstum ist auf der kommunikativen wie auch inhaltlichen Ebene bedenklich. Die Parteien stellen in ihrer Kommunikation diesen Begriff heraus und präsentieren ihn als Erfolgsrezept bei der Bekämpfung der Arbeitslosigkeit. Damit verbunden sind in den untersuchten Fällen kaum Vorschläge, wie das Wachstum konkret für die Senkung der Arbeitslosenzahl genutzt werden kann und insbesondere zur Frage, was die Parteien, die die Bundesregierung stellen, dazu beitragen würden. Darüber hinaus spielen die möglichen Risiken einer auf Wachstum ausgerichteten Politik keine Rolle. Es geht in den meisten Fällen nur um die Kommunikation des Begriffs und wenn Lösungsvorschläge propagiert werden, sind mögliche Risiken im Wahlkampf kein Thema.

7.1.2 Überbetonen von Einkommensverteilung als Ziel der Wirtschaftspolitik

Die Popularität des stark betonten Begriffs Wachstum beruht auf dem suggerierten Eindruck, mehr Wachstum bedeute mehr Wohlstand für alle. Damit Zustimmung zu den Vorschlägen einer Partei über materielle Verbesserungsaussichten für die Bürger generiert werden kann, ist eine Beteiligung aller an dem erreichten Wohlstand notwendig. In Deutschland hängt die Zustimmung zur Politik von Parteien sehr stark von der materiellen Situation der Bürger ab. „Die Basis der Bundesrepublik Deutschland ist im Unterbewusstsein zumindest ein Geschäft: Du gehst zur Wahl und machst mit und dafür bekommst Du eine wirtschaftliche Gegenleistung. Das ist ein kaufmännisches Prinzip."[523] Die Ursachen dafür sind verschieden, im Wesentlichen liegt die starke materielle Orientierung sicher an der bereits erwähnten politischen Konditionierung der Bundesbürger während der Wirtschaftswunderjahre nach dem Zweiten Weltkrieg.[524] Dabei sind Wachstum und Einkommensverteilung prinzipiell sich widerstrebende Ziele. Umverteilung hemmt Wachstum, da sie Kosten verursacht und wirtschaftliche Aktivitäten lähmt.

Der unausweichlich erscheinende Zwang zum Ziel „Wohlstand für alle" ist es, der die Parteien veranlasst, im Wahlkampf nur Vorschläge zu machen, die die Bürger nicht belasten. Die Parteien glauben, dass Notwendiges oft nicht vermittelbar ist, weil jeder Wähler nur auf seinen finanziellen Vorteil achtet. „Deswegen schauen die Parteien, dass jeder sein Geld hat. Das ist das wichtigste."[525]

---

[523] Feldmayer, Karl: Gespräch mit dem Autor am 03.06.2004.
[524] Vgl. Kapitel 1.1.
[525] Feldmayer, Karl: Gespräch mit dem Autor am 03.06.2004.

Auch aus Sicht der Medien gibt es diese Präferenz der Wähler. Im Vordergrund stehe immer der „eigene Geldbeutel"[526]. Das bedeutet wiederum, dass die Medien in ihrer Berichterstattung die finanzielle Situation des Einzelnen herausstellen und auf diese Weise sich der Zwang zur Betonung des „Wohlstands für alle" für die Parteien tatsächlich verschärft. Koch nennt als Beispiele, bei denen sinnvolle Dinge aufgrund ihrer Nichtvermittelbarkeit scheitern, die Diskussion um den Kündigungsschutz und die Kürzung der Bezugsdauer von Arbeitslosenunterstützung.[527]

Das überragende Ziel des materiellen Wohlstands für alle führt zu einer Überbetonung des Einkommens und ist der Grund dafür, warum das Thema Arbeitslosigkeit derart popularisierbar ist und ihm alle anderen wirtschaftspolitischen Themen untergeordnet werden. Bekämpfung der Arbeitslosigkeit, soziale Absicherung im Fall von Arbeitslosigkeit und damit die Gewährleistung des Einkommens für alle ist von den Parteien zum zentralen Gradmesser für eine erfolgreiche Wirtschaftspolitik hochstilisiert worden. Sie nutzen dieses Feld für eine populistische Auseinandersetzung mit letztlich allen Fragen der Wirtschafts- und Fiskalpolitik, weil sich hier das Problem kristallisiert. Die Politik einer Partei gilt nach den in den 90er Jahren herrschenden Regeln als gescheitert, wenn sie Arbeitsplätze und damit Wohlstand für alle nicht gewährleisten kann.

Vor dem Hintergrund der verschärften Problematik in Ostdeutschland hat das Thema im Laufe der drei Wahlkämpfe kontinuierlich an Bedeutung und Brisanz gewonnen. Die Parteien schüren im Zusammenspiel mit den Medien den Druck, sich nach dem Gradmesser Arbeitslosigkeit beurteilen zu lassen. Im Wahljahr 2002 schließlich existiert im planbaren Teil des Wahlkampfs im Wesentlichen nur noch dieses Thema. Schon 1994 ist das Ziel „Einkommen für alle" vorrangige Argumentation der SPD. Dieses Motiv ist Hintergrund für die Behauptung, Wachstum allein sei unsozial. Alle müssten an einem wirtschaftlichen Wachstum teilhaben können, deswegen sei ein Beschäftigungsaufschwung notwendig. Schließlich gebe es ein Recht auf Arbeit. Dies kommt dem Propagieren eines Rechts auf Einkommen letztlich gleich.

Vergleichbaren Hintergrund hat die Diskussion um die Stärkung der Binnennachfrage. Hier wird vor allem im Jahr 1998 von der SPD die Forderung nach mehr Einkommen und Konsummöglichkeit für den Einzelnen kommuniziert. Die Forderung wird als volkswirtschaftlich sinnvoll und notwendig dargestellt. So bekommt der Einzelne das Gefühl, er verbessere mit einem höheren Einkommen letztlich die Situation auf dem Arbeitsmarkt. Dass es populär ist, den Menschen mehr Geld zukommen lassen zu wollen, wird niemand bezweifeln. Insbesondere der linke Flügel der SPD setzt stark auf das Argument der

---

[526] Koch, Einar: Gespräch mit dem Autor am 25.04.2004.
[527] Vgl. ebd.

Binnenkonjunktur und kann es in vielen Wahlkämpfen der SPD als Ziel verankern. „Die unteren und mittleren Einkommen sind zu schwach, müssen also
gestärkt werden, entweder über Steuern oder worüber auch immer. Es passiert
aber das Gegenteil, wenn man sich die Realpolitik anschaut. Und der zweite
Punkt ist, dass wir im Bereich der öffentlichen Investitionen absolut notleidend
geworden sind. Wir müssten, um den europäischen Durchschnitt an Investitionen
zu erreichen, jährlich fast 25 Milliarden Euro mehr in die Hand nehmen."[528] Ob
dies volkswirtschaftlich auch sinnvoll ist, ist zumindest umstritten. Berechnungen zu Folge bedeutet ein um 100 Euro höheres Bruttogehalt 121 Euro Mehrkos-
ten für den Arbeitgeber, wovon jedoch nur 35 Euro für deutsche Güter ausgegeben werden.[529] Diese Effekte und die nachteiligen Wirkungen, wie höhere
Staatsverschuldung, werden nicht angesprochen. Im Vergleich zu diesen Argumenten muss die Forderung der Union nach einer moderaten Lohnpolitik für
mehr Wachstum vor dem Hintergrund der materiellen Ausrichtung bei Angestellten und Arbeitern unpopulär sein.

Im Jahr 2002 bringt die SPD die Binnennachfrage wieder als Ziel in den
Wahlkampf ein, wenn auch nun zurückhaltender als Kombination aus Nachfra-
ge- und Angebotspolitik. Konkrete Beispiele für den populistischen Umgang mit
dem Motiv des „Einkommen für alle" ist die 2002 von der SPD aktiv kommunizierte Rücknahme von unpopulären Maßnahmen der Kohl-Regierung, die den
Wähler konkret bei seinem Einkommen beschnitten haben, wie die Kürzung der
Lohnfortzahlung im Krankheitsfall. Häufig ist Sinnvolles unpopulär, weil jeder
Einzelne auf seine materielle Situation achtet. „Was dem wirtschaftlichen
Wachstum dient, kann für den Augenblick Verzicht sein, oder Verzicht auf Erhöhungen zumindest oder Umstrukturierungen. Dinge also, die unbequem sind
für denjenigen, der sich als Arbeitnehmer in der Gesellschaft definiert und der
auf seine wohl erworbenen Rechte, oder was er dafür hält, pocht. Dass aber eine
rechtzeitige Sanierung mit allen Einschnitten dazu führt, dass das wirtschaftliche
Wachstum möglichst schnell wieder in Gang kommt, ist eine abstrakte Einsicht,
die dem bequem gewordenen Wähler nicht mehr durchgängig zu vermitteln
ist."[530] Die Parteien bedienen mit der Betonung des Ziels der Einkommensmeh-
rung primäre Bedürfnisse der Mehrheit der Wähler.

---

[528] Schreiner, Otmar: Gespräch mit dem Autor am 29.04.2004.
[529] Vgl. Institut der deutschen Wirtschaft (Hrsg.): ...und andere wirtschaftspolitische Irrtümer. Köln
2005. S. 32.
[530] Feldmayer, Karl: Gespräch mit dem Autor am 03.06.2004.

7.1.3 Suggerieren oder Abstreiten von Einflussmöglichkeiten

Ein weiteres Merkmal von Wirtschaftspopulismus in Bundestagswahlkämpfen ist das Suggerieren von nicht vorhandenen Einflussmöglichkeiten durch die Parteien. Insbesondere Oppositionsparteien neigen dazu, ihre Vorschläge als tiefgreifende Verbesserungen oder sogar umfassende Lösung des Arbeitslosigkeitsproblems darzustellen. Sie werfen der Regierung vor, entsprechende Maßnahmen nicht eingeleitet zu haben und erzeugen damit beim Wähler den Eindruck, dass es in aller erster Linie im Einflussbereich der Politik stünde, die Arbeitslosigkeit massiv zu senken. Die Parteien suggerieren, dass es der Politik ohne weiteres möglich wäre, bestimmte, häufig auch an Zahlenversprechen gebundene, Verbesserungen auf dem Arbeitsmarkt zu erreichen.

Umgekehrt streiten Regierungsparteien häufig entsprechende Einflussmöglichkeiten ab, obwohl sie durchaus in der Lage wären, die wirtschaftspolitischen Rahmenbedingungen beschäftigungsfreundlicher zu gestalten. Sie bemühen dann in der Regel Argumente, die sich auf die weltweite konjunkturelle Entwicklung beziehen. Bundesdeutschen Parteien ist daher der Vorwurf zu machen, dass sie die Einflussmöglichkeiten der Politik je nach Situation übermäßig groß oder klein darstellen und mit diesen Möglichkeiten Vorwürfe an den politischen Gegner begründen oder dessen Vorwürfe abwehren. In der Regierungsverantwortung streiten die Parteien analog durchaus vorhandene Möglichkeiten ab, um nicht für eine negative Entwicklung verantwortlich gemacht zu werden. Darüber hinaus wechseln die Parteien von einer dieser Argumentationsrichtungen zur anderen, wenn sie von der Regierung in die Opposition oder umgekehrt wechseln. Diese Vorgehensweisen sind Kennzeichen von Wirtschaftspopulismus, denn Arbeitsplätze werden in aller Regel von der Wirtschaft geschaffen und sind von vielen Bedingungen abhängig, wie etwa der tariflichen Situation, der konjunkturellen Entwicklung im In- und Ausland oder den von der EU gesetzten Rahmenbedingungen. Sie stehen nur bedingt im Machtbereich der Bundesregierung. Auch das Abstreiten von Möglichkeiten kann eine wirtschaftspopulistische Strategie sein, um Verantwortung zu verneinen.

Die Parteien wecken in Wahlkämpfen bezüglich der Lösung des Arbeitslosenproblems Erwartungen an die Politik. Das von der SPD im Jahr 1994 aus der Opposition heraus postulierte Recht auf Arbeit betrachtet eine berufliche Tätigkeit als Recht auf Selbstverwirklichung und Teilhabe an der Gesellschaft. Damit generiert die Opposition eine Erwartungshaltung an die Regierung, die Arbeitslosenzahlen zu senken. Die SPD suggeriert dem Wähler, die Regierung sei für die hohe Arbeitslosigkeit verantwortlich, da sie Möglichkeiten habe, in großem Umfang Beschäftigung zu schaffen. Indem sie diese nicht nutze, missachte sie ein Grundrecht der Menschen, nämlich das Recht auf Arbeit. Die SPD versucht,

ein Gefühl der Vernachlässigung der Arbeitlosen und von Arbeitslosigkeit Bedrohten durch die Regierung zu erzeugen. Auf diese Weise schürt die Partei zu
ihren Zwecken eine Erwartungshaltung, die von keiner Regierung zu bedienen
ist. Die Beobachtungen von Wahlkampfberater Boenisch decken sich mit diesen
Aussagen. „Meistens erwartet ja die Bevölkerung viel mehr, als die Regierung
überhaupt und jede Regierung zu tun in der Lage ist. In Deutschland wird nicht
begriffen, dass Arbeit in erster Linie eine Frage der Tarifpartner ist und nicht in
erster Linie eine Besorgungsmaßnahme durch die Regierung."[531]

Diese Aktionsmöglichkeiten der Regierungen werden von den Parteien gezielt in Wahlkämpfen suggeriert, indem sie dem Gegner Verantwortung zuweisen oder ihren eigenen Einfluss überhöhen. Ein Beleg für dieses Agieren aus der
Regierung heraus ist das Einsetzen der Hartz-Kommission durch Schröder 2002.
Hier lautet das Signal an den Wähler, der Staat kümmere sich um die Arbeitslosigkeit und die Regierung handele. Dies geschah auch unter dem Druck der Union, die die Erwartungen an die Regierung 2002 massiv geschürt hat. Sie besetzte,
wie schon die SPD 1998, Arbeitslosigkeit als wichtigstes innenpolitisches Wahlkampfthema und stellte Deutschland unter der Schröder-Regierung als Schluss-
licht in Europa dar. Da dieses Agieren schon seit Jahrzehnten politische Praxis in
der Bundesrepublik ist, sind es die Menschen gewohnt, auch beim Problem der
Arbeitslosigkeit in erster Linie den Staat in die Pflicht zu nehmen. Dies sei zu
einem Grundprinzip in der Bundesrepublik geworden, so Feldmayer. „Das Thema öffentliches Wohlergehen, Vollbeschäftigung, Verbesserung des Lebensstan-
dards ist immer ein Thema, mit dem die Parteien beschäftigt sind. Das ist sozusagen das Grundgesetz der Bundesrepublik Deutschland. Das Angebot an die
Bürger: Macht mit, seid staatsloyal, ihr kriegt was dafür, also materiell." Machnig versucht die Parteien zu entlasten und sieht einen gut informierten Bürger.
„Wenn Sie mal in die Umfragen reinschauen, die Menschen haben ein relativ
klares Verständnis, was Politik kann, was Politik nicht kann." Dieses Verständnis auf Seiten der Kommunikationsfachleute von Parteien ist ein Indiz dafür,
dass die Parteien die Erwartungen gezielt schüren und die Auswirkungen in Kauf
nehmen. In Ostdeutschland ist die Situation verschärft, weil die Erwartungshaltung an den Staat traditionell noch höher seien, sagte Boenisch. „Viele Leute im
Osten sind immer noch gewohnt, dass der Staat für sie die Geschäfte macht. Sie
sind noch zu sehr im vormundschaftlichen Denken behaftet geblieben und Eigeninitiative und Eigenverantwortung sind noch nicht ausgeprägt genug."[532]

Das Schüren von Erwartungen und Suggerieren von Einflussmöglichkeiten
baut einen hohen Druck auf die Bundesregierungen auf. Die konsequente Folge,
beispielsweise des Postulierens eines Rechts auf Arbeit, ist, dass die Wähler

---

[531] Boenisch, Peter: Gespräch mit dem Autor am 16.07.2004.
[532] Ebd.

dieses Recht auch einklagen möchten, beziehungsweise umgesetzt sehen wollen. Die Parteien haben aber nur sehr bedingt die Möglichkeit dazu, jedem zu seinem Recht zu verhelfen. Insofern schreiben sie sich Kompetenzen zu, über die sie gar nicht verfügen. Diese Kompetenzanmaßung bestätigt der Kanzlerkandidat von 1994, Scharping. „Es gibt jedenfalls bei allen Parteien eine Tendenz, sich mehr Kompetenz zuzuschreiben als sie wirklich haben und einer Regierung entweder den mangelnden Gebrauch überschätzter Kompetenz vorzuwerfen oder selbst den Eindruck allzu großer Machtfülle zu erzeugen. Tatsächlich aber ist es so, dass Angesichts von Globalisierung und europäischer Integration, angesichts der Freigabe von Wechselkursen, der Unabhängigkeit der Notenbanken, der Unabhängigkeit und der internationalen Organisation der Finanzmärkte, um nur wenige Beispiele zu nennen, die Möglichkeiten jedenfalls nationalstaatlicher Politik zur Beeinflussung des wirtschaftlichen Geschehens, deutlich reduziert worden sind."[533] Insbesondere die verhängnisvollen Zahlenversprechen der Parteien hingen auch damit zusammen, dass die Politik dazu neige, in Wahlkämpfen Kompetenzen vorzuspiegeln, die sie tatsächlich nicht habe.[534] Dieser Umstand wird jedoch von deutschen Parteien in Wahlkämpfen nicht beachtet.

Erschwerend kommt hinzu, dass dem ohnehin von den Parteien überhöhten Thema Arbeitslosigkeit immer mehr wirtschaftspolitische Arbeitsfelder in der Wahlkampfkommunikation untergeordnet werden. Alle Bereiche, die entfernt arbeitsmarkt- oder beschäftigungsrelevant sind, werden in der öffentlichen Darstellung diesem als populär erkannten Thema zugeordnet. Dadurch erweitern die Parteien den Eindruck ihrer tatsächlichen Handlungsmöglichkeiten, da sie beispielsweise auf die Fiskalpolitik direkt Einfluss nehmen können. Über die wirkliche Relevanz der einzelnen Maßnahmen für den Arbeitsmarkt wird jedoch in der Kommunikation nicht informiert. Zentral ist die Absicht, den Eindruck zu erwecken, alle Register für eine Senkung der Arbeitslosigkeit gezogen zu haben. Der SPD-Abgeordnete Schreiner bestätigt die überhöhte Darstellung der Arbeitsmarktpolitik im Wahlkampf. „Die Arbeitmarktpolitik ist in einem illusionären Maße überfrachtet worden mit Zielsetzungen, die sie niemals leisten kann."[535] Arbeitsmarktpolitik zielt in ihrer passiven und aktiven Komponente auf Unterstützung und schnelle Wiedereingliederung von Arbeitslosen ab.[536]

Das Abstreiten von Kompetenzen und Einflussmöglichkeiten lässt sich am Beispiel des Arguments der Weltkonjunktur belegen. Die weltweite konjunkturelle Entwicklung dient insbesondere Regierungsparteien immer wieder als

---

[533] Scharping, Rudolf: Gespräch mit dem Autor am 26.05.2004.

[534] Vgl. ebd.

[535] Schreiner, Ottmar: Gespräch mit dem Autor am 29.04.2004.

[536] Vgl. Schmidt, Manfred: Arbeitsmarktpolitik. In: Nohlen und Schultze: Lexikon der Politikwissenschaft. 2002. (Band 1). S. 34.

Rechtfertigungsgrund für eine nicht zufriedenstellende Entwicklung auf dem Arbeitsmarkt. Es wird jedoch auch von der Opposition verwendet, um Erfolge der Regierung in Abrede zu stellen. Im Wahljahr 1994 war die allgemeine wirtschaftliche Entwicklung zunächst schwach und wurde von der regierenden Union mit einer ebenfalls schwachen Weltkonjunktur erklärt. Als im Spätsommer die konjunkturelle Entwicklung in Deutschland anspringt und schließlich sogar auf den Arbeitsmarkt übergreift, führt die SPD das Argument an. Die Erfolge seien nicht der Union zuzuschreiben, sondern begründeten sich in der anziehenden Weltkonjunktur. Im Jahr 2002 erklärt die SPD ihre Misserfolge schon im Wahlprogramm mit dem Argument der schwachen Weltkonjunktur, wogegen die Union behauptet, trotz internationaler Wachstumsimpulse seien in Deutschland keine Arbeitsplätze entstanden. Beide Parteien betrachten dieses Argument offensichtlich als höhere Gewalt, die von jeder Seite zur Begründung von Erfolgen oder Misserfolgen herangezogen werden kann.

Als regelrechter Kunstgriff im Rahmen des Suggerierens oder Abstreitens von Einflussmöglichkeiten muss die Verknüpfung dieser Möglichkeiten mit einem Finanzierungsvorbehalt gelten. Dieses Mittel ist der Opposition vorbehalten, die sich auf eine Unkenntnis der tatsächlichen Kassenlage beruft. Selbstverständlich können viele Dinge versprochen werden, wenn man sie nach der Wahl mit einem Verweis auf die Finanzierung wieder kassieren kann. 2002 ist der Finanzierungsvorbehalt von der Union auch kommuniziert worden, das bestätigen die Wahlkampfmanager Spreng[537] und Machnig. „Die Union hatte ja einen Trick in ihrem Programm, dass alles unter einem Finanzierungsvorbehalt stand. Das steht wortwörtlich im Programm, wir machen erst mal einen Kassensturz. Das haben wir ja 98 auch gemacht im Übrigen (...).“[538] Dieses Vorgehen ist also ebenfalls ein parteiübergreifender Wirtschaftspopulismus-Konsens in den untersuchten Wahlkämpfen. „Die Finanzierung dessen, was man verspricht, ist ein Thema für nach der gewonnenen Wahl. Da darf sich dann der Finanzminister drum kümmern, wenn er erst im Amt ist.“[539]

7.2 Charakteristische Kommunikationsweisen von Wirtschaftspopulismus

Inhaltliche Kennzeichen beziehen sich auf die beschriebenen Fälle von Wirtschaftspopulismus am Beispiel von Wachstum, Einkommensverteilung oder dem Umgang mit Einflussmöglichkeiten. Weitere Kennzeichen sind im folgenden Abschnitt zusammengefasst. Unter dem Überbegriff der charakteristischen

---

[537] Vgl. Spreng, Michael: Gespräch mit dem Autor am 19.04.2004.
[538] Machnig, Mathias: Gespräch mit dem Autor am 20.02.2003.
[539] Feldmayer, Karl: Gespräch mit dem Autor am 03.06.2004.

Kommunikationsweisen werden alle Indikatoren aufgeführt, die ein vergleichbares Vorgehen erkennen lassen und den einzelnen Kategorien zugeordnet werden können. Der folgende Abschnitt analysiert Wirtschaftspopulismus aus dem Blickwinkel der Kommunikationsweise und kann neben den Inhalten als zweiter wesentlicher Baustein zum Nachweis von Wirtschaftspopulismus in Bundestagswahlkämpfen gelten. Darüber hinaus ermöglicht er, ebenso wie die inhaltlichen Kriterien, erstmals eine systematische Beschreibung dieser Politikmethode deutscher Parteien.

7.2.1 Darstellungsweisen: Dramatisieren, Übertreiben, Überhöhen

Um Daten und Fakten während des Wahlkampfs zu ihren Gunsten darstellen zu können, neigen die Parteien dazu, sie zu dramatisieren, zu übertreiben oder in ihrer Bedeutung zu überhöhen. Es ist ein Kennzeichen wirtschaftspopulistischer Oppositionspolitik, dass die Situation in der Gegenwart stets negativ bewertet wird, da ja andere regieren. Auf die Zukunft bezogen ist die Prognose stets schlecht für den Fall, dass die anderen weiterregieren. Ansonsten ist es ein absolutes Gesetz in allen Bundestagswahlkämpfen, die Zukunft generell positiv zu bewerten. So prognostizierte Lafontaine im Jahr 1994 eine massiv ansteigende Arbeitslosenzahl zum Ende des Jahres für den Fall, dass sich die Politik nicht ändere, sprich die SPD nicht gewählt würde.[540] In Verbindung mit dramatischen Zahlen präsentiert, ist dies Kompetenzanmaßung und Dramatisierung zugleich.

Ändert eine zentrale Zahl, vor allem die absolute Zahl der Arbeitslosen, während des Wahlkampfs die Tendenz ihrer Entwicklung, so stellt dies die von der Tendenz profitierende Partei stets als große Trendwende dar. Es entsteht der Eindruck, dass für die Wahlkampfkommunikation die aktuelle Richtung der Entwicklung wichtiger ist, als die absolute Situation oder die Entwicklung während der gesamten zurückliegenden Legislaturperiode. Das gilt für die Arbeitslosenzahl wie auch für das Bruttoinlandsprodukt. Die leichten Verbesserungen bei der Konjunktur im Sommer 1994 stellt die Union als Vorboten eines großen Aufschwungs dar, wenngleich die Wirtschaftsforschungsinstitute auch warnen. Eine zarte Brise gab der Union Gelegenheit, ihre Wähler in optimistischer Sicherheit zu wiegen. In solchen Fällen muss auch die Opposition, das Lied des Optimismus mitzusingen, weil negative Zukunftsbewertungen bezogen auf die Entwicklung des ganzen Landes im Wahlkampf Tabu sind und als Schwarzmalerei gelten. Hier sind die Parteien häufig nicht in der Lage, realistische Aussagen zu treffen. Die einzige Möglichkeit für die Opposition ist es, zu behaupten, mit

---

[540] Vgl. Lafontaine, Oskar: Pressemitteilung der SPD vom 03.08.1994.

ihr würde es noch besser laufen. Es ist ein Gesetz des Wirtschaftspopulismus, die künftige Entwicklung nach einer Wahl stets positiv zu sehen, auch wenn Prognosen oder die weltwirtschaftliche Entwicklung einen derartigen Optimismus eigentlich nicht zuließen. Das gilt für Regierungspartei wie Opposition und lässt sich anhand aller Wahlkämpfe belegen. Da die Parteien in der Kommunikation stets davon ausgehen, dass sie gewinnen, muss die wirtschaftliche Situation nach der Wahl natürlich positiv sein, ungeachtet der Realität.

Übertreibungen werden gelegentlich von anderen Parteien mit weiteren Dramatisierungen erwidert. So spricht die Union 2002 von sechs Millionen Arbeitslosen und dramatisiert die Lage, was die SPD mit dem inhaltsfreien aber wirksamen Argument kontert, die Union wolle mehr Arbeitslose als tatsächlich vorhanden sind, um daraus Wahlkampfkapital schlagen zu können. Alle im Wahlkampf bei diesem Thema relevanten Fakten werden von den Parteien in der für sie geeigneten Weise präsentiert. Ziel sei es, die Wähler von der positiven Sicht zu überzeugen, so Feldmayer. „Ganz einfach, ist das Glas halb voll oder halb leer, da können Sie philosophische Abhandlungen drüber schreiben. Aber politisch entscheidend ist, dass die Leute sagen, das Glas ist halb voll."[541] Die Fakten an sich spielen dabei eine untergeordnete Rolle; die Arbeit der Partei muss in Bezug auf die Fakten positiv dargestellt werden. Auch die Hartz-Kommission sei so ein Beispiel gewesen, da geht es auch um die Nutzung der Kommission als Event im Wahlkampf. „Es ist immer die Mischung, was Richtiges zu tun und dieses als richtig erscheinen zu lassen. Im Wahlkampf liegt sicherlich die Betonung mehr darauf, es als richtig erscheinen zu lassen."[542] Ein weiteres Beispiel ist die Kommentierung der monatlichen Arbeitslosenzahlen aus Nürnberg durch die Parteien. „Die äußern sich regelmäßig dazu, die einen so, die anderen so. Die einen in verniedlichender Form, die anderen in dramatisierender Form. Je nach dem, welche Rolle man gerade hat."[543] Der Umgang mit Fakten ist beim Thema Arbeitslosigkeit von zentraler Bedeutung. Deshalb ist die Frage, wie die Parteien mit Fakten der wirtschaftlichen Entwicklung und des Arbeitsmarktes umgehen ein Kriterium von Wirtschaftspopulismus. Die zentrale Bedeutung der absoluten Arbeitslosenzahl ist Thema in Kapitel 7.2.4.

7.2.2 Nutzen von Emotionen, Ängsten und Vorurteilen

Zu den Kennzeichen von Wirtschaftspopulismus gehört das gezielte Nutzen von Emotionen und Ängsten, um der eigenen Partei Vorteile zu verschaffen. Das

---

[541] Feldmayer, Karl: Gespräch mit dem Autor am 03.06.2004.
[542] Kister, Kurt: Gespräch mit dem Autor am 29.04.2004.
[543] Schreiner, Ottmar: Gespräch mit dem Autor am 29.04.2004.

Thema Arbeitslosigkeit weist neben der Diskussion um wirtschaftspolitische Fragen und Fakten ein hohes Potenzial für emotionale Argumente auf. Die Angst vor Arbeitslosigkeit hat aus Sicht des Wählers zwei Dimensionen. Es geht auf der einen Seite um den reinen Broterwerb und damit verbunden um die Angst vor einem finanziellen Abstieg. Zusätzlich spielt der mit der Arbeitslosigkeit gepaarte Verlust an gesellschaftlichem Status und das persönliche Gefühl einer Außenseitersituation eine Rolle. Die Parteien nutzen die Ängste der Wähler, um Zustimmung zu erlangen. Zunächst, indem sie bei ihren Lösungsvorschlägen immer sich selbst die Zuständigkeit zuschreiben, nie aber vom Wähler etwas fordern, wie etwa Flexibilität oder mehr Qualifikation. Sie bestärken den Wähler in der Ansicht, dass er nichts dafür kann, weil Politik oder Wirtschaft Schuld hätten. Dies ist zunächst das Nutzen eines Vorurteils, das sich zum Beispiel in Wirtschaftspopulismus getragen durch die Forderung nach Pakten äußert. Darüber hinaus werden die Ängste der Menschen vor allem durch Oppositionsparteien genutzt, die der Regierung vorwerfen, sich um die Problematik nicht genug oder nicht in der richtigen Art und Weise zu kümmern. Diese Vorwürfe führen zu einem allgemeinen Ansehensverlust der Parteien und dazu, dass die Menschen die Politik für alle diese Dinge zuständig erklären und verantwortlich machen.

Die Emotionalität ist einer der Hauptgründe, warum das Thema in den Wahlkämpfen einen so hohen Stellenwert erreicht. Dies liegt auch an der besonderen gesellschaftlichen Entwicklung der Bundesrepublik Deutschland. Seit der Wirtschaftswunderzeit sei materielles Wohlergehen selbstverständlich, so Boenisch. „Da es eigentlich zu diesem Land immer gehörte, dass der innere Frieden immer dadurch hergestellt war, dass wir uns alle um viel Beschäftigung bemüht und auch für viel Beschäftigung gesorgt haben. Das geht weit in ethische Kreise hinein, das ist zum Beispiel für die christliche Soziallehre und deren Anhänger ein großes Problem, wenn Menschen keine Arbeit und keine Beschäftigung haben."[544] Hier sind sich Journalisten und Politiker einig, denn auch Scharping ist der Ansicht, dass der Besitz eines Arbeitsplatzes und der Erwerb eines selbstständigen Einkommens mehr als eine ökonomische Frage seien. „Es ist auch eine Frage von Selbstbewusstsein, Freiheitsgefühl, Freiheitsräumen, Selbstbestimmungsräumen."[545]

Voraussetzung für eine erfolgreiche Positionierung der Parteien beim Thema Arbeitslosigkeit ist eine hohe Arbeitslosenquote, weil sich nur dann viele Menschen betroffen fühlen. Diese Betroffenheit habe in den vergangenen Jahren stark zugenommen, so Kister. „A) weil sie selber arbeitslos sind, b) weil sie jemanden kennen, der arbeitslos ist, c) weil sie vielleicht in einem Betrieb arbei-

---

[544] Boenisch, Peter: Gespräch mit dem Autor 16.07.2004.
[545] Scharping, Rudolf: Gespräch mit dem Autor am 26.05.2004.

ten, wo über den Abbau von Arbeitsplätzen geredet wird. Je mehr das zutrifft, umso mehr wird es von einem Kopf- zu einem Bauchthema. Sozusagen das Gefühl, es trifft mich selbst, das ist ein ganz, ganz wichtiges Argument. Und die Vermittlung solch komplexer Zusammenhänge wie meinetwegen der gesamten Hartz-Geschichte ist sicherlich in Wahlkämpfen und auch außerhalb von Wahlkämpfen wahnsinnig schwierig."[546] In Folge dessen setzen die Parteien bei der Vermittlung ihrer Vorschläge auf die Ansprache von Gefühlen und Emotionen bei den Menschen. Auch Spreng bestätigt, dass mit diesem Thema bei der „hohen Arbeitslosigkeit fast jeder befasst und persönlich betroffen"[547] ist.

Vor diesem Hintergrund versuchen Parteien beispielsweise dem Gegner oder anderen gesellschaftlichen Gruppen vorzuwerfen, sie würden nichts gegen die Arbeitslosigkeit tun und bedienen so ein vermutlich verbreitetes Vorurteil. Diese latenten Vorwürfe sind vor allem mit der Forderung nach Beschäftigungspakten verbunden. 1994 hatte die SPD eine konkrete Forderung nach einem Beschäftigungspakt mit Arbeitgebern, Gewerkschaften und der Bundesbank aufgestellt, der die Wende auf dem Arbeitsmarkt bringen sollte. Dies ist Wirtschaftspopulismus getragen von Aktionen. Der Wähler soll wahrnehmen, dass die Verantwortlichen in Politik, Wirtschaft und bei den Gewerkschaften nicht genug tun. Wobei die Politik mit der Forderung nach Bündnissen ihre wichtige Rolle herausstellen, aber auch einen Teil der Verantwortung an die übrigen Abgeben kann. Denn wenn alle gemeinsam handeln würden, so die implizite Aussage, würde sich die Situation auch verbessern. 1998 ist die Forderung nach einem Bündnis für Arbeit im Wahlkampf wieder präsent. Sogar eine der zehn Kampagnen-Karten der SPD verspricht „mehr Arbeitsplätze durch eine konzertierte Aktion für Arbeit, Innovation und Gerechtigkeit. Arbeitslosigkeit kann man bekämpfen".[548]

Weitere charakteristische Kommunikationsweise einer emotionalen Wahlkampfführung der Parteien ist das Erregen von Mitleid mit Betroffenen. Dies ist vor allem in der frühen Phase des Untersuchungszeitraums festzustellen, da später die Betroffenheit in weiten Kreisen der Bevölkerung ohnehin gegeben war. So bemüht sich die SPD 1994 verstärkt mit Aussagen zugunsten von Langzeitarbeitslosen und jungen Arbeitslosen, Zustimmung zu erreichen. Die emotionale Bedeutung des Themas führt 1998 sogar dazu, dass Bundeskanzler Kohl in einem taktischen Kunstgriff Misserfolge eingesteht und versucht, sie zu erklären. Sein Ziel ist es, die Hoheit über das Thema nicht noch mehr abgeben zu müssen und als verantwortlicher Landesvater zu erscheinen. Auf die Spitze treibt Stoiber im Wahlkampf 2002 diese Emotionalität mit der Äußerung, wonach die beste

---

[546] Kister, Kurt: Gespräch mit dem Autor am 29.04.2004.
[547] Spreng, Michael: Gespräch mit dem Autor am 19.04.2004.
[548] Werbekarte der SPD im Wahlkampf 1998.

Sozialreform die Bekämpfung der Arbeitslosigkeit sei.[549] Das Nutzen von Emotionen, Vorurteilen und Ängsten ist Kennzeichen des Agierens der oppositionellen Parteien in den untersuchten Wahlkämpfen. Sie versuchen, Angst, Wut und Enttäuschung der Menschen für sich zu nutzen und die Negativität dieser Gefühle auf die Regierungsparteien zu lenken.

7.2.3 Propagieren von einfachen Lösungsvorschlägen

Einer der wichtigsten Indikatoren von Wirtschaftspopulismus ist das Propagieren von einfachen, der Komplexität des Problems nicht gerecht werdenden Lösungsvorschlägen. Das Thema Arbeitslosigkeit begünstigt dieses Vorgehen in besonderer Weise. Die Problematik ist vielschichtig, Lösungsbeiträge durch die Politik können in vielen Arbeitsfeldern erfolgen. Zusätzlich haben die Parteien über die Jahrzehnte hinweg mit ihrer Kommunikation dafür gesorgt, dass die Wähler von der Politik eine Lösung des Problems fordern. Damit die Wähler aber die Vorschläge der Parteien unterstützen, müssen sie erfolgreich kommuniziert werden und das erfordert wiederum eine wenig komplexe Gestaltung der Vorschläge. „Es muss einfach sein, es muss nachvollziehbar sein. Es muss sozusagen symbolisch für ein ganzes Kompetenzfeld stehen. Es muss auch überraschend sein, es muss neu sein und es muss vor allem immer wieder durchkommuniziert werden auf allen Ebenen."[550] Diese Kriterien umschreiben die Notwendigkeiten der Wahlkampfkommunikation aus Sicht der Parteien. Doch ob diese Vorgaben der Kommunikationsfachleute der Komplexität des Problems und seinen möglichen Lösungen auch gerecht werden, ist fraglich. Einfache Vorschläge und symbolische Lösungen in Randbereichen, die auf das umfassende Problem übertragen werden, werden von den Parteien in wirtschaftspopulistischer Weise in Bundestagswahlkämpfe eingebracht. Dieses für die deutsche Politik im Allgemeinen geltende Problem bestätigt Scharping. „Die Neigung der Politik, so stark zu reduzieren, dass man in der Reduktion die Realität nicht mehr erkennen kann, ist leider auch sehr ausgeprägt. Dann ist man bei den Parolen und bei den Floskeln und bei der Propaganda."[551]

Allgemeine Aussagen
Allgemeine, in sich logische und einfach formulierte Lösungsvorschläge sind bei den Parteien in Wahlkämpfen beliebt. Diese Vorschläge sind jedoch häufig entweder gänzlich ohne jede inhaltliche Aussage oder sie beschränken sich auf

---

[549] Vgl. Koch, Einar: Gespräch mit dem Autor am 25.04.2004.
[550] Machnig, Mathias: Gespräch mit dem Autor am 20.02.2003.
[551] Scharping, Rudolf: Gespräch mit dem Autor am 26.05.2004.

Ankündigungen und die Formulierung eines Ziels, ohne Angaben zur Frage wie es erreicht werden kann. So sind in einigen Wahlprogrammen, wie beispielsweise denen der SPD von 1994 und 1998, Forderungen danach zu finden, Arbeit statt Arbeitslosigkeit zu finanzieren. Ein durchaus einleuchtender Vorschlag, der jedoch nicht weiter spezifiziert wird. Nach welchen Kriterien und mit welchen Maßnahmen man Arbeitslose in unterstützte Beschäftigungsverhältnisse bringen will, bleibt offen. Auch die Formulierung, „so schnell wie möglich"[552] Arbeitslosen in Arbeit zu bringen, wird in verschiedenen Abwandlungen häufiger bemüht, unter anderem im 100-Tage-Programm 1994. Einfache Forderungen, nach denen man „einfach produktiver und besser (...) als unsere Konkurrenten"[553] sein müsse, lassen ebenfalls die Frage nach dem Wie offen. Beliebt bei wahlkämpfenden Parteien ist ebenfalls die Forderung nach mehr Innovationen für neue Arbeitsplätze[554] oder die Förderung des Standorts Deutschland.[555] Auch neue Berufsfelder, die es zu erschließen gelte, sind in nahezu allen Wahlprogrammen präsent. Hier stellt sich die Frage, was die Politik zu dieser Erschließung beizutragen beabsichtigt und ob sie überhaupt etwas beitragen kann. In erster Linie sind da sicherlich Arbeitgeberverbände, Kammern und Gewerkschaften gefordert. Schließlich gibt es noch die immer wiederkehrende Ankündigung von vielen neu zu schaffenden Arbeitsplätzen durch Programme für Existenzgründer. Eine Million sind es bei der SPD 1998. Zu den einfachen Lösungsvorschlägen ist auch die Forderung „3x40" aus dem Jahr 2002 zu zählen. Die Union fordert eine Senkung von Staatsquote, Spitzensteuersatz und Sozialversicherungsbeiträge auf jeweils 40 Prozent, um so auch die Arbeitslosenzahl langfristig zu reduzieren. Diese Kommunikation einfacher, plakativer Vorschläge ist ein typisches Kennzeichen wirtschaftspopulistischer Politik.

Die konkreten Beispiele sind den SPD-Programmen von 1994 und 1998 und dem der Union von 2002 entlehnt. Diese Art von Vorschlägen ist eher auf der Seite der Opposition zu finden. Sie hat die Möglichkeit anzugreifen und die Dinge zu vereinfachen, ohne konkret in der Verantwortung zu stehen und handeln zu müssen. Hier hat die Regierungspartei eher einen Amtsmalus denn einen Amtsbonus zu verzeichnen. Einem erfolgreichen Handeln der Parteien auf dem Gebiet der Arbeitslosigkeit sind die beschriebenen engen Grenzen gesetzt, folglich können einfache und populistische Forderungen nur von Parteien aufgestellt werden, die nicht in der Regierungsverantwortung stehen. „Aus der Opposition heraus kann man natürlich sehr viel stärker auch Dinge nach vorne stellen, die im

---

[552] SPD: Für ein gerechtes und friedliches Deutschland. 1994. S. 2
[553] SPD: Arbeit, Innovation und Gerechtigkeit. 1998. S. 18.
[554] Vgl. Bulmahn, Edelgard: Pressemitteilung der SPD vom 01.09.1998.
[555] Vgl. Riester, Walter: Pressemitteilung der SPD vom 03.09.1998.

Regierungshandeln so nicht realisierbar sind."[556] Häufig wird die Arbeitslosigkeit von den Parteien auch als eine Art Krankheit dargestellt, gegen die dann bestimmte Rezepte helfen können und Rezepte sind natürlich eingängig und einfach. „Die Leute wollen einfach ein politisches Konzept haben, wie man mit diesem Problem, das in ihren Augen weitgehend oft eine Krankheit ist, wie man damit fertig wird."[557]

Randthemen
Um die Lösungsvorschläge zur Arbeitslosenproblematik für die Allgemeinheit verständlich zu halten, wird das Problem von den Parteien auf einzelne Randthemen heruntergebrochen. Diese Randthemen werden in der Darstellung dann als Symbole für die Lösung des Gesamtproblems genutzt. So entsteht beim Wähler der Eindruck, ein einzelnes dieser ja durchaus anschaulichen und verständlichen Instrumente würde zu einer massiven Verbesserung auf dem gesamten Arbeitsmarkt führen. Der besondere Reiz dieser Themen liegt für die Parteien darin, dass der einzelne Bürger diese Themen aus seinem Alltag kennt und viele selbst betroffen sind. Damit werden also Vorschläge in Bereichen gemacht, die der Bürger aus dem Alltag kennt und die seine finanzielle Situation verbessern. „Das halte ich für wichtig, gerade für Leute, die sich nicht mit der Gesamtlage auseinander setzen, die ihnen zu abstrakt ist. Sondern die aus ihrer Lebenswirklichkeit heraus die Dinge sehen und beurteilen. Das trifft für die schlichten Gemüter zu, aber das trifft auch nach meiner Beobachtung ganz stark für die Frauen zu. Frauen haben eine andere Form der Wahrnehmung von Politik, nämlich eine anwendungsbezogene. Das was sie in ihrem Alltag erleben, ist für sie Streitgegenstand."[558] Das wichtigste dieser Themen ist die Diskussion um die 630-Mark-Jobs, später 400-Euro-Jobs. Nach 1998 bezieht die Bundesregierung per Gesetz diese Beschäftigungsverhältnisse in die Sozialversicherung mit ein und schaffte die Steuerfreiheit ab. Davon waren viele Menschen konkret betroffen, sodass die Union das Thema 2002 intensiv nutzen kann und die Schaffung von 400-Euro-Jobs zu einer zentralen Aussage in Stoibers Wahlkampf wird. „Das war ja das Schlupfloch des kleinen Mannes, das 630-Mark-Gesetz. Das war ganz wichtig und auch ein massenwirksames Thema, weil die Leute gemerkt haben, da hat die Regierung Unheil angerichtet, als sie das damals abgeschafft hat."[559] Der Union gelingt es hier weitgehend, die Vorteile für den Einzelnen darzustellen und damit auch Verbesserungen auf dem Arbeitsmarkt in Aussicht zu stellen. Die Probleme der SPD bei diesem Thema und seine Wichtigkeit bestätigt auch Schreiner. „Sie

---

[556] Machnig, Mathias: Gespräch mit dem Autor am 20.02.2003.
[557] Boenisch, Peter: Gespräch mit dem Autor am 16.07.2004.
[558] Feldmayer, Karl: Gespräch mit dem Autor am 03.06.2004.
[559] Spreng, Michael: Gespräch mit dem Autor am 19.04.2004.

haben ja gesehen, dass bei den 630-Mark-Jobs die handwerkliche Weise, wie das Thema behandelt worden ist, im Jahre 1999 zu einer massiven Verschiebung bei den Umfragedaten geführt hat."[560] Dieses Thema verknüpft die Union darüber hinaus noch mit dem Motiv Bürokratie. Die SPD habe hier Bürokratie aufgebaut, die man jetzt wieder abbauen müsse, um mehr Arbeitsplätze zu schaffen. Bürokratieabbau ist eine stets populäre Dauerforderung in Wahlkämpfen.

Vergleichbar, nur umgekehrt, agieren die Parteien bei den Themen Kündigungsschutz und Lohnfortzahlung im Krankheitsfall. Hier beschließt die Union eine Verschlechterung für Arbeitnehmer, die die SPD nach der Regierungsübernahme rückgängig macht. Die Union stellt ihre Politik als beschäftigungsfreundlich dar, während die SPD den sozialen Frieden in Gefahr sieht. Beide Parteien stellen hier in wirtschaftspopulistischer Manier ein Thema in den Mittelpunkt der Diskussion, das nur einen kleine Beitrag zur Lösung des Problems leisten kann. Die Diskussion um die Scheinselbständigkeit geht wiederum zu Lasten der SPD und wird von der Union weidlich ausgeschlachtet. Hier drängt die SPD-Regierung nach 1998 in großer Zahl Selbstständige in die Sozialversicherungen. „Die Leute haben irgendwie gemerkt, dass das eher ein Gewerkschaftsthema war, als ein Thema, das wirklich die Situation der Betroffenen verändert hat."[561] Die Union kann dieses Thema erfolgreich besetzen, was die SPD schließlich veranlasste, den Vorschlag der Hartz-Kommission von der Ich-AG im Wahlkampf zu nutzen. Damit konterkariert sie um der Popularität Willen ihre eigene Politik.

In den Wahlkämpfen 1994 und 1998 versucht die Union mit den Themen Teilzeitjobs und Kombi-Lohn zu punkten. Insbesondere Blüm stellt den Kombi-Lohn als umfassendes Heilmittel für den Arbeitsmarkt dar, das Thema zündet jedoch nicht und wird auch in der Praxis kaum umgesetzt. Das Thema Teilzeitjobs ist verbunden mit der Botschaft, wenn einzelne weniger arbeiteten, es dann auch weniger Arbeitslose gäbe. Platt formuliert heißt das für den Wähler: „Wenn ich ab mittags frei habe, tue ich auch noch was für den Arbeitsmarkt." Dabei bleibt die Frage unbeantwortet, was die Politik dazu wesentlich beitragen wollte. Denn ein Recht auf Teilzeitarbeit, wie von der SPD-Regierung später beschlossen, hatte die Union nicht im Sinn.

Das Problem des unzureichenden Niedriglohnsektors versucht die Union mit dem neuen Begriff Einfacharbeitsplatz aufzufangen. Der auf Popularität getrimmte Begriff suggeriert einfache Arbeit, die jeder machen kann. Hier sollen weniger qualifizierte Arbeitslose und Arbeiter angesprochen werden, die bei einer steigenden Sockelarbeitslosigkeit den Eindruck haben müssen, in Deutschland nicht mehr gefragt zu sein. Damit werden die Menschen vor dem Druck der

---

[560] Schreiner, Ottmar: Gespräch mit dem Autor am 29.04.2004.
[561] Spreng, Michael: Gespräch mit dem Autor am 19.04.2004.

Qualifizierung bewahrt. Man verspricht ihnen eine Nische, in der sie existieren können, ohne sich zu sehr anstrengen zu müssen. Im 1994 aufgetretenen Fall, dass die Arbeitslosenzahlen sich günstig für die Regierungspartei entwickeln, müssen spezielle Randbereiche seitens der Opposition gesucht werden, in denen man Kritik äußern kann. Besonders gut emotional nutzbar sind die Themen Jugend- und Langzeitarbeitslosigkeit. Hier kann das oben beschriebene Mitleidsszenario aufgebaut werden. Dem Ausweichen auf Randthemen kann also neben dem gezielten Ansprechen von Betroffenen auch der Zwang zu Grunde liegen, auf dem eigentlichen Angriffsfeld nicht punkten zu können.

Eine besonders skurrile Rolle auf der Agenda der Bundestagswahlkämpfe nimmt des Thema Mittelstandsförderung ein. Es ist in allen Wahlprogrammen enthalten und meist mit dem Tenor „Rückt den Mittelstand wieder in den Mittelpunkt" umgesetzt. Beide Parteien bemühen sich in allen untersuchten Wahlkämpfen um den Mittelstand, ohne konkrete Maßnahmen anzukündigen. Es bleibt bei nebulösen Ankündigungen wie einer künftig besseren Finanzierung des Mittelstands. Mittelstand sei objektiv ein wichtiges Thema, weil dort die meisten Arbeitsplätze geschaffen würden, so Spreng.[562] „Auf der anderen Seite ist mein Eindruck nach wie vor, dass die Mehrheit der Bürger mit dem Begriff Mittelstand nichts anfangen kann. Die wissen eben nicht, dass auch eine 1.500-Mann-Maschinenbaufabrik genauso Mittelstand sein kann, wie ein Zeitungskiosk." So würden diese Ankündigungen nur für den Mittelstand selbst gemacht, um ihm zu signalisieren, man wisse, wie wichtig er sei. Ein weiteres Motiv ist sicher die Hoffnung der Parteien, dass möglichst viele Wähler sich als Mitarbeiter von mittelständischen Unternehmen einordnen.

Die Liste dieser Randthemen ließe sich schon anhand dreier Wahlkämpfe schier endlos fortführen. Aus der jeweils aktuellen Lage generieren die Parteien derartige Themen, von denen sie glauben, weniger umfassend denkende Menschen beeinflussen zu können. Menschen, die auf ihr tägliches Umfeld, also wiederum auf ihren Geldbeutel, schauen. Und es gelingt ihnen. Das Beispiel geringfügige Beschäftigung (630-Mark-/400-Euro-Jobs) belegt dieses Herunterbrechen einer komplexen Thematik auf einen einzelnen Lösungspunkt am eindrucksvollsten. Andere Themen haben sich als Fehlversuche erwiesen. Kombi-Lohn zum Beispiel hat nicht gezündet. Alle diese Beispiele belegen den Versuch, nachvollziehbare und für die jeweilige Partei günstig gelagerte Randthemen in den Mittelpunkt der politischen Diskussion zu stellen, ohne dass sie Lösungsansätze für die Gesamtsituation beinhalten würden.

---

[562] Vgl. Spreng, Michael: Gespräch mit dem Autor am 19.04.2004.

Symbolische Wirtschaftspolitik mittels Einzelfällen

„Richtig ist, wenn arbeitsmarktwirksame Dinge zu verkünden sind, bringt das auch Wählerstimmen."[563] In Wahlkämpfen nehmen die Parteien Schieflagen bei größeren Unternehmen wahr, um ihr Bemühen um den Erhalt von Arbeitsplätzen unter Beweis zu stellen. Schieflagen bei kleineren Unternehmen und außerhalb von Wahlkämpfen werden meist gar nicht aufgegriffen. Anschauliche Beispiele aus dem Wahlkampf 2002 sind die geschilderten Fälle Mobilcom und Deutsche Telekom. Bei Mobilcom nutzte die Bundesregierung die Gelegenheit, sich als handlungsfähig zugunsten von Arbeitsplätzen darzustellen. Den Fall Deutsche Telekom nutzte die Union zu Angriffen auf die Bundesregierung. Spreng bestätigt dieses Vorgehen der SPD im Fall von Mobilcom, sieht aber nur eine begrenzte Wirksamkeit. „Die Leute merken sehr schnell, dass das nichts war und in Wirklichkeit nichts gebracht hat. (...) Da sind die Bürger desillusioniert, da ist nichts mehr zu machen. Insofern sind diese Themen eher geeignet als Angriffsthema. Das Thema Telekom war ja eher ein CDU/CSU-Angriffsthema."[564]

Die Wirksamkeit dieser Art von Wirtschaftspopulismus ist umstritten. Feldmayer sieht den Durchschnittswähler als durchaus empfänglich für solche Vorschläge an. „Das kommt darauf an, wer der Rezipient ist. Das sind alles Leute, die das, was sie gestern gelesen haben vergessen, sobald sie die neue Schlagzeile sehen. Das heißt, sie sind hochgradig manipulierbar und sie sind denkfaul, wenn überhaupt denkfähig. Sie möchten warm baden, Punkt. Und derjenige, der ihnen die Badewanne suggeriert, ob das eine Fatah Morgana ist oder nicht, die Hauptsache, es reicht für den Wahlsonntag."[565] Unter diesen Umständen ist wirtschaftspopulistisches Agieren der Parteien auch bei unternehmensbezogenen Fällen erklärbar, wenn auch bedenklich. Die Parteien müssten in der Lage sein, Führung zu übernehmen und nicht nach dem kurzfristigen Geschmack von Durchschnittswählern zu agieren. Hier sieht Boenisch auch von den Medien erzeugte Zwänge, denen die Parteien folgen. „Man kann sich den allgemeinen Stimmungen nicht entziehen, ganz gleich, ob man Regierung ist oder Opposition. Besonders in der Mediengesellschaft, in der wir leben, werden diese Schwerpunkte von den Medien gesetzt und nicht mehr von der Politik."[566]

---

[563] Tiedje, Hans-Herrmann: Gespräch mit dem Autor am 11.04.2003.
[564] Spreng, Michael: Gespräch mit dem Autor am 19.04.2004.
[565] Feldmayer, Karl: Gespräch mit dem Autor am 03.06.2004.
[566] Boenisch, Peter: Gespräch mit dem Autor am 16.07.2004.

7.2.4 Orientieren an Medienlogik und Meinungsumfragen

„Zuerst mal stellen die Parteien fest, welches sind die Hauptanliegen und die Hauptsorgen der Leute, und wenn da die Arbeitslosigkeit ganz oben steht, dann dreht sich also alles um die Arbeitslosigkeit."[567] Das heißt, die Parteien sprechen nicht über Themen, die sie aus ihrer politischen Sicht heraus für dringlich erachten, sondern versuchen, sich an der Agenda des Wahlvolks und damit auch an der Medienagenda zu orientieren. Konkret bedeutet das, Parteien richten ihre Kommunikation an Umfragen und den Medien aus. Politische Inhalte werden dem Ziel des Ankommens bei den Menschen untergeordnet, Parteien übernehmen also nicht die Führung und setzen die politisch notwendigen Themen auf die Agenda, sondern folgen den Umfragen und der veröffentlichen Meinung. Diese Herstellungsohnmacht, der die Parteien unterliegen, haben sie sich selbst zuzuschreiben. Sie sind nicht in der Lage, genügend Strahlkraft hervorzubringen, um die Agenda selbst zu gestalten. Eine wesentliche Rolle im Zusammenhang mit dieser Unfähigkeit spielt der Populismus der Parteien, in Deutschland die besondere Ausprägung des Wirtschaftspopulismus. Dieser Wirtschaftspopulismus erzeugt einen Teufelskreis. Medien und Parteien wollen es dem Wähler recht machen, der Wähler ist aber nicht in der Lage, neue Ideen und komplexe Lösungen zu verstehen und kann seine Meinung wiederum nur nach den Vorgaben von Medien und Parteien bilden. Die Parteien könnten Führung bei Themen übernehmen, sie sitzen jedoch in der von ihnen selbst gestellten Falle Wirtschaftspopulismus. Mit gefälligen Äußerungen Wirtschaftspolitik zu machen war so lange möglich, wie Wohlstand für alle vorhanden war. In der Krise zeigt sich, dass die Bundesrepublik unführbar geworden ist.

Ein eindrucksvolles Beispiel für das ständige agile Anpassen der Argumentation an die Lage und die vorherrschende Stimmung ist das Agieren der SPD im Wahljahr 1994. Als die breite Kritik an der Bundesregierung durch die Faktenlage immer weiter eingeschränkt wird, passt die Partei ihre Argumentation sehr schnell an. Zunächst wird das mangelnde Wirtschaftswachstum in Deutschland kritisiert. Als sich mehr Wachstum einstellt, schwenkt man auf den Punkt um, das Wachstum wirke sich nicht auf die Beschäftigung aus. Als sich auch die Daten auf dem Arbeitsmarkt verbessern, lautet der Tenor, das Wachstum wirke zwar auf die Beschäftigungslage, aber zu wenig. Als auch dieses Argument nicht mehr trägt, verlagert sich die Kritik auf Randaspekte wie Jugend- und Langzeitarbeitslosigkeit. Darüber hinaus, wird flankierend ein Anteil der Bundesregierung an den Erfolgen mit dem Verweis auf die Weltkonjunktur in Abrede gestellt. Dieser Fall dient als Beispiel für das Orientieren an Stimmungen in den

---

[567] Boenisch, Peter: Gespräch mit dem Autor am 16.07.2004.

Medien und der Öffentlichkeit. Andere Parteien hätten vergleichbar gehandelt. In den späteren Wahlkämpfen ist eine derartige Agilität nicht mehr notwendig. 1998 war die Wirtschaftslage eindeutiger und in ihrer Tendenz durchgehend gleich, so auch 2002. Der Fall zeigt, dass Daten und Fakten zwar der Auslöser für Interpretationen sind, die Kommunikation der Parteien sich aber ausschließlich an Stimmungen und am Ziel orientiert, sich selbst möglichst positiv erscheinen zu lassen.

Die Rolle der auflagen- und quotenstarken Medien ist in diesem Zusammenhang eindeutig einzuordnen. Sie haben wesentlichen Einfluss auf die Gestaltung und die Kanalisierung der Stimmungen und Meinungen in der Bevölkerung. Sie sind Teil des wirtschaftspopulistischen Politikbetriebes. Um beim oben beschriebenen Beispiel zu bleiben, BILD meldet im September 1994 goldene Wirtschaftszeiten, der Aufschwung sei da, obwohl zum gleichen Zeitpunkt die Wirtschaftsforschungsinstitute schon wieder düstere Aussichten prognostizieren. „Medien, insbesondere Fernsehen, haben eine ganz zentrale Rolle bei der Vermittlung von Inhalten, von Positionen in Wahlkämpfen und darauf müssen sich Parteien auch in ihrer Planung und in der Art und Weise, wie sie sich öffentlich darstellen, einlassen und das zu einem zentralen Element ihres Wahlkampfs machen."[568] Dazu kommt verschärfend der hohe Kostendruck, den die Medien spüren. „Ich habe die Befürchtung, dass der Sparkurs, der auch bei den Medien geführt wird, nicht zu einer qualitativen Verbesserung der Redaktionen geführt hat und dass dadurch dann manchmal also auch sehr leichtfertige Ansichten verbreitet oder weitergegeben werden."[569]

Darüber hinaus bestimmen die Medien das Kommunikationsverhalten der Parteien mit, da diese sich an der Medienlogik orientieren. Dies betrifft sowohl die Wahl der Themen, wie auch deren inhaltliche Zuspitzung und über die Produktionsroutinen der Medien auch die zeitlichen Abfolgen der Kommunikation. „Wenn die Politik sich zwingen lässt, die Welt auf 30 oder 90 Sekunden, auf die Inszenierung von Talkshows zu reduzieren, dann fehlt jede Möglichkeit, komplexe Zusammenhänge wirklich zu durchdenken und das Durchdenken auch sichtbar zu machen."[570] Es werde in der Folge die soziale Realität so reduziert, dass man sie manchmal nicht mehr erkennen kann. Das führe zu falschen Eindrücken und Schlussfolgerungen. Vor diesem Hintergrund erscheint die Tatsache bedenklich, dass Parteien und Medien letztlich, vereinfacht gesagt, identischen Zielgruppen haben. Denn beide, so Feldmayer, wüssten, „wie sie politische Wirkung für Analphabeten erzielen und davon machen sie auch reichlich

---

[568] Machnig, Mathias: Gespräch mit dem Autor am 20.02.2003.
[569] Boenisch, Peter: Gespräch mit dem Autor am 16.07.2004.
[570] Scharping, Rudolf: Gespräch mit dem Autor am 26.05.2004.

Gebrauch"[571]. Das heißt, Parteien und Medien tragen den festgestellten Wirtschaftspopulismus gemeinsam, wenn auch in unterschiedlichen Rollen. Die Massenmedien und die Parteien haben sich auf eine gemeinsame Agitationsweise stillschweigend verständigt. „Die sind genauso im Wettbewerb wie alle und wer im Wettbewerb steht, der versucht, den Wettbewerb zu gewinnen und im Wettbewerb gewinnst du immer dann, wenn du die größte Stimmung auf deiner Seite hast. Das machen die Medien genauso wie die Politiker."[572] Dabei könnten Medien auch Quote über den Widerspruch zum Parteienbetrieb machen, wie einzelne Qualitätsmedien es in ihren durchaus angemessenen Analysen auch tun. Schreiner vermisst am Beispiel der Hartz-Kommission den Sachverstand der Medien. „Das ist ja regelrecht abgefeiert worden als der große Durchbruch und die Lösung und dergleichen mehr. Also da könnte ich mir hin und wieder auch mehr Fachwissen vorstellen bei der Darstellung dieser Themen, als das gelegentlich der Fall ist."[573] Teil des Problems ist auch die grundsätzliche Unvernunft beim Thema Reformen. „Die Medien verhalten sich häufig natürlich genau so schizophren wie die Wähler selbst. Das heißt, sie rufen nach Reformen und schelten die Politiker, dass die Reformen nicht radikal genug sind. Aber wenn die Reformen kommen, sind sie die ersten, die populistisch für die eine oder andere Gruppe Partei ergreifen. Dieser Zwiespalt in der Gesellschaft zieht sich aus meiner Sicht auch durch die Medien."[574]

Diese Verbindung hat verheerende Auswirkungen für die Zukunftsfähigkeit eines Staates und seiner Volkswirtschaft. Die Folgen sind vielfältig. An dieser Stelle seien die beiden wesentlichen Punkte herausgegriffen: der Zuschnitt der politischen Inhalte auf Personen und eine generelle Personalisierung der Politik sowie die Zuspitzung auf einfach kommunizierbare Zahlen. Das beschriebene Zurücktreten von tradierten Parteibindungen schiebt Sachfragen und Kandidaten innerhalb der Wahlentscheidungskriterien nach vorne. Eine wirtschaftpopulistische Kommunikation erfordert Personen, die die Inhalte vermitteln und mit ihnen identifiziert werden. Auf sie muss die Kommunikation zugeschnitten werden. „Das ist natürlich auch eine Frage des Kandidaten: Wer ist der Spitzenkandidat und wie sieht seine Art zu kommunizieren aus? Daran knüpfen dann natürlich auch die Methoden der Kampagne für den Spitzenkandidaten an. Und das ist bei Stoiber halt inhaltslastiger als bei andere gewesen ist."[575] Stoiber versuchte seine Angriffe beim Thema Arbeitslosigkeit mit einem Image als Wirtschaftsfachmann zu untermauern. Umgekehrt hat er auch deshalb auf dieses Thema

---

[571] Feldmayer, Karl: Gespräch mit dem Autor am 03.06.2004.
[572] Boenisch, Peter: Gespräch mit dem Autor am 16.07.2004.
[573] Schreiner, Ottmar: Gespräch mit dem Autor am 29.04.2004.
[574] Spreng, Michael: Gespräch mit dem Autor am 19.04.2004.
[575] Kister, Kurt: Gespräch mit dem Autor am 29.04.2004.

gesetzt, weil ihm dieses Image am ehesten gerecht wird. Die SPD versuchte im Wahlkampf 1998 ihre Wirtschaftskompetenz und die Fähigkeit, Arbeitsplätze zu schaffen, mit der Präsentation von Stollmann als künftigem Wirtschaftsminister einer SPD-Regierung zu dokumentieren. Das Motiv ist einfach: Ein Unternehmer schafft für die SPD Arbeitsplätze. Diese starke Überhöhung von Personen ist Kennzeichen einer an der Medienlogik orientierten, wirtschaftspopulistischen Vorgehensweise.

Eine Kommunikation, die sich an der Medienlogik orientiert und den Durchschnittswähler ansprechen will, muss sich auf einfache und verständliche Inhalte stützen. Aus diesem Grund spitzen die Parteien die Diskussion um die Arbeitslosigkeit auf die absolute Zahl der Arbeitslosen zu. „Meiner Erinnerung und meiner Erfahrung nach wird zwar die Quote auch immer zitiert, aber die absolute Zahl, 4,2 Millionen, 4,6 Millionen ist das viel häufiger benutzte, quantifizierende Merkmal für Arbeitslosigkeit."[576] Dabei stehen psychologisch wichtige Marken im Vordergrund, wie beispielsweise die Vier-Millionen-Marke. „Eine zentrale Frage im Wahlkampf '98 war, ist die Arbeitslosenzahl kurz vor der Wahl unter vier Millionen oder darüber. Zentral war der Versuch (seitens der Union, Anm. d. Autors) mit allen Mitteln öffentlich darzustellen, dass die Arbeitslosenzahl wieder unter vier Millionen gesunken sei. Vier Millionen war wie der Brotpreis, wo die Leute dran festmachen, wie es ist."[577]

Da diese Zahl im Mittelpunkt der öffentlichen Diskussion steht, neigen die Parteien dazu, Versprechen über eine Senkung dieser Zahl in einem bestimmten Zeitraum abzugeben. Beispiele gibt es aus jedem Wahlkampf von jeder der untersuchten Parteien. Die SPD verspricht 1994 eine Halbierung der Zahl bis zum Jahr 2000. Auch Kohl legt sich in den Jahren danach auf die Halbierung fest. Das bekannteste Versprechen dieser Art stammt von Schröder aus dem Jahr 1998 mit einer Senkung auf 3,5 Millionen. Da die Zahl aber weiter steigt, kann die Union 2002 daraus Vorteile ziehen. Mit der Hartz-Kommission wird dann ein neues Versprechen in den Wahlkampf eingespeist. Im Falle einer Umsetzung der Vorschläge soll die Zahl um zwei Millionen sinken. „Die Kernzahl war: Umsetzung der Hartz-Konzepte bedeutet eine Reduzierung der Arbeitslosigkeit innerhalb von drei Jahren um zwei Millionen. Das war eine offenkundig völlig realitätsblinde Prognose. Auch da sind die Leute außerordentlich zurückhaltend, weil in den letzen zehn Jahren ja mehrfach mit vergleichbaren Prognosen gearbeitet worden ist, die allesamt nicht ansatzweise realisiert wurden."[578] Diese Prognosen haben einen wesentlichen Beitrag dazu geleistet, dass die Kommunikation der Parteien beim Thema Arbeitslosigkeit nicht mehr glaubwürdig ist. „Jedenfalls

---

[576] Kister, Kurt: Gespräch mit dem Autor am 29.04.2004.
[577] Tiedje, Hans-Herrmann: Gespräch mit dem Autor am 11.04.2003.
[578] Schreiner, Ottmar: Gespräch mit dem Autor am 29.04.2004.

wird man nicht mehr glaubwürdig auftreten können mit sehr anspruchsvollen Prognosedaten wie Halbierung oder Reduktion um eine Million und dergleichen mehr. Die Leute glauben das einfach nicht mehr."[579] Der Wirtschaftspopulismus hat die Parteien auch an dieser Stelle in eine Falle geführt.

Die Bedeutung der absoluten Zahl führt auch dazu, dass die Parteien nichts unversucht lassen, sie zu senken. Neben der Darstellung spielt also auch eine Beeinflussung der faktischen Grundlage eine Rolle. Beispiele sind hier die vor Wahlen beliebten Arbeitsbeschaffungsmaßnahmen, vor allem in Ostdeutschland im Jahr 1998. Auch die Veränderungen in der Statistik durch das „Job-Aqtiv-Gesetz" vor der Wahl 2002 fällt in diese Kategorie, wie auch die Aufnahme der geringfügig Beschäftigten in die Beschäftigungsstatistik. „Das wird versucht mit diesen Instrumenten, nur die greifen natürlich nicht in dem Ausmaß, dass es das Thema ernsthaft beeinflussen kann."[580] Bei psychologisch wichtigen Marken können diese Veränderungen dennoch für die Darstellung wichtig werden. Unabhängig davon sind Arbeitsbeschaffungsmaßnahmen an sich bei Experten umstritten. „Wo aber sich dann kaum jemand im Wahlkampf hinstellen wird und sagt, ihr müsst damit rechnen, weil es ökonomisch und arbeitsmarktpolitisch nicht so sinnvoll ist, dass wir diese ABM-Maßnahmen abbauen."[581]

Die Medien beeinflussen das Handeln der Parteien in den Wahlkämpfen. Darüber hinaus sind sie aber zu einem wesentlichen Teil wiederum selbst für die Präsenz des Themas in den Wahlkämpfen verantwortlich. Sie haben eine Thematisierungsfunktion. Für breite Kreise der Bevölkerung handelt es sich bei der Arbeitslosigkeit immer noch um ein abstraktes Phänomen, da die Arbeitslosen nicht auf der Straße zu sehen sind, wie noch zur Zeit der Weimarer Republik. Eine derartige Präsenz, beispielsweise in langen Schlangen vor Armenküchen, würde den öffentlichen Druck enorm verstärken. Heute entsteht öffentlicher Druck vor allem aufgrund der Berichterstattung der Medien. Die Parteien orientieren sich also nicht nur an der Logik der Medien, sie nutzen die von den Medien erzeugte Präsenz des Themas als Plattform, um ihre Lösungsvorschläge im Wahlkampf zu kommunizieren.

---

[579] Schreiner, Ottmar: Gespräch mit dem Autor am 29.04.2004.
[580] Spreng, Michael: Gespräch mit dem Autor am 19.04.2004.
[581] Kister, Kurt: Gespräch mit dem Autor am 29.04.2004.

8 Bewertung und Ausblick

„Wer nur geliebt werden will, der darf nicht in die Politik gehen, sondern muss
das Fach des ersten Liebhabers auf der Bühne übernehmen."
(Wolfgang Schüssel, österreichischer Bundeskanzler)[582]

Die Worte Schüssels lassen sich auf die Falle anwenden, in die sich die Parteien
mit ihrem Wirtschaftspopulismus gebracht haben. Sie haben das Bemühen um
Zustimmung höher angesiedelt als die Vermittlung von realistischen Lösungsvorschlägen. Die Argumentationen beim Problem der Arbeitslosigkeit und die
einzelnen Teilbereiche des Themas sind in den untersuchten Wahlkämpfen stets
vergleichbar, die Redundanz von Vorschlägen und Versprechen ist groß. Auf die
beschriebene Weise haben die Parteien den Wähler dazu erzogen, dass ihm stets
nach dem Munde geredet wird. Sie haben den Wähler daran gewöhnt, ihm nichts
zuzumuten und keine zu stark vom Gewohnten abweichenden Vorschläge zu
machen. Die Parteien versprechen in Wahlkämpfen immer nur das Beste, kündigen aber niemals Dinge an, die dem Wähler finanzielle Einbußen abverlangen
würden. Dass die Union im Wahlkampf 2005 mit der Ankündigung, die Mehr-
wertsteuer zu erhöhen, beim Wähler durchgefallen ist, belegt ein weiteres Mal
diese These. Es können keine Lösungswege mehr vermittelt werden, die dem
Wähler, wenn auch nur kurzfristig, Nachteile bringen würden. Effektive, langfristig und nachhaltig angelegte Vorschläge, können oft aus diesen Gründen
nicht mehr gemacht werden. Dies hat dazu geführt, dass, auch während der Le-
gislaturperioden auf Bundesebene, unpopuläre Maßnahmen kaum und wenn nur
in kleinsten Schritten durchführbar sind. Auch für diese kleinen Schritte gibt es
lediglich kleine Zeitfenster zwischen den zahlreichen Landtagswahlen. Die Politik der Parteien und ihre Vorschläge müssen zu jedem Zeitpunkt bei der Mehrheit populär sein.

Darüber hinaus haben die Parteien dem Wähler suggeriert, das Problem Ar-
beitslosigkeit lösen zu können und sich mehr Kompetenz zugeschrieben, als die
Politik in dieser Frage überhaupt haben kann. Dies lässt sich auch auf andere
Bereiche übertragen. Generelle Heilsversprechen durch die Politik sind zu einer
Art kommunikativem Standard in Wahlkämpfen geworden. Vorschläge und
Ansatzpunkte zählen nicht mehr, nur plakative Lösungen sind mehrheitsfähig.
Dabei ist das Feld der Wirtschaftspolitik vielschichtig und von derart vielen
nationalen und internationalen Akteuren und Gegebenheiten beeinflusst, dass
deutsche Parteien die Realität verkennen, wenn sie sich durchgreifende Möglich-

---

[582] Das Tempo war für viele Europäer einfach zu hoch. Frankfurter Allgemeine Zeitung Nr. 189 vom
16.08.2005. S. 5.

keiten zuschreiben. Aus diesen Gründen ist die Glaubwürdigkeit der Parteien
massiv geschwächt, beim Thema Arbeitslosigkeit haben sie sie auf absehbare
Zeit verspielt.

Das Vertrauen der Wähler in die Fähigkeit der Parteien, das Problem zu lösen, wird weiter erodieren, während zugleich das Problem an sich drängender
denn je ist. Erschwerend kommt, wie bereits angedeutet, hinzu, dass durch die
zahlreichen Länderwahlen in der Bundesrepublik nahezu ständig Wahlkampf
herrscht und deswegen der Wirtschaftspopulismus der Parteien nicht nur auf
einen Bundestagswahlkampf alle vier Jahre beschränkt ist. Wenn die Parteien
aber nicht mehr in der Lage sind, bei dringenden Problemen zielführende Vorschläge zu erarbeiten und auch durchzusetzen, so ist die Bundesrepublik von
ihnen nicht mehr zu führen. Wesentliche Aufgabe von Parteien ist es, effiziente
Lösungsvorschläge dem Wähler zu erläutern und seine Zustimmung einzuwerben, sie ihm letztlich erfolgreich zu vermitteln. Durch ihren Populismus haben
sie sich dem Gefälligkeitsdiktat des Wählers unterworfen und können in Zeiten,
die unangenehme Schnitte erfordern würden, Wahrheiten nicht mehr kommunizieren.

Dies beschreibt die Sackgasse, in die sich die Parteien mit ihrem Wirtschaftspopulismus gebracht haben. „Es wird den Leuten so sehr nach dem Munde geredet, dass sie es gewohnt sind und dass manchmal überhaupt richtige Politik nicht mehr stattfinden kann."[583] Boenisch bestätigt im Grunde die These,
wonach die Parteien für das Dilemma selbst verantwortlich sind. Sie haben mit
ihrem Wirtschaftspopulismus über Jahrzehnte dafür gesorgt, dass die Meinung
des Wählers im Mittelpunkt steht und nicht politische Führung nach inhaltlichen
Gesichtspunkten. Das Orientieren an Umfragen und der Bürgermeinung kann
jedoch nicht zielführend sein, weil der Einzelne naturgemäß inkonsequent und
stets zum eigenen, meist finanziellen, Vorteil handelt. „Es gibt Meinungsumfragen, nach denen die zwei unbeliebtesten Worte Stillstand und Reformen sind.
Das heißt in diesem Zwiespalt spielt sich die Politik ab. Die Leute wollen keinen
Stillstand aber sie haben Angst vor Reformen."[584] Wirtschaftspopulismus kann
also langfristig nur zu einem Verharren und damit zu einer Verschlechterung der
Lage führen. Die Folge ist beispielsweise eine steigende Staatsverschuldung,
weil an keiner Stelle gekürzt werden kann.

Festzustellen ist auch, dass es sich hier um eine sukzessive Entwicklung der
90er Jahre handelt und die Folgen des Wirtschaftspopulismus insbesondere seit
1998 spürbar sind. Kohl hat häufig Entscheidungen gegen die Mehrheitsmeinung
der Bevölkerung treffen können, wie beispielsweise die für die Einführung der
europäischen Gemeinschaftswährung. Er war aufgrund seiner öffentlichen Wir-

[583] Boenisch, Peter: Gespräch mit dem Autor am 16.07.2004.
[584] Spreng, Michael: Gespräch mit dem Autor am 19.04.2004.

kung in der Lage, auch unpopuläre Dinge durchzusetzen und trotzdem wiedergewählt zu werden. Eine vergleichbare Wirkung können Bundeskanzler und
Kandidaten aller Parteien seit Kohl nicht mehr aufbringen. Auch dies beruht
unter anderem auf einer Schwächung der Glaubwürdigkeit der Parteien in Folge
ihres Wirtschaftspopulismus. „Die Glaubwürdigkeit ist so geschwächt. Das
hängt auch damit zusammen, dass es in der öffentlichen Wahrnehmung keine
Persönlichkeit gibt, die fasziniert und die wirklich Vertrauen wecken könnte."[585]
Seit dem Wahlsieg von Schröder 1998 sind die Parteien in der Falle Wirtschaftspopulismus endgültig gefangen. Jetzt gilt: Alle Vorschläge der Parteienvertreter
müssen zu jedem Zeitpunkt populär sein. Aufgrund dieser Umstände, war eine
verhältnismäßig kleine Reform wie die der Zusammenlegung von Arbeitslosen-
und Sozialhilfe unter dem Schlagwort Hartz IV in den Jahren 2004/2005 in der
Lage, ein massives Zerwürfnis in der SPD, den Regierungswechsel in Nordrhein-Westfalen, die Auflösung des Bundestags und die Gründung einer neuen
Linkspartei auszulösen.

Das Thema Arbeitslosigkeit ist in Deutschland in den vergangenen Jahrzehnten von zentraler Bedeutung gewesen, so auch in den untersuchten Wahlkämpfen. Die verschiedenen Ebenen der Thematik ergänzen sich zu einer kommunikativen Herausforderung für die Parteien. Die emotionale Komponente, die
Angst vor der Arbeitslosigkeit beim Einzelnen, die ökonomische Bedeutung des
Arbeitsplatzes für den Wähler und die Tatsache, dass die Arbeitslosenzahl als
eine Art Gradmesser für den Erfolg des Systems Bundesrepublik insgesamt gilt,
machen seinen enormen Stellenwert aus. Populismus entwickeln die Parteien in
einem Staat vorzugsweise bei Themen, bei denen Ängste und Emotionen der
Menschen aufgefangen und auch genutzt werden können. Hier ist das Zustimmungspotenzial am höchsten. Das können, wie beispielsweise in zahlreichen
französischen Wahlkämpfen, Zuwanderung oder Kriminalität sein, in Deutschland ist es die Arbeitslosigkeit.

Als explorative Untersuchung ist diese Arbeit zugleich ein Anstoß für weitere Studien. Das Hauptaugenmerk der Untersuchung ist naturgemäß auf den
Nachweis der These vom Wirtschaftspopulismus deutscher Parteien gerichtet.
Die Folgen dieses Wirtschaftspopulismus sind in diesem Abschnitt lediglich
beschreibend skizziert worden. Sie können schließlich in einer Folgeanalyse
detailliert aufgeschlüsselt werden. Zudem können die beschriebenen Vorgänge in
einzelnen Bereichen quantitativ untersucht werden. Den Kommunikationsfluss
zwischen Parteien und Medien in Hinblick auf Inhalte, Argumentationsweisen
und Wortwahl zu untersuchen, könnte im Detail Nachweise für die populistische
Allianz zwischen den beiden Akteuren bringen. Dieser Aspekt ist nur ein Bei-

---

[585] Feldmayer, Karl: Gespräch mit dem Autor am 03.06.2004.

spiel für viele Fragen, die die vorliegende Arbeit im Einzelnen nicht beantworten kann. Auch auf Parteiebene könnten Untersuchungen, beispielsweise über die Entwicklung und Festlegung der Inhalte von Wahlprogrammen, weitere Belege für die These von der Falle Wirtschaftspopulismus erbringen. Durch die Beschränkung auf drei Wahljahre und zwei Parteien sind der Arbeit naturgemäß Grenzen gesetzt. So ist die Frage nach dem Einfluss eines Koalitionspartners auf die Vorgehensweisen von Regierungsparteien gänzlich unbeleuchtet geblieben. Auch die Rolle der Medien ist in dieser Arbeit in erster Linie aus Sicht der Parteien eingeordnet.

Darüber hinaus kann diese Arbeit auch Anregung sein, eine von den Parteien selbst gestellte Populismusfalle auch auf anderen politischen Arbeitsfeldern, wie beispielsweise dem der Bildung, der Umweltpolitik oder auch der Zuwanderung nachzuweisen. Die erwähnten Beispiele aus Frankreich weisen bereits auf diese Forschungsfelder hin. Möglicherweise sind vergleichbare Muster und Entwicklungsstränge auf diesen Feldern zu beobachten. Auch ein internationaler Vergleich, eine Anwendung der These auf andere Demokratien, könnte weiterführende Aufschlüsse auch über Gründe und Ursachen für dieses in Deutschland konstatierte Phänomen bringen. Denn auch die Frage nach systembedingten Ursachen für die Entwicklung hin zum Wirtschaftspopulismus ist ein potenzielles Forschungsfeld. Nicht zuletzt hat diese Arbeit noch einmal die bisher unbeantwortete Frage aufgeworfen, zu welchen Veränderungen die Entwicklungen des modernen, pluralistischen Mediensystem in Parteiendemokratien geführt haben und in der Zukunft weiter führen werden. Denn sicher ist auch klar, dass der festgestellte Wirtschaftspopulismus nicht allein durch das mutwillige Agieren der Parteien zustande kommt. Die Parteien sind natürlich auch zum Teil getriebene Akteure innerhalb des politischen Systems der Bundesrepublik.

Unabhängig davon wird die Bedeutung des Wahlkampfthemas Arbeitslosigkeit in den nächsten Jahren weiter zunehmen. Die Parteien sind gefordert, realistische und vertrauenswürdige Vorschläge zu machen. Sie müssen sich auch in den Wahlkämpfen zu Wahrheit und Realismus bekennen, um aus der selbst gestellten Falle Wirtschaftspopulismus entkommen zu können. Nur dann ist das System Bundesrepublik auch in Zukunft lebensfähig.

9 Anhang

9.1 Literatur

Alemann, Ulrich von: Parteien und Medien. In: Gabriel, Oscar/Oskar Niedermayer/Richard Stöss (Hrsg.): Parteiendemokratie in Deutschland. Bonn 2001. S. 467-483.

Andersen, Uwe: Magisches Vieleck. In: Nohlen, Dieter und Rainer-Olaf Schultze (Hrsg.): Lexikon der Politikwissenschaft. München 2002. (Band 1). S. 506.

Anderson, Christopher: Wirtschaftslage und Politischer Kontext: Kanzlerpopularität und Kanzlerparteienpräferenz 1950-1990. In: Gabriel, Oscar/Jürgen Falter (Hrsg.): Wahlen und politische Einstellungen in westlichen Demokratien. Frankfurt 1996. S. 343-369.

Bauer, Petra: Ideologie und politische Beteiligung in der Bundesrepublik Deutschland. Opladen 1993.

Berelson, Bernard: Voting. Chicago 1954.

Bergmann, Knut: Der Bundestagswahlkampf 1998. Vorgeschichte, Strategien, Ergebnis. Opladen 2002.

Betriebswirtschaftlicher Verlag Dr. Thomas Gabler GmbH (Hrsg.): Gabler Wirtschaftslexikon. Wiesbaden 2000.

Blumler, Jay/Michael Gurevitch: Politicians and the Press: An Essay on Role Relations. In: Nimmo, Dan/Keith Sanders (Hrsg.): Handbook of Political Communication. Beverly Hills, London 1981. S. 467-493.

Brettschneider, Frank: Die Medienwahl 2002: Themenmanagement und Berichterstattung. In: Aus Politik und Zeitgeschichte. Heft 49-50/2002. S. 36-47.

Brosius, Hans-Bernd: Agenda-Setting nach einem Vierteljahrhundert Forschung: Methodischer und theoretischer Stillstand? In: Publizistik. Heft 39/1994. S. 269-288.

Brosius, Hans-Bernd/Friederike Koschel: Methoden der empirischen Kommunikationsforschung. Eine Einführung. Opladen 2001.

Bürklin, Wilhelm/Markus Klein: Wahlen und Wählerverhalten. Eine Einführung. Opladen 1998.

Bürklin, Wilhelm/Dieter Roth: Das Superwahljahr. Eine Analyse der Bundestagswahl 1994. In: Aus Politik und Zeitgeschichte. Heft 51-52/1994. S. 3-15.

Busch, Andreas: Wachstum/Wachstumspolitik. In: Nohlen, Dieter und Rainer-Olaf Schultze (Hrsg.): Lexikon der Politikwissenschaft. München 2002. (Band 2). S.1083f.

Campbell, Angus/Philip Converse/Warren Miller/Donald Stokes: The American Voter. New York 1960.

CDU-Bundesgeschäftsstelle: Regiebuch 1994. Bonn 1994.

Dalton, Russell/Scott Flanagan/Paul Beck (Hrsg.): Electoral Change in Advanced Industrial Democracies: Realignment or Dealignment? Princeton 1984.

Diekmann, Andreas: Empirische Sozialforschung. Grundlagen, Methoden, Anwendungen. Reinbek bei Hamburg 1995.

Dinkel, Reiner: Der Zusammenhang zwischen der ökonomischen und politischen Entwicklung in einer Demokratie. Berlin 1977.

Donsbach, Wolfgang: Sieg der Illusion – Wirtschaft und Arbeitsmarkt in der Wirklichkeit und in den Medien. In: Noelle-Neumann, Elisabeth/Hans Kepplinger/Wolfgang Donsbach: Kampa: Meinungsklima und Medienwirkungen im Bundestagswahlkampf 1998. Freiburg, München 1999. S. 40-77.

Dorsch, Petra: Verlautbarungsjournalismus – eine notwendige Medienfunktion. In: Publizistik. Heft 27/1982. S. 530-540.

Downs, Anthony: An Economic Theory of Democracy. New York 1957. Deutsche Übersetzung: Ökonomische Theorie der Demokratie. Tübingen 1968.

Feist, Ursula/Hans-Jürgen Hoffmann: Die Bundestagswahlanalyse 1998: Wahl des Wechsels. In: Zeitschrift für Parlamentsfragen. Heft 2/1999. S. 215-251.

Feld, Lars/Gebhard Kirchgäßner: Offizielle und verdeckte Arbeitslosigkeit und ihr Einfluß auf die Wahlchancen der Regierung und Parteien: Eine ökonometrische Analyse für die Ära Kohl. In: Kaase, Max/Hans-Dieter Klingemann: Wahlen und Wähler. Analysen aus Anlass der Bundestagswahl 1994. Opladen 1998. S. 537-570.

Fluhrer, Margret: Ansätze einer ökonomischen Theorie der Wahlen. Köln 1994.

Forschungsgruppe Wahlen: Bundestagswahl 1994. Mannheim 1994.

Früh, Werner/Klaus Schönbach: Der dynamisch-transaktionale Ansatz. Ein neues Paradigma der Medienwirkungen. In: Publizistik. Heft 27/1982. S. 74-88.

Gabriel, Oscar: Parteiidentifikation, Kandidaten und politische Sachfragen als Bestimmungsfaktoren des Parteienwettbewerbs. In: Gabriel, Oscar/Oskar Niedermayer/Richard Stöss: Parteiendemokratie in Deutschland. Bonn 2001. S. 228-249.

Gabriel, Oscar/Jürgen Falter (Hrsg.): Wahlen und politische Einstellungen in westlichen Demokratien. Frankfurt 1996.

Gabriel, Oscar/Oskar Niedermayer/Richard Stöss (Hrsg.): Parteiendemokratie in Deutschland. Bonn 2001.

Gluchowski, Peter/Jutta Graf/Ulrich von Wilamowitz-Moellendorf: Sozialstruktur und Wahlverhalten in der Bundesrepublik Deutschland. In: Gabriel, Oscar/Oskar Niedermayer/Richard Stöss (Hrsg.): Parteiendemokratie in Deutschland. Bonn 2001. S. 181-203.

Harmgarth, Friederike: Wirtschaft und Soziales in der politischen Kommunikation. Opladen 1997.

Hart, Thomas: Neue Politische Ökonomie. Eine systematische Analyse ihrer Forschungsfelder. Band 10 der Reihe: Karl-Dieter Grüske (Hrsg.): Forum Finanzwissenschaft. Nürnberg 1994.

Hartenstein, Wolfgang/Rita Müller-Hilmer: Die Bundestagswahl 2002: Neue Themen – neue Allianzen. In: Aus Politik und Zeitgeschichte. Heft 49-50/2002. S. 18-26.

Herder-Dorneich, Philipp: Politisches Modell zur Wirtschaftstheorie. Theorie der Bestimmungsfaktoren finanzwirtschaftlicher Staatstätigkeit. Freiburg 1959.

Hibbs, Douglas: On the Demand for Economic Outcomes: Macroeconomic Performance and Mass Political Support in the United States, Great Britain and Germany. In: Journal of Politics. Heft 44/1982. S. 426-462.

Hilmer, Richard: Bundestagswahl 2002: eine zweite Chance für Rot-Grün. In: Zeitschrift für Parlamentsfragen. Heft 1/2003. S. 187-219.

Holtmann, Everhard: Politik-Lexikon. Oldenburg 1994.

Holtz-Bacha, Christina: Medien und Politik. In: Nohlen, Dieter und Rainer-Olaf Schultze (Hrsg.): Lexikon der Politikwissenschaft. München 2002. (Band 1). S. 526-528.

Holtz-Bacha, Christina: Wahlkampf in den Medien – Wahlkampf mit den Medien. Ein Reader zum Wahljahr 1998. Opladen 1998.

Holtz-Bacha, Christina/Lynda Lee Kaid: Die Massenmedien im Wahlkampf – Untersuchungen aus dem Wahljahr 1990. Opladen 1993.

Holtz-Bacha, Christina/Lynda Lee Kaid (Hrsg.): Wahlen und Wahlkampf in den Medien – Untersuchungen aus dem Wahljahr 1994. Opladen 1996.

Institut der deutschen Wirtschaft (Hrsg.): ...und andere wirtschaftspolitische Irrtümer. Köln 2005.

Jarren, Otfried: Autonomie, Interdependenz oder Symbiose? In: Publizistik. Heft 33/1988. S. 615-632.

Jarren, Otfried: Medien, Mediensystem und politische Öffentlichkeit im Wandel. In: Sarcinelli, Ulrich (Hrsg.): Politikvermittlung und Demokratie in der Mediengesellschaft. Wiesbaden 1998. S. 74-96.

Jarren, Otfried (Hrsg.), Politische Kommunikation in Hörfunk und Fernsehen. Opladen 1994. S. 35-50.

Jung, Helmut: Wirtschaftliche Einstellungen und Wahlverhalten in der Bundesrepublik Deutschland. Eine Quer- und Längsschnittanalyse von 1971 bis 1976. Paderborn 1982.

Jung, Matthias/Dieter Roth: Kohls knappster Sieg. Eine Analyse der Bundestagswahl 1994. In: Aus Politik und Zeitgeschichte. Heft 51-52/1994. S. 3-15.

Jung, Matthias/Dieter Roth: Wer zu spät geht, den bestraft der Wähler. In: Aus Politik und Zeitgeschichte. Heft 52/1998. S. 3-18.

Kaase, Max/Hans-Dieter Klingemann: Wahlen und Wähler. Analysen aus Anlass der Bundestagswahl 1994. Opladen 1998.

Kalecki, Michael: Political Aspects of Full Employment. In: Political Quarterly. Heft 14/1943. S. 322-331.

Kepplinger, Hans: Ereignismanagement. Osnabrück 1992.

Kirchgäßner, Gebhard: Economic Conditions and the Popularity of West German Parties: A Survey. In: European Journal oft Political Research. Heft 14/1986. S. 421-439.

Kirchgäßner, Gebhard: Optimale Wirtschaftspolitik und die Erzeugung politisch-ökonomischer Konjunkturzyklen. Königstein 1984.

Kirchgäßner, Gebhard: Rationales Wählerverhalten und optimales Regierungsverhalten. Konstanz 1976.

Kirchgäßner, Gebhard: Wirtschaftslage und Wählerverhalten. In: Politische Vierteljahres-zeitschrift. Heft 18/1977. S. 510-536.

Klein, Josef: Schröder gegen Kohl. Linguistische und semiotische Aspekte von Wahl-kämpfen am Beispiel des Bundestagswahlkampfes 1998. In: Robert Kriechbau-mer/Oswald Pranagl (Hrsg.): Wahlkämpfe. Sprache und Politik. Wien 2000. S. 143-156.

Kleinnijenhuis, Jan/Ewald Rietberg: Parties, media, the public and the economy: Pattern of societal agenda-setting. In: European Journal of Political Research. Heft 28/1995. S. 95-118.

Klingemann, Hans-Dieter/Andrea Volkens: Struktur und Entwicklung von Wahlpro-grammen in der Bundesrepublik Deutschland 1949-1998. In: Gabriel, Oscar/Oskar Niedermayer/Richard Stöss (Hrsg.): Parteiendemokratie in Deutschland. Bonn 2001. S. 507-527.

Kramer, Gerald: Short-Term Fluctuations in US Voting Behaviour. In: The American Political Science Review. Heft 65/1971. S. 131-143.

Kunczik, Michael/Astrid Zipfel: Publizistik. Ein Studienhandbuch. Köln 2001.

Lamnek, Siegfried: Qualitative Sozialforschung. Methodologie. Weinheim 1998. (Band 1).

Lepper, Susan: Voting Behavior and Aggregate Policy Targets. In: Public Choice. Heft 18/1974. S. 67-82.

Lepsius, Rainer: Parteiensystem und Sozialstruktur. Zum Problem der Demokratisierung der deutschen Gesellschaft. In: Ritter (Hrsg.): Die deutschen Parteien vor 1918. Köln 1973. S. 56-80.

Lipset, Seymour/Stein Rokkan: Party Systems and voter alignments: Crossnational per-spectives. London 1967.

Marcinkowski, Frank: Politikvermittlung durch Fernsehen und Hörfunk. In: Sarcinelli, Ulrich (Hrsg.): Politikvermittlung und Demokratie in der Mediengesellschaft. Wies-baden 1998. S. 165-183.

McCombs, Maxwell/Donald Shaw: The Agenda-Setting Function of Mass Media. In: Public Opinion Quarterly. Heft 36/1972. S. 176-187.

Neck, Reinhard: Der Einfluß der Wirtschaftslage auf die Popularität der politischen Par-teien in Österreich. In: Neck, Reinhard/Friedrich Schneider (Hrsg.): Politik und Wirtschaft in den neunziger Jahren. Wien 1996. S. 87-116.

Neck, Reinhard/Friedrich Schneider (Hrsg.): Politik und Wirtschaft in den neunziger Jahren. Wien 1996.

Noelle-Neumann, Elisabeth/Hans Kepplinger/Wolfgang Donsbach: Kampa: Meinungsklima und Medienwirkungen im Bundestagswahlkampf 1998. Freiburg, München 1999.

Nohlen, Dieter und Rainer-Olaf Schultze (Hrsg.): Lexikon der Politikwissenschaft. München 2002. (Band 1 und 2).

Nohlen, Dieter: Populismus. In: Nohlen, Dieter und Rainer-Olaf Schultze (Hrsg.): Lexikon der Politikwissenschaft. München 2002. (Band 2). S. 749f.

Panagl, Oswald: Die Sprache der Wahlkämpfe. In: Robert Kriechbaumer/Oswald Pranagl (Hrsg.): Wahlkämpfe. Sprache und Politik. Wien 2000. S. 157-180.

Pfetsch, Barbara: Themenkarrieren und politische Kommunikation. In: Aus Politik und Zeitgeschichte. Heft 39/1994. S. 11-20.

Pfetsch, Barbara: Regieren unter den Bedingungen medialer Allgegenwart. In: Sarcinelli, Ulrich (Hrsg.): Politikvermittlung und Demokratie in der Mediengesellschaft. Wiesbaden 1980. S. 233-252.

Radunski, Peter: Wahlkampf in den achtziger Jahren. Repolitisierung der Wahlkampfführung und neue Techniken in den Wahlkämpfen der westlichen Demokratien. In: Aus Politik und Zeitgeschichte. Heft 11/1986. S. 34-45.

Rattinger, Hans: Wirtschaftliche Konjunktur und politische Wahlen in der Bundesrepublik Deutschland. Berlin 1980.

Rattinger, Hans/Jürgen Maier: Der Einfluß der Wirtschaftslage auf die Wahlentscheidung bei den Bundestagswahlen 1994 und 1998. In: Aus Politik und Zeitgeschichte. Heft 52/1998. S. 45-54.

Recker, Marie-Luise: Wahlen und Wahlkämpfe in der Bundesrepublik Deutschland 1949-1969. In: Ritter, Gerhard: Wahlen und Wahlkämpfe in Deutschland. Düsseldorf 1997. S. 267-310.

Reiser, Stefan: Politik und Massenmedien im Wahlkampf. In: Media Perspektiven. Heft 7/1994. S. 341-348.

Ritter, Gerhard (Hrsg.): Die deutschen Parteien vor 1918. Köln 1973.

Ritter, Gerhard: Wahlen und Wahlkämpfe in Deutschland. Düsseldorf 1997.

Römmele, Andrea: Direkte Kommunikation zwischen Parteien und Wählern. Professionelle Wahlkampftechnologien in den USA und in der BRD. Wiesbaden 2002.

Roth, Dieter: Was bewegt die Wähler? In: Aus Politik und Zeitgeschichte. Heft 11/1994. S. 3-13.

Roth, Dieter/Matthias Jung: Ablösung der Regierung vertagt: Eine Analyse der Bundestagswahl 2002. In: Aus Politik und Zeitgeschichte. Heft 49-50/2002. S. 3-17.

Sarcinelli, Ulrich: Massenmedien und Politikvermittlung – eine Problem- und Forschungsskizze. In: Rundfunk und Fernsehen. Heft 4/1991. S. 469-486.

Sarcinelli, Ulrich: Mediale Politikdarstellung und politisches Handeln. In: Jarren, Otfried (Hrsg.): Politische Kommunikation in Hörfunk und Fernsehen. Opladen 1994. S. 35-50.

Sarcinelli, Ulrich: Parteien und Politikvermittlung: Von der Parteien- zur Mediendemokratie. In: Sarcinelli, Ulrich (Hrsg.): Politikvermittlung und Demokratie in der Mediengesellschaft. Beiträge zur politischen Kommunikationskultur. Wiesbaden 1998. S. 273-296.

Sarcinelli, Ulrich (Hrsg.): Politikvermittlung. Beiträge zur politischen Kommunikationskultur. Stuttgart 1987.

Sarcinelli, Ulrich (Hrsg.): Politikvermittlung und Demokratie in der Mediengesellschaft. Beiträge zur politischen Kommunikationskultur. Wiesbaden 1998.

Sarcinelli, Ulrich: Politikvermittlung und Demokratie: Zum Wandel der politischen Kommunikationskultur. In: Sarcinelli, Ulrich (Hrsg.): Politikvermittlung und Demokratie in der Mediengesellschaft. Beiträge zur politischen Kommunikationskultur. Wiesbaden 1998. S. 11-23.

Sarcinelli, Ulrich: Politikvermittlung und demokratische Kommunikationskultur. In: Sarcinelli, Ulrich (Hrsg.): Politikvermittlung. Beiträge zur politischen Kommunikationskultur. Stuttgart 1987. S. 19-45.

Sarcinelli, Ulrich: Repräsentation oder Diskurs? Zu Legitimität und Legitimitätswandel durch politische Kommunikation. In: Zeitschrift für Politikwissenschaft. Heft 8/1998. S. 549-569.

Sarcinelli, Ulrich: Symbolische Politik. Zur Bedeutung symbolischen Handelns in der Wahlkampfkommunikation der Bundesrepublik Deutschland. Opladen 1987.

Sarcinelli, Ulrich/Heribert Schatz: Mediendemokratie im Medienland Nordrhein-Westfalen? In: Sarcinelli, Ulrich/Heribert Schatz (Hrsg.): Mediendemokratie im Medienland? Inszenierungen und Themensetzungsstrategien im Spannungsfeld von Medien und Parteieliten am Beispiel der nordrhein-westfälischen Landtagswahl im Jahr 2000. Opladen 2002. S. 429-442.

Sarcinelli, Ulrich/Heribert Schatz (Hrsg.): Mediendemokratie im Medienland? Inszenierungen und Themensetzungsstrategien im Spannungsfeld von Medien und Parteieliten am Beispiel der nordrhein-westfälischen Landtagswahl im Jahr 2000. Opladen 2002.

Saxer, Ulrich: Mediengesellschaft: Verständnisse und Missverständnisse. In: Sarcinelli, Ulrich (Hrsg.): Politikvermittlung und Demokratie in der Mediengesellschaft. Wiesbaden 1998. S. 52-73.

Schmidt, Manfred: Arbeitsmarktpolitik. In: Nohlen, Dieter und Rainer-Olaf Schultze (Hrsg.): Lexikon der Politikwissenschaft. München 2002. (Band 1). S. 34.

Schmidt, Manfred: Wörterbuch zur Politik. Stuttgart 1995.

Schmitt-Beck, Rüdiger: Wähler unter Einfluß. In: Sarcinelli, Ulrich (Hrsg.): Politikvermittlung und Demokratie in der Mediengesellschaft. Wiesbaden 1998. S. 297-325.

Schulz, Winfried: Die Konstruktion von Realität in den Nachrichtenmedien. Freiburg, München 1976.

Schultze, Rainer-Olaf: Widersprüchliches, Ungleichzeitiges und kein Ende in Sicht: Die Bundestagswahl vom 16. Oktober 1994. In: Zeitschrift für Parlamentsfragen. Heft 2/1995. S. 325-352.

Staab, Joachim-Friedrich: Nachrichtenwert-Theorie. Freiburg, München 1989.

Statistisches Bundesamt: Statistisches Jahrbuch 1999. Wiesbaden 1999.

Steinseifer-Pabst, Anita/Werner Wolf: Wahlen und Wahlkampf in der Bundesrepublik Deutschland. Heidelberg 1994.

Stokes, Donald: Some Dynamic Elements of Contest for the Presidency. In: American Science Review. Heft 1/1966. S. 19-28.

Verlag Herder (Hrsg.): Herder Lexikon Politik. Freiburg 1988.

Zohlnhöfer, Werner: Das Steuerungspotential des Parteienwettbewerbs im Bereich staatlicher Wirtschaftspolitik. In: Boettcher, Erik/Philipp Herder-Dorneich/Karl Schenk (Hrsg.): Neue Politische Ökonomie als Ordnungstheorie. Tübingen 1980. S. 82-102.

9.2 Quellen

Interviewpartner
Boenisch, Peter: Gespräch mit dem Autor am 16.07.2004.
Feldmayer, Karl: Gespräch mit dem Autor am 03.06.2004.
Kister, Kurt: Gespräch mit dem Autor am 29.04.2004.
Koch, Einar: Gespräch mit dem Autor am 25.04.2004.
Machnig, Mathias: Gespräch mit dem Autor am 20.02.2003.
Scharping, Rudolf: Gespräch mit dem Autor am 26.05.2004.
Schreiner, Ottmar: Gespräch mit dem Autor am 29.04.2004.
Spreng, Michael: Gespräch mit dem Autor am 19.04.2004.
Tiedje, Hans-Herrmann: Gespräch mit dem Autor am 11.04.2003.

Wahlprogramme von CDU/CSU und SPD der Bundestagswahlkämpfe 1994, 1998, 2002
CDU: Wir sichern Deutschlands Zukunft – Regierungsprogramm von CDU und CSU.
　　Bonn 1994.
CDU/CSU: Wahlplattform 1998 – 2002. Bonn, München 1998.
CDU: Leistung und Sicherheit. Zeit für Taten. Regierungsprogramm 2002 – 2006. Berlin
　　2002.
SPD: Reformen für Deutschland. Das Regierungsprogramm der SPD. Bonn 1994.
SPD: Für ein gerechtes und friedliches Deutschland. Bonn 1994. (100-Tage-Programm)
SPD: Arbeit, Innovation und Gerechtigkeit – SPD-Programm für die Bundestagswahl
　　1998. Bonn 1998.
SPD: Erneuerung und Zusammenhalt – Wir in Deutschland. Regierungsprogramm 2002 –
　　2006. Berlin 2002.

Pressemitteilungen von CDU/CSU und SPD aus den Zeiträumen
01.01.1994 – 01.11.1994.
01.01.1998 – 01.11.1998.
01.01.2002 – 01.11.2002.

*Berichterstattung von BILD, Frankfurter Allgemeine Zeitung und Süddeutsche Zeitung
aus den Zeiträumen*
01.01.1994 – 01.11.1994.
01.01.1998 – 01.11.1998.
01.01.2002 – 01.11.2002.
Süddeutsche Zeitung vom 27.07.2005.
Frankfurter Allgemeine Zeitung vom 15.08.2005.

Internet
www.bundesanstalt.de am 18.10.2003.
www.bundesbank.de am 18.10.2003.
www.spiegel.de am 17.03.2005.

Neu im Programm
Politikwissenschaft

Kay Möller

Die Außenpolitik der Volksrepublik China 1949 - 2004
Eine Einführung
2005. 280 S. Studienbücher Außenpolitik
und Internationale Beziehungen.
Br. EUR 22,90
ISBN 3-531-14120-1

Chinas Außenpolitik war in der Ära Mao
Zedong (1949-1976) mit Unabhängigkeit
und Sicherheit von zwei widersprüchlichen Grundsätzen geprägt, ein Linienstreit, der in den 60er Jahren zum Bruch
mit Moskau und 1972 zu einer spektakulären Annäherung an die USA führte.

Deng Xiaoping versuchte ab 1978, diesen Widerspruch mit einem Bekenntnis
zu Interdependenz und wirtschaftlicher
Öffnung aufzulösen, aber auch Dengs
Reform wurde in den Dienst einer langfristigen nationalen Agenda gestellt, die
die internationale Manövriermarge der
Volksrepublik vergrößern sollte.

Auch 2004 ist Peking weder mit seinem
engeren Umfeld zufrieden, in dem viele
Akteure unausgesprochen oder offen
gegen eine „chinesische Gefahr" rüsten,
noch mit einer von den USA dominierten
Welt. Sichtbarster Ausdruck der unterstellten Beeinträchtigung des eigenen
Großmachtanspruchs ist die anhaltende,
unabhängige Existenz der „abtrünnigen
Provinz" Taiwan.

Erhältlich im Buchhandel oder beim Verlag.
Änderungen vorbehalten. Stand: Juli 2005.

Dieter Nohlen / Andreas Hildenbrand

Spanien
Wirtschaft – Gesellschaft – Politik.
Ein Studienbuch
2., erw. Aufl. 2005. 380 S. mit 56 Tab.
Br. EUR 29,90
ISBN 3-531-30754-1

Diese bewährte Gesamtdarstellung zu
Politik, Gesellschaft und Wirtschaft in Spanien liegt in vollkommen überarbeiteter
und aktualisierter Auflage vor. Wer Informationen zu einem der wichtigsten EU-
Länder braucht, greift zu diesem Buch.

Klaus Schubert (Hrsg.)

Handwörterbuch des ökonomischen Systems der Bundesrepublik Deutschland
2005. 516 S. Br. EUR 36,90
ISBN 3-8100-3588-2

Geb. EUR 49,90
ISBN 3-8100-3646-3

Das Buch ist ein zuverlässiges Nachschlagewerk für alle, die sich in Beruf
oder Studium rasch einen Überblick über
Grundlagen und Grundstrukturen des
deutschen Wirtschaftssystems verschaffen wollen. Die Wirtschaft und die Wirtschaftspolitik Deutschlands dienen dabei
als Referenzpunkte zur Beschreibung
und Erklärung ökonomischer Zusammenhänge auf nationaler, europäischer
und globaler Ebene. Dies wird ergänzt
durch wichtige Statistiken und Grafiken.

www.vs-verlag.de

VS VERLAG FÜR SOZIALWISSENSCHAFTEN

Abraham-Lincoln-Straße 46
65189 Wiesbaden
Tel. 0611.7878 - 722
Fax 0611.7878 - 400

Neu im Programm Politikwissenschaft

Daniela Forkmann /
Michael Schlieben (Hrsg.)
Die Parteivorsitzenden in der Bundesrepublik Deutschland 1949 - 2005
2005. 401 S. Göttinger Studien zur Parteienforschung. Br. EUR 29,90
ISBN 3-531-14516-9

Christiane Frantz
Karriere in NGOs
Politik als Beruf jenseits der Parteien
2005. 326 S. Bürgergesellschaft und Demokratie. Br. EUR 32,90
ISBN 3-531-14588-6

Gert-Joachim Glaeßner /
Astrid Lorenz (Hrsg.)
Europäisierung der inneren Sicherheit
Eine vergleichende Untersuchung am Beispiel von organisierter Kriminalität und Terrorismus
2005. 303 S. mit 10 Abb. Br. EUR 29,90
ISBN 3-531-14518-5

Dominik Hierlemann
Lobbying der katholischen Kirche
Das Einflussnetz des Klerus in Polen
2005. 281 S. mit 7 Abb. und 5 Tab. Forschung Politik. Br. EUR 29,90
ISBN 3-531-14660-2

Erhältlich im Buchhandel oder beim Verlag.
Änderungen vorbehalten. Stand: Juli 2005.

Hakki Keskin
Deutschland als neue Heimat
Eine Bilanz der Integrationspolitik
2005. 296 S. Br. EUR 24,90
ISBN 3-531-14673-4

Andreas Kost (Hrsg.)
Direkte Demokratie in den deutschen Ländern
Eine Einführung
2005. 382 S. Br. EUR 19,90
ISBN 3-531-14251-8

Thomas Meyer
Theorie der Sozialen Demokratie
2005. 678 S. Br. EUR 39,90
ISBN 3-531-14612-2

Undine Ruge / Daniel Morat (Hrsg.)
Deutschland denken
Beiträge für die reflektierte Republik
2005. 206 S. Br. EUR 19,90
ISBN 3-531-14604-1

Siegfried Schumann (Hrsg.)
Persönlichkeit
Eine vergessene Größe der empirischen Sozialforschung
2005. 397 S. Br. EUR 29,90
ISBN 3-531-14459-6

www.vs-verlag.de

VS VERLAG FÜR SOZIALWISSENSCHAFTEN

Abraham-Lincoln-Straße 46
65189 Wiesbaden
Tel. 0611.7878-722
Fax 0611.7878-400

MIX
Papier aus verantwortungsvollen Quellen
Paper from responsible sources
FSC® C105338

If you have any concerns about our products,
you can contact us on
ProductSafety@springernature.com

In case Publisher is established outside the EU,
the EU authorized representative is:
Springer Nature Customer Service Center GmbH
Europaplatz 3, 69115 Heidelberg, Germany

Printed by Libri Plureos GmbH
in Hamburg, Germany